U0634709

国际私法案例教程

主　编　于品显　梅　宇

副主编　张　悦　申　晨　朱晓超

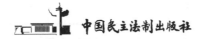
中国民主法制出版社

图书在版编目(CIP)数据

国际私法案例教程/于品显,梅宇主编;张悦,申晨,朱晓超副主编. —北京:中国民主法制出版社,2023.3

高等学校法律实务系列教材. 第三辑

ISBN 978-7-5162-3063-3

Ⅰ.①国… Ⅱ.①于…②梅…③张…④申…⑤朱… Ⅲ.①国际私法 – 案例 – 高等学校 – 教材 Ⅳ.①D997

中国国家版本馆 CIP 数据核字(2023)第 003088 号

图书出品人:刘海涛
责 任 编 辑:逯卫光

书名/国际私法案例教程
作者/于品显 梅宇 主编
　　　张悦 申晨 朱晓超 副主编

出版·发行/中国民主法制出版社
地址/北京市丰台区右安门外玉林里 7 号(100069)
电话/(010)63055259(总编室) 63058068 63057714(营销中心)
传真/(010)63055259
http:// www.npcpub.com
E-mail/mzfz@ npcpub.com
经销/新华书店
开本/16 开 787 毫米 ×960 毫米
印张/16.75 字数/253 千字
版本/2023 年 9 月第 1 版 2023 年 9 月第 1 次印刷
印刷/三河市宏图印务有限公司

书号/ISBN 978-7-5162-3063-3
定价/52.00 元
出版声明/版权所有,侵权必究。

(如有缺页或倒装,本社负责退换)

高等学校法律实务系列教材（第三辑）编审委员会

总 主 编 孟庆瑜

副 总 主 编 何秉群　朱良酷　赵树堂

编委会成员（按姓氏笔画排序）

冯惠敏　朱鹏杰　伊士国

刘广明　刘海军　苏永生

张德新　陈玉忠　陈　佳

赵俊岭　柯阳友　秦长胜

高　红　曹洪涛　戴景月

◉

总序

　　为了贯彻落实《教育部、中央政法委员会关于实施卓越法律人才教育培养计划的若干意见》的文件精神，全面推进法律硕士专业学位研究生教育综合试点改革工作，充分发挥国家大学生校外实践基地的育人功能，持续深化法学专业实践教学改革，不断提高法学专业学生的实践创新能力，我们组织法学专家与法律实务部门专家共同编写了高等学校法律实务系列教材。

　　本套系列教材共分为三辑：第一辑包括《宪法案例教程》《行政法案例教程》《刑法案例教程》《民法案例教程》《经济法案例教程》《刑事诉讼实务教程》《民事诉讼实务教程》《法律文书实务教程》8 部教材；第二辑包括《商法案例教程》《刑事诉讼法案例教程》《民事诉讼法案例教程》《刑法（总论）案例教程》《公证与律师制度实务教程》《行政诉讼实务教程》6 部教材；第三辑包括《法理学案例教程》《中国法律史案例教程》《行政诉讼法案例教程》《劳动法和社会保障法案例教程》《知识产权法案例教程》《环境保护法案例教程》《国际法案例教程》《国际私法案例教程》《国际经济法案例教程》《法律职业伦理案例教程》10 部教材。

本套教材以案例研析和实务操作为主题,以高等学校和实务部门的共同开发为特点,以培养学生的法律实践应用能力为目标,以逐步形成适应应用型、复合型法律人才培养需要的法律实务教材体系。教材的编写力求遵循以下原则。一是理论与实践相结合,突出实践性:即教材内容要强化法学理论和原理的综合应用,强调实践和应用环节,侧重实践能力培养,为学生的知识、能力、素质协调发展创造条件;二是立足现实,追踪前沿:即教材内容要最大限度地反映本专业领域的最新学术思想和理论前沿,吸收本专业领域的最新实务经验和研究成果,具有前瞻性;三是全面覆盖,突出重点:即教材既要整体反映本专业知识点,又要彰显案例和实务操作领域的规律和重点,以避免与理论教材之间的内容重复。

本套教材的编写力求满足以下要求。一是立足基础,突出应用:即立足基本知识,不作系统讲解,着重法律应用,突出应用性和实务特色;二是表述准确,言简意明:即基本概念阐释清晰准确,知识要点讲解言简意赅;三是篇幅适中,便于使用:即控制每部教材的篇幅字数,均衡各章之间的权重,不宜畸轻畸重;四是知识案例,融会贯通:即将知识讲授与案例评析有机结合,真正做到以案说法,突出案例与知识的互动。

本套教材的编写是高等院校与法律实务部门之间深入合作和大胆尝试的结果,无论是教材内容,还是编写体例,肯定还存在诸多有待完善提高的地方,使用效果也有待教学实践的评估与检验。我们将及时总结经验,不断修订提高。同时,也期待着法学界和法律实务部门的各位同人能够提出宝贵的意见和建议。

教材编委会
2022 年 3 月 26 日

目录

PART 1

第一章

国际私法概论

第一节　涉外民商事法律关系的认定

上海浦东幸运船务有限公司、北京泰宇博洋国际贸易有限责任公司合同纠纷案①

【案件回顾】＞＞＞

上诉人因与被上诉人多式联运合同纠纷一案，不服天津海事法院（以下简称一审法院）（2015）津海法商初字第 685 号民事判决（以下简称一审判决），提起上诉。

原告（二审被上诉人）：北京泰宇博洋国际贸易有限责任公司（以下简称泰宇博洋公司）诉称：2014 年 8 月，泰宇博洋公司就涉案货物运输向上海浦东幸运船务有限公司订舱，被告（二审上诉人）上海浦东幸运船务有限公司（以下简称浦东幸运公司）签发了编号为 PPILTJ088787 的提单，提单上记载托运人为泰宇博洋公司，收货人为案外人奥米尼哥有限公司（OMINGLOW. L. L. C）。货物出运后，浦东幸运公司未向泰宇博洋公司提供货物动态，直至 2014 年 10 月 7 日，泰宇博洋公司调查发现涉案集装箱已经还空。浦东幸运公司未凭正本提单放货，导致泰宇博洋公司无法取得涉案货款 41498.93 美元。故泰宇博洋公司请求判令：浦东幸运公司赔偿泰宇博洋公司货款损失 41498.93 美元及利息损失，并承担本案诉讼费用。

浦东幸运公司辩称：（1）双方没有直接的法律关系，不是承运人与托运人的

① 案例来源：天津市高级人民法院（2016）津民终 200 号民事判决书。

法律关系;(2)浦东幸运公司作为代理人已经完成了涉案代理业务,并且不存在过错,不应该承担责任。

一审法院审理查明:2014年3月20日,泰宇博洋公司与奥米尼哥有限公司签订销售合同,该合同的订单号为8019,合同号为14WOIT823,合同约定收款银行为中国银行(BANK OF CHINA),付款方式为余款凭运输单据和提单的复印件电汇支付。同年8月,泰宇博洋公司就涉案货物海上运输向浦东幸运公司订舱,浦东幸运公司签发了编号为PPILTJ088787的电放提单,浦东幸运公司于8月26日将提单样本通过电子邮件传送给泰宇博洋公司。该提单上记载:承运人为浦东幸运公司,托运人为泰宇博洋公司,收货人为奥米尼哥有限公司,订舱号为COSU6102470380,船名航次为中远泰国033E,起运港为新港,交货港为加州长滩港,货物品名为乳胶气球,集装箱编号为FCIU5478306/1364686,装船日期和提单签发日期均为8月21日。8月27日,天津新港海关签发编号为020220140520533156的出口货物报关单,该报关单记载:发货单位为泰宇博洋公司,出口日期为8月21日,合同协议号为14WOIT823,成交方式为FOB,货物品名为乳胶气球,件数997纸箱,总价41498.93美元,运输工具为中远泰国033E,提运单号为COSU6102470380。涉案船舶于9月11日到达长滩港,编号为FCIU5478306的集装箱于10月2日提重,10月7日还空。泰宇博洋公司与浦东幸运公司员工Huying的往来电子邮件显示:9月29日,泰宇博洋公司给Huying发邮件要求"该票货物请在我发给您电放保函之前,不能放货";10月8日,泰宇博洋公司给Huying发邮件要求"请帮我查一下该票货物目前的状态,我们将尽快付款,请收到水单后将正本提单发给我,或者发给你电放保函再电放";10月9日,Huying邮件回复泰宇博洋公司"会收到你的保函再做电放"。

另查明:浦东幸运公司出具的电放提单及涉案货物动态查询记录中均载明,涉案货物的卸货港为加州长滩港,交货地为美国休斯敦。涉案提单右下角承运人签章处记载,合同争议应由美国加州法院管辖,并适用美国法。双方均确认涉案货物装载于编号为FCIU5478306的集装箱内,通过海运运往加州长滩港,而后通过陆路运输运抵休斯敦并最终完成货物交付。泰宇博洋公司与奥米尼哥有限公司销售合同中关于付款条件约定,电汇30%预付款,余款凭运输单据和提单的复印件电汇支付,收到预付款后,于2014年5月30日前完成订单。

天津海事法院经审理认为:

泰宇博洋公司与浦东幸运公司之间存在海上货物运输合同关系，泰宇博洋公司系托运人，浦东幸运公司系承运人。浦东幸运公司作为承运人签发了涉案提单，该提单上记载托运人为泰宇博洋公司。提单作为证明海上货物运输合同和货物已经由承运人接收或者装船，以及承运人保证据以交付货物的单证，其可以证明泰宇博洋公司与浦东幸运公司之间的法律关系。

货物由承运人接收或者装船后，应托运人的要求，承运人应当签发提单。本案浦东幸运公司开具电放提单后，双方已经达成意思表示一致，只有等泰宇博洋公司出具电放保函后，浦东幸运公司才能放货，但是在泰宇博洋公司未出具电放保函的情况下，浦东幸运公司自行完成了货物在目的港的交付。在涉案海上货物运输合同关系中，泰宇博洋公司已经依约全面履行了托运人的义务，浦东幸运公司未按照双方约定交付货物，属于违约情形，应当赔偿由于违约给泰宇博洋公司造成的损失。

泰宇博洋公司提供证据证明涉案货物的货值为 41498.93 美元，且泰宇博洋公司未收到全部货款，因此泰宇博洋公司的货款损失为 41498.93 美元。对于泰宇博洋公司主张浦东幸运公司赔偿其涉案全部货款的请求，一审法院予以确认。泰宇博洋公司主张损失还包括涉案货款按照中国人民银行同期贷款利率计算的利息，依据《最高人民法院关于在涉外民商事案件审理中如何确定主要外币贷款利率的请示的复函》规定，非金融机构债权人主张的利息损失计算标准以存款利率为宜。因此，由于泰宇博洋公司主张损失系美元，其利息损失的计算标准应以美元的存款利率为宜。由于泰宇博洋公司收取货款的银行系中国银行，因此利息损失的计算应该按照中国银行公布的同期美元存款利率为标准。泰宇博洋公司主张利息的起算日期为货物到达目的港后两日（2014 年 9 月 13 日），浦东幸运公司对此未提出异议，且该起算日期晚于泰宇博洋公司在贸易合同中约定的收取货款的日期，因此，一审法院对于利息的起算日期予以确认。

据此，一审法院依据《中华人民共和国合同法》第 107 条、《中华人民共和国海商法》第 71 条之规定，判决：一、浦东幸运公司于判决生效之日起十日内给付泰宇博洋公司货款损失 41498.93 美元；二、浦东幸运公司给付泰宇博洋公司上述款项的利息（自 2014 年 9 月 13 日起至判决确定的给付期限内实际履行之日止，按中国银行公布的同期美元存款利率计算）；三、驳回泰宇博洋公司的其他诉讼请求。一审案件受理费 2630 元人民币，由浦东幸运公司承担。

浦东幸运公司不服一审判决,向二审法院提起上诉,请求撤销一审判决,依法改判驳回泰宇博洋公司的诉讼请求或者将本案发回重审,案件受理费由泰宇博洋公司承担。

事实和理由:

1. 案外人 SPA 公司与浦东幸运公司签署过合作协议,由浦东幸运公司作为该公司在大陆地区的订舱代理人,在实际业务中,取得 SPA 公司的授权后与泰宇博洋公司直接接触。故浦东幸运公司系 SPA 公司的订舱代理人,即使浦东幸运公司系承运人,托运人应为 SPA 公司,浦东幸运公司与泰宇博洋公司之间不存在任何法律关系。涉案业务的贸易术语为 FOB,泰宇博洋公司作为发货人没有权利安排货物出运事宜,不可能成为托运人。

2. 为配合泰宇博洋公司尽快收取货款,浦东幸运公司出具提单模板,但该行为不应视为签发提单,只有 SPA 公司才有权签发正本提单,并且由其实际控制货物。

3. 涉案提单中已经对管辖权和法律适用作出明确约定,应由美国法院管辖并适用美国法,一审法院忽略上述内容,程序违法。

天津市高级人民法院经审理认为:

根据浦东幸运公司出具的提单及货物动态查询记录的记载,涉案货物在天津新港装箱后,应由浦东幸运公司海运至卸货港加州长滩港,后通过陆运的方式最终运抵美国休斯敦,并完成货物的交付,双方当事人在二审期间对于上述运输方式亦予以认可。因此,本案应为涉及海上、陆路运输的多式联运合同纠纷,一审法院认定本案为海上货物运输合同纠纷不当,本院予以纠正。

本案放货事实发生在美国,根据 2015 年《最高人民法院关于适用〈中华人民共和国民事诉讼法〉的解释》第 522 条的第 4 项规定,产生、变更或者消灭民事关系的法律事实发生在中华人民共和国领域外的,人民法院可以认定为涉外民事案件。因此,本案应为涉外民事案件。泰宇博洋公司系以浦东幸运公司违反双方运输合同的约定为由提起本案诉讼,要求浦东幸运公司承担违约责任。故,本案为合同纠纷,应基于合同法律关系选择处理案件争议所应适用的准据法。二审期间,泰宇博洋公司明确选择适用中华人民共和国法律,但浦东幸运公司主张依据提单条款的约定适用美国法律。对此,本院认为,涉案提单中虽载明适用美国法律,但该法律适用条款系浦东幸运公司单方预先打印在提单上的格式条款,虽然法律适用条款并非对当事人之间权利义务的直接约定,但其往往决定了当事人最终所需承担的法律责任,并对当事人之间权利义务产生重要影响,故,浦东幸运公司应采取合理的方式提请对方注意。涉案提单中法律适用条款字体明显小于货物运输事项的其他内容,且该条款被承运人签章所覆盖。在浦东幸运公司未能提供证据证明已经提请泰宇博洋公司注意的情况下,即使泰宇博洋公司接受了涉案提单,亦不能认定双方就提单中法律适用问题达成一致意见,本院对于该法律适用条款不予确认。因本案双方当事人的住所地、运输合同的订立地及货物起运港均在我国,根据《中华人民共和国海商法》第 269 条之规定,中华人民共和国法律系与合同有最密切联系的国家的法律,中华人民共和国法律应作为解决双方当事人争议之准据法。

结合双方当事人的上诉及答辩意见,本案争议焦点为:浦东幸运公司与泰宇博洋公司之间的法律关系;浦东幸运公司应否对泰宇博洋公司的损失承担赔偿责任及具体数额。

……

依照《中华人民共和国民事诉讼法》第 170 条第 1 款第 1 项的规定,天津市高级人民法院判决驳回上诉,维持原判。

【本案争点与法律问题】> > >

本案主要涉及北京泰宇博洋国际贸易有限责任公司与上海浦东幸运船务有限公司运输合同纠纷案是否具有涉外因素,对此,首先需要正确把握涉外民商事法律关系认定的原则。

1. 何谓涉外民商事?

2. 涉外民商事问题,如果当事人未主张适用《中华人民共和国涉外民事关系法律适用法》,法律是否可以不就法律适用问题予以论述,直接适用我国法律规定予以裁判?

【评析研判】> > >

一、涉外民事的界定与法律适用

涉外民事,是指涉及外国或含有涉外因素(Foreign Elements)的私法关系,特别是指法院在民事诉讼或者非讼事件中,因为涉及我国法院可能无国际审判管辖权或者虽有审判管辖权管辖该案,但该案可能应适用外国法律或未必适用我国法律的情形。所谓涉外因素,是指本国法以外的某种法律体系的一种联系。英国著名国际私法学者莫里斯(J. H. C. Morris)就曾指出:所谓涉外因素,是指与英国法以外的某种法律体系的一种联系。这种联系可能由于下述种种情况而出现,如在外国签订或履行合同、在外国发生侵权行为、财产位于国外或当事人不是英国人。在冲突法中,涉外因素是指非英国因素,外国国家是指英国以外的国家。①

2011年4月1日起施行的《中华人民共和国涉外民事关系法律适用法》以及《最高人民法院关于适用〈中华人民共和国涉外民事关系法律适用法〉若干问题的解释(一)》(以下简称《涉外民事关系法律适用法解释(一)》)都有关于何为涉外民事关系的认定,对我国国际私法立法以及法律实践产生了深远影响。

《涉外民事关系法律适用法解释(一)》第1条界定了涉外民商事关系的认定标准,从民事关系的主体、客体、法律关系三要素进行了全面考量。其规定:"民事关系具有下列情形之一的,人民法院可以认定为涉外民事关系:(一)当事人一方或双方是外国公民、外国法人或者其他组织、无国籍人;(二)当事人一方或双方的经常居所地在中华人民共和国领域外;(三)标的物在中华人民共和国领域外;(四)产生、变更或者消灭民事关系的法律事实发生在中华人民共和国领域外;(五)可以认定为涉外民事关系的其他情形。"由此可以看出,产生、变更或者消灭民事关系的法律事实发生在中华人民共和国领域外的,可以认定为涉外案件,不能仅仅从民事法律关系的主体考察案件是否具有涉外因素。

具体到本案而言,天津市高级人民法院的赵伟、杨泽宇认为:对于该条款中民事关系的内容界定,不能宽泛地以案件所涉及的基础法律关系为标准,而应从当事人争议的焦点问题出发,重点考量当事人之间争议所指向的民事权利和民事义务的变动情况,并在此基础上,判断民事关系的变动是否系因民事法律事实所引起。天津市高级人民法院还认为,本案放货事实发生在美国,且该事实正是导致双方运输合同法律关系中权利义务变更的重要内容,根据2015年《最高人民法院关于适用〈中华人民共和国民事诉讼法〉的解释》第522条第4项的规定,产生、变更或者消灭民事关系的法律事实发生在中华人民共和国领域外的,人民法院可以认定为涉外民事案件。因此,本案应为涉外民事案件。

二、关于本案的法律适用

由于北京泰宇博洋国际贸易有限责任公司与上海浦东幸运船务有限公司

---

① 参见[英]莫里斯:《法律冲突法》,李东来等译,中国对外翻译出版公司1990年版,第1页。

运输合同纠纷上诉案被审理案件的法院认定为涉外案件,因此,法院需要根据《中华人民共和国涉外民事关系法律适用法》以及《涉外民事关系法律适用法解释(一)》的规定,来确定本案所应该适用的法律。

二审期间,泰宇博洋公司明确选择适用中华人民共和国法律,但浦东幸运公司主张依据提单条款的约定适用美国法律。对此,二审天津市高级人民法院认为,涉案提单中虽载明适用美国法律,但该法律适用条款系浦东幸运公司单方预先打印在提单上的格式条款,浦东幸运公司应采取合理的方式提请对方注意。涉案提单中法律适用条款字体明显小于货物运输事项的其他内容,且该条款被承运人签章所覆盖。在浦东幸运公司未能提供证据证明已经提请泰宇博洋公司注意的情况下,即使泰宇博洋公司接受了涉案提单,亦不能认定双方就提单中法律适用问题达成一致意见,法院对于该法律适用条款不予确认。因本案双方当事人的住所地、运输合同的订立地及货物起运港均在我国,根据《中华人民共和国海商法》第269条之规定,中华人民共和国法律系与合同有最密切联系的国家的法律,中华人民共和国法律应作为解决双方当事人争议的准据法。

三、对我国有关涉外民商事关系界定司法解释的分析与评论

从《涉外民事关系法律适用法解释(一)》第1条之规定可以看出,随着我国国际私法研究的深入,我国关于涉外民商事关系的界定理念和思路也在逐渐拓展。

首先,体现为对法律关系主体范围的理解上。该司法解释新增了对"其他组织"的规定。随着国际私法的发展,国家、国际组织等特殊主体的地位开始被各国法学界所重视并展开相关研究。国际组织实际采"广义"之义,包含政府间国际组织和个人、民间社团所创设的非政府间的国际组织。二者均具有独立的法律人格,具备相应的行为能力,有权以自身名义在国际协议章程所规定的有限范围内参与涉外民商事活动以实现其宗旨,并对民事活动的后果独立承担责任。同时,作为国际私法的特殊主体,国际组织同其他主体在国际私法中的地位、国际贸易中的作用、具备涉外因素的特性及表现形式均有所不同。可见,将国际组织确立为涉外民商关系主体之一是我国国际私法的一大进步。至于是否应当将外国国家和国际组织列入,最高人民法院高晓力法官的报告显示在该司法解释起草过程中有不同意见。有观点认为,应当将外国国家和国际组织列为涉外民商事关系主体。但最高人民法院认为,目前的司法实践中确有国际组

织作为涉外民商事案件主体的情形,也有将外国国家列为被告的情形,但这不可避免地会涉及管辖豁免的问题,只有在国际组织或者外国国家明确表示放弃民事案件管辖豁免权的情况下,我国法院才能对其行使管辖权。

其次,在属人法的解释方面,《中华人民共和国涉外民事关系法律适用法》出台之前,法官通常以当事人的国籍作为衡量判别外国人的依据。而国际私法在属人法的解释上,趋向于以当事人的住所地法和经常居所地法作为属人法。为了适应国际私法发展的新趋势,《中华人民共和涉外民事关系法律适用法》以一方或双方当事人经常居所地为连结点作为属人法,表明了我国国际私法的司法解释与国际发展趋势相一致。

最后,《涉外民事关系法律适用法解释(一)》第1条第5款通过兜底性条款,将司法案件中可能存在的理应或可以被认定为涉外民事关系的其他情形作了概括性的界定,以便法院和法官可以根据案件的实际情况,对某一民事法律关系是否属于涉外民商事法律关系作出独立的判断与处理。例如,在上海海事法院审理的一个案件①中,合同当事人均为中国境内法人,船舶建造在中国境内进行,与合同相关的法律事实均在中国境内发生,该合同不具有《中华人民共和国民事诉讼法》以及相关司法解释中规定的涉外因素。是否具有涉外因素是判断涉外仲裁协议效力的前提之一。我国立法主要以主体所在地、标的物所在地、法律事实发生地为判断涉外因素的基准,同时规定了认定"涉外案件的其他情形"。对于这些"其他情形",立法及司法上尚无准确清晰的界定。认定涉外因素,除根据法律相关规定外,还须考虑意思自治与衡平原则,既要排除与系争事实无直接关联的涉外情节,又要在认定涉外仲裁协议效力这一问题上体现出更为积极、包容和开放的司法理念。上海海事法院经审理后认为,虽然当事双方为境内法人,船舶建造也在国内进行,本案从表面上看并无涉外因素;但从涉案合同的内容分析,可认定涉案合同为国际船舶建造合同,船舶的建造、交接、入级和加入船旗国等内容均与外有连结点,合同也明确申请人须在被申请人交船前在境外成立单船公司,以接收船舶,此情形足以认定涉案建造合同具有我国法律规定的涉外因素,属于涉外民事关系。因此,合议综合考量案件因素,作出了涉案合同具有涉外因素的判断。由此可见,赋予法官一定的自由量权,有利于增强法律适用的灵活性,以更好地体现社会发展对法律适应性的诉求。

---

① 参见(2017)沪72民特181号民事判决书。

第二节　国际私法的渊源和性质

韩国中小企业银行首尔分行、潍坊雅翔国际
贸易有限公司信用证纠纷案①

【案件回顾】＞＞＞

上诉人韩国中小企业银行首尔分行(以下简称中小企业银行)因与被上诉人潍坊雅翔国际贸易有限公司(以下简称雅翔公司)、原审被告中国银行股份有限公司潍坊支行(以下简称潍坊中行)、原审第三人汉州公司信用证纠纷一案,不服潍坊市中级人民法院(2014)潍外重字第 3 号民事判决,向山东省高级人民法院提起上诉。

中小企业银行上诉请求:撤销一审判决,依法改判驳回雅翔公司的诉讼请求,由雅翔公司承担全部诉讼费用。事实和理由如下:

1. 雅翔公司提交银行议付的提单,是根据信用证项下条款伪造的提单,提单签发人根本不存在,承运人 NASCO 公司也证实该提单未采用青岛世超国际货运代理有限公司(以下简称世超公司)固有格式,并非 NASCO 公司代理公司签发的。

2. 金东奎在一审中没有出庭,汉州公司也不认可其作为汉州公司代理人的身份,金东奎在其他案件中的陈述不具有证据效力,所述内容也不能证明提单的真实性。

3. 一审法院对汉州公司的调查申请予以回避,并否认倒签提单的事实是不正确的。雅翔公司担心货款问题,向委托货运代理人 NASCO 提供保函要求电放给 ROYALDNL,其一方面伪造提单以骗取货款,另一方面以电放提单控制货物,明显属于欺诈。

---

① 案例来源:山东省高级人民法院民事判决书(2017)鲁民终 1023 号,中国裁判文书网,https://wenshu.court.gov.cn/website/wenshu/181107ANFZ0BXSK4/index.html? docId = 51e5ccd013ed4a8f8876a8b0017d6da1。

雅翔公司辩称:中小企业银行不能证明提交银行议付的提单系倒签的。签发提单是承运人的行为,承运人应当对提单的签发承担责任,雅翔公司只是从WeifangOcean处获取提单,中小企业银行不能证明是伪造的提单。雅翔公司完全交付了289000美元的货物,不存在骗取信用证项下款项使汉州公司利益受损的情况。

潍坊市中级人民法院认定事实:2010年3月18日,汉州公司与雅翔公司分别作为买方和卖方通过传真的方式签订买卖合同,合同号为YX-10-003,由雅翔公司向汉州公司出售如下货物:裤子10000件,单价为9.5美元;针织套衫5000件,单价为12美元;背心2000件,单价为12美元;T恤20000件,单价为5.5美元。上述货物的价款总计为289000美元,贸易条款为FOB青岛,装运港为青岛港,买方办理保险,付款方式为即期不可撤销信用证,于合同签署日后一星期内开立,合同尾部卖方处为一黑色方框,买方处为梁东哲的韩文签名。合同双方当事人即本案雅翔公司与汉州公司在(2013)潍外初字第18号案件中均认可该合同系真实的,是雅翔公司与汉州公司最初确立买卖合同关系的书面文本。

2010年3月22日,汉州公司向中小企业银行申请开立不可撤销即期信用证,信用证号码为MO4T1003NS00250,受益人为雅翔公司。该信用证记载,该信用证适用条款为UCP最新版本,信用证到期日为2010年5月10日,根据合同号为YX-10-003的规定,自中国青岛港口向大韩民国(以下简称韩国)仁川港口发送价值为289000美元的货物,最迟装船日为2010年4月30日,所需单据为带有签章的商业发票一式三份,全套签发凭中小企业银行指示收货人的清洁海运提单,注明"运费到付"及"通知申请人",装箱单一式三份,受益人须通过传真或电报发送给申请人装船通知,并在装船通知中告知装运公司、船名、预计到达时间、重量、金额及提单日期。2010年3月24日,潍坊银行将前述信用证的开立信息及具体内容通知雅翔公司。2010年3月25日,汉州公司向中小企业银行申请修改前述信用证,将信用证有效期修改至2010年5月25日,最迟装船期修改至2010年5月15日;2010年3月29日,潍坊银行将前述信用证的修改信息通知雅翔公司。2010年4月21日,汉州公司第二次向中小企业银行申请修改前述信用证,将需要的单据加入检验证书一式两份,由WOOHASIK出具并须附有护照复印件;2010年4月23日,潍坊银行通知中小企业银行,作为受益人的雅翔公司拒绝接受该修改;2010年4月29日,汉州公司第三次向中小企业银行申请修改前述信用证,将跟单信用证金额修改为134000美元,并相应修改了信用证中货物的描述;2010年5月5日,潍坊银行通知中小企业银行,作为受益人的雅翔公司拒绝接受该修改。庭审中,雅翔公司认可收到了后两次修改信用证的通知,但是均拒绝修改,且潍坊银行分别于2010年4月23日和2010年5月5日将雅翔公司拒绝修改信用证的意思表示电传至中小企业银行。2010年5月20日,中小企业银行向潍坊银行发出电传,要求潍坊银行检查雅翔公司提交的提单及其他装运单据的真实性,其从申请人得知提单可能是伪造的。

2010年5月19日,雅翔公司向潍坊银行递交汇票一份、商业发票三份、装箱单三份、运输单据三份、受益人证明一份,要求潍坊银行按照前述信用证及国际惯例进行处理;因雅翔公司修改,实际于2010年5月24日向潍坊银行交单议付。潍坊银行对前述单据进行审核后,向中小企业银行封装寄出,并请中小企业银行将涉案信用证项下总额通过中国银行纽约分行汇至山东账户。2010年5月26日,中小企业银行收到上述相关单据。2010年5月31日,潍坊银行向中小企业银行发出电传,督促其按指令仔细调查并履行付款。2010年6月4日10时25分,潍坊银行收到中小企业银行回传,内容为拒付通知书,对单据的处理意见为中小企业银行持有潍坊银行交来的单据,并供潍坊银行使用。2010年6月4日17时34分,潍坊银行向中小企业银行发出电传,要求其将止付令寄交潍坊银行。2010年6月8日14时13分,潍坊银行向中小企业银行再次发出电传,要求其将止付令传真至潍坊银行,并说明如果到2010年6月9日,潍坊银行仍未收到止付令,将根据UCP600的规定要求其承担延误所产生的费用及利息。2010年6月9日,潍坊银行收到中小企业银行发来的电传,内容为韩国法院于2010年6月3日收到汉州公司提交的申请止付涉案信用证项下款项的申请。2010年6月10日,潍坊银行向中小企业银行发出电传,其内容为中小企业银行于2010年6月9日传真的文件并非止付令文件,请立刻履行付款,潍坊银行将保留赔偿利息损失的权利。2010年6月24日,潍坊银行收到中小企业银行发出的关于止付令内容的传真。

汉州公司于2010年6月15日向韩国法院递交补充申请书,申请对涉案信用证的货款禁付令,韩国法院于2010年6月18日接受了该补充申请书。2010年6月21日,韩国法院签发货款禁付令,决定本案中小企业银行不得支付涉案信用证项下款项。

【本案争点与法律问题】 > > >

在涉外民商事案件中,如何认识《国际贸易术语解释通则》《跟单信用证统一惯例》《国际保理业务惯例规则》等国际贸易惯例及其在我国的适用？

【评析研判】> > >

一、国际惯例的范畴及法律效力

作为国际私法渊源的国际惯例分为两类：一类是属于法律范畴的国际惯例，具有法律效力，它是不需要当事人选择而必须遵守的国际惯例。如"国家及其财产豁免"就属于这种惯例。另一类是任意性国际惯例，只有经过当事人的选择，才对其有约束力。国际贸易惯例就属于这种惯例。国际贸易惯例是在国际交往中逐渐形成的一些较为明确、固定的贸易习惯和一般做法，其中包括成文的和不成文的原则、准则和规则。在国际贸易中，通常被采用的国际惯例主要是指国际组织或商业团体所制定的成文的规则、定义、解释等，这些规则等往往是对国际贸易中的一个方面作出规定。国际贸易惯例不是国家立法，也不是国际条约，不具有当然的法律效力，要取得法律效力必须经过国家的认可。国家认可国际商事惯例的法律效力一般有间接和直接两种途径。

间接途径是指国际贸易惯例通过当事人的协议选择而间接取得法律拘束力，它是国际贸易惯例取得法律效力的最主要途径。在国际合同领域，"当事人意思自治"原则已为世界各国普遍承认。这样，特定国际贸易惯例就因法院地国或仲裁地国承认当事人的选择而被间接地赋予法律效力。这一途径已为一些国际条约所规定。

直接途径不以当事人协议为条件，而是直接通过国内立法或国际条约赋予国际商事惯例以法律约束力。国内立法的规定如《中华人民共和国涉外民事关系法律适用法》第3条规定，当事人依照法律规定可以明示选择涉外民事关系适用的法律；根据《中华人民共和国海商法》第268条第2款规定，我国法律和我国缔结或参加的国际条约没有规定的，可以适用国际惯例。此外，《美国统一商法典》明确规定采用国际贸易承认的原则和惯例。国际条约的规定如1980年《联合国国际货物销售合同公约》第8条第3款："在确定一方当事人的意旨或一个通情达理的人应有的理解时，应适当地考虑到与事实有关的一切情况"，从而直接认可了国际贸易惯例的效力。

二、国际惯例在我国法律中的地位

对于上述规定所指的"国际惯例"究竟是指实体规范国际惯例还是冲突规范国际惯例，或者是两者兼有的问题，我国国际私法学者有三种不同的观点：第一,实体规范国际惯例说。我国民法学界比较普遍地认为,国际惯例仅指可以适用实体规范国际惯例。第二,冲突规范国际惯例说。持这一观点的学者认为,上述规定所指的"国际惯例"应理解为仅指冲突规范国际惯例。第三,国际惯例二元说。持这一观点的学者认为,上述规定讲的"可以适用国际惯例",既包括可以适用实体规范国际惯例,也包括可以适用冲突规范国际惯例。

我国法律适用国际惯例,要注意处理好国际惯例和国内法的关系。首先,适用国际惯例有一个条件,即对有关民商事事项,中华人民共和国法律和中华人民共和国缔结或参加的国际条约没有规定。这表明,我国主张在法律适用方面,现有的成文国内法和中国缔结或参加的国际条约的规定优于国际惯例的适用。其次,在法律效力方面,国际惯例处于同外国法同等、并列的地位,与根据冲突规范所援引的外国法的效力相同。国际惯例的效力低于国际条约,但高于国家政策。国际惯例同国际条约、国内法和外国法一样,可以作为冲突规范的直接或间接指引对象。再次,按照我国法律规定的合同当事人意思自治原则,当事人可以选择适用实体规范性质的国际贸易惯例。在通常情况下,只有当事人选择适用的国际贸易惯例,才对该当事人有约束力。而在当事人未选择适用国际贸易惯例时,适用国际贸易惯例只发生于中国法律和中国缔结或参加的国际条约对有关事项未作规定的情况。最后,适用国际惯例不得违背中华人民共和国的社会公共利益。

三、本案对国际惯例的适用

《最高人民法院关于审理信用证纠纷案件若干问题的规定》第 2 条规定:"人民法院审理信用证纠纷案件时,当事人约定适用相关国际惯例或者其他规定的,从其约定;当事人没有约定的,适用国际商会《跟单信用证统一惯例》或者其他相关国际惯例。"本案中,中小企业银行和汉州公司均系大韩民国法人,因此本案是具有涉外因素的信用证纠纷,当事人在涉案信用证中明确约定适用《跟单信用证统一惯例》最新版本的规定,且本案审理过程中,各方当事人均选择适用《跟单信用证统一惯例》第 600 号出版物的相关规定及中华人民共和国法律解决争议,因此本案应依据《跟单信用证统一惯例》第 600 号出版物的相关规定及中华人民共和国法律,解决各方当事人的信用证争议。本案诉讼程序应参照中华人民共和国的涉外民商事法律程序。本案潍坊银行的住所地在山东省潍坊市,在本院涉外民商事案件集中管辖区内,中小企业银行对管辖权未提出异议,并应诉答辩,依法应视为承认一审法院为有管辖权的法院,所以,一审

第一章 国际私法概论

法院依法对本案享有管辖权。

中小企业银行及汉州公司为韩国注册成立的企业法人,本案为涉外信用证纠纷,涉案信用证中明确约定适用《跟单信用证统一惯例》最新版本的规定,一审审理过程中,各方当事人也选择适用中华人民共和国法律解决争议。因此,一审法院确定适用《跟单信用证统一惯例》第 600 号出版物的相关规定及中华人民共和国法律解决本案实体争议并无不当。

【延展训练】> > >

中国船舶燃料供应福建有限公司申请设立
油污损害赔偿责任限制基金案①

申请人中国船舶燃料供应福建有限公司于 1993 年 8 月 13 日取得"闽燃供 2"轮的船舶所有权。根据"闽燃供 2"轮的《船舶检验证书簿》记载,该轮是一艘钢质油船,船籍港厦门,1980 年 6 月日本伯方造船厂建造。船舶总长 59.10 米,两柱间长 55.00 米,型宽 9.60 米,型深 4.60 米。根据该轮《船舶吨位证书》记载,该轮总吨位 497 吨,净吨位 325 吨。经福建省厦门船舶检验局核准,该轮为计算净吨位而从总吨位中扣除机舱部分的数额为 73 吨。根据该轮的《船舶营业运输证》记载,该轮的经营范围为福建与上海以南沿海航线。根据该轮《适航证书》记载,该轮准予航行三类航区及港澳航线。根据该轮《船舶最低安全配员证书》记载,该轮的最低安全配员为:船长、大副、二副、轮机长、大管轮、二管轮、报务员各 1 名、水手 3 名、机工 2 名。

1999 年 3 月 22 日 21 时 15 分时,"闽燃供 2"轮从厦门满载 1032.067 吨180 号燃料油开航,准备运往东莞沙田。3 月 24 日 2 时 26 分时,该轮在广州港伶仃水道 7-8 号灯浮附近水域与台州东海海运有限公司所属的空载油船"东海209"轮发生碰撞,"东海 209"轮船艏撞入"闽燃供 2"轮 2-3#油舱,"闽燃供 2"轮2#右货油舱、3#左、右货油舱破裂。"闽燃供 2"轮所载的 180 号燃料油泄入事故水域。"闽燃供 2"轮碰撞后沉没。

碰撞事故发生前,"闽燃供 2"轮船舶技术状况正常,《船舶国籍证书》《适航

---

① 案例来源:找法网,网址:https://china.findlaw.cn/jingjifa/huanjinbaohu/hjbhal/1101374.html。

证书》《船舶最低安全配员证书》《船舶载重线证书》《船舶营业运输证》《船舶吨位证书》等船舶证书均处于有效期内。该航次开航前和开航当时"闽燃供 2"轮船上共有 12 名船员,主要船员船长、大副、二副、轮机长、大管轮、二管轮、报务员均持有港务监督签发的有效适任证书。

申请人中国船舶燃料供应福建有限公司于 1999 年 10 月 8 日向广州海事法院申请油污损害赔偿责任限制,称:根据我国参加的 1969 年《国际油污损害民事责任公约》(以下简称《69 公约》)的规定,申请人就本次事故可能产生的所有油污损害赔偿责任限额为 52934 计算单位,请求法院裁定准予申请人设立本次事故油污损害赔偿责任限制基金 52934 计算单位。

法院受理申请人的申请后,分别于 1999 年 10 月 24 日、26 日、11 月 3 日在《南方日报》《珠海特区报》《人民日报》(海外版)发布公告,通知利害关系人。在 30 日的公告期限内,珠海市环境保护局、广东省海洋与水产厅提出了异议。

珠海市环境保护局提出异议称:《中华人民共和国防止船舶污染海域管理条例》(以下简称《防污条例》,现已失效)明确规定适用《69 公约》的船舶是指航行国际航线或载运 2000 吨以上的散装货油的船舶,"闽燃供 2"轮不属公约所调整的船舶,因此,本案不能适用《69 公约》。另外,"闽燃供 2"轮违反航行规定,在航经广州港 7 号、8 号灯浮时,不但没有根据航道情况向右转向,反而错误地使用左满舵;同时,"闽燃供 2"轮违反了广州港有关进出港和雾航的规定,没有使用声号和甚高频无线电话联系,存在严重疏忽。在不影响上述法律适用理由的前提下,《69 公约》第 5 条第 2 款规定"如果事件是由于船舶所有人的实际过失或私谋所造成,船舶所有人无权援用本条第 1 款规定的责任限制"。异议人认为申请人的上述行为构成了《69 公约》中的实际过失,无权依据《69 公约》的规定限制赔偿责任,请求法院驳回申请人的申请。珠海市环境保护局提出异议时,没有提交相关的证据。

广东省海洋与水产厅提出异议称:"闽燃供 2"轮是航行国内航线、载运2000 吨以下散装货油的船舶,本次油污事故没有任何涉外因素,根据《防污条例》的规定,该案只能适用我国有关法律,不能适用《69 公约》。我国的司法实践也表明,沿海运输船舶不能适用国际公约作为享受赔偿责任限制的依据和抗辩理由。本次油污事故造成经济损失达 3700 万元,如果准许申请人享受责任限制,受害人遭受巨大的经济损失不但得不到任何赔偿,反而需要支付巨额的诉讼费用,客观上违反了公平原则。油污损害赔偿是一种特殊的损害赔偿,不适用《中华人民共和国海商法》(以下简称《海商法》)和《关于不满 300 总吨船舶及沿海运输、沿海作业船舶海事赔偿限额的规定》关于海事赔偿责任限制的规定,只能适用《中华人民共和国海洋环境保护法》(下称《海洋环境保护法》)。按照《海洋环境保护法》的规定,申请人造成环境污染致使他人遭受损害,应负全部的赔偿责任,不存在享受责任限制的问题。请求法院依法裁决。

广州海事法院经审理认为:本案是一宗油污损害赔偿责任限制案件。申请人是"闽燃供 2"轮的船舶所有人,其申请限制油污赔偿责任所涉及的请求是因船舶碰撞泄漏货油引起的损害。在我国调整油污损害民事法律关系应适用相关的国际公约和国内法律、法规。相关的国际公约主要是《69 公约》以及《1969 年国际油污损害民事责任公约的 1976 年议定书》(以下简称《76 年议定书》)。《69 公约》第 1 条规定:"船舶,是指装运散装油类货物的任何类型的远洋船舶和海上船艇。"没有对船舶吨位大小予以区分,因此,应认为该公约适用于所有从事海洋运输,装运散装油类货物的船舶。该公约第 2 条规定"本公约仅适用于在缔约国领土和领海上发生的污染损害,和为防止或减轻这种损害而采取的预防措施。"我国政府在加入该公约时,没有对任何条款作出保留。本案油污事故发生在广州港水域,虽然"闽燃供 2"轮载运货油不足 2000 吨,但根据《69 公约》的规定,可以适用该公约。国内调整油污损害民事法律关系的法律、法规主要是《中华人民共和国环境保护法》(以下简称《环境保护法》)、《海洋环境保护法》、《防污条例》和《海商法》。上述国内法律、法规只是强调航行国际航线的、载运 2000 吨以上散装货油的船舶应如何操作的问题,并没有排除载运 2000 吨以下散装货油、航行国内航线的船舶适用《69 公约》。《69 公约》是与环境保护有关的国际公约,我国在参加该公约时没有声明保留,根据上述规定,载运 2000 吨以下航行国内航线船舶造成的油污损害民事责任的解决应当适用《69 公约》。两异议人认为申请人不能依据《69 公约》的有关规定申请油污损害赔偿责任限制的主张,依据不足,不予支持。油污赔偿责任限制制度是世界各国为了保护从事海上油类运输的船东的利益而制定的一种特殊的损害赔偿制度,我国政府在加入该公约时充分地考虑了各方面的利益,该公约已对我国生效,不能因为适用该公约影响受害方的部分利益而认为违反了公平原则。因此,异议人广东省海洋与水产厅认为根据司法实践以及本案的实际情况,适用该公约违反了公平原则的主张,没有依据,不予支持。

本案事故是"闽燃供 2"轮在营运过程中,与"东海 209"轮发生碰撞造成的。根据《69 公约》第 5 条第 2 款的规定,如果事件是由于船舶所有人的实际过失或私谋所造成,船舶所有人便无权援用本条第 1 款规定的责任限制。《76 年议定书》对《69 公约》第 5 条第 1 款修正为"依照本公约,船舶所有人有权对任何一事件的赔偿责任总额限定为按船舶吨位每吨 133 计算单位,但这一总额在任何情况下不得超过 1400 万计算单位"。根据上述规定,如果没有证据证明申请人在本次事故中有实际过失或私谋,那么,申请人对本次油污事故所造成的损失的赔偿责任应限制在 52934 计算单位之内。

本案事实表明,碰撞事故发生前,"闽燃供 2"轮船舶技术状况正常,各种船舶证书均处于有效期内。该航次"闽燃供 2"轮主要船员均持有港务监督签发的有效证书,在本航次开航前和开航当时船上配备的人员符合《船舶最低安全配员证书》的要求。没有证据证明,对本次油污损害事故,申请人有实际过失或私谋。珠海市环境保护局认为"闽燃供 2"轮违反航行规定,在航经广州港 7 号、8 号浮时,不但没有根据航道情况向右转向,反而错误地使用左满舵;同时,"闽燃供 2"轮违反了广州港有关进出港和雾航的规定,没有使用声号和甚高频无线电话联系,存在严重疏忽,构成了申请人的实际过失或私谋。但是,异议人提出的上述事实均属船员驾驶船舶的过失,并不能当然推定本次碰撞事故的发生是由于申请人的实际过失或私谋造成的,异议人的上述主张不能成立,本院不予支持。

综上,上述异议人提出异议的理由不成立,申请人申请限制其因本次油污事故的损害赔偿责任的请求,符合法律规定,应予支持。

广州海事法院根据《69 公约》第 5 条第 1 款、第 3 款、第 10 款和《76 年议定书》第 2 条第 1 款、《中华人民共和国民事诉讼法》(以下简称《民事诉讼法》)第 140 条第 1 款第(11)项的规定,于 2000 年 2 月 17 日裁定如下:

一、准许申请人中国船舶燃料供应福建有限公司提出的油污损害赔偿责任限制申请;

二、申请人中国船舶燃料供应福建有限公司应在本裁定送达之日起十日内,向本院设立油污损害赔偿责任限制基金,基金数额为 52934 计算单位(该计算单位是指国际货币基金组织规定的特别提款权,其人民币数额按照本裁定作出之日的国家外汇主管机关公布的特别提款权对人民币的换算办法计算),及该限额自责任产生之日(即 1999 年 3 月 24 日)起至基金设立之日止的中国人民银行人民币同期流动资金贷款利息。

问题与思考：

《国际油污损害民事责任公约》是否适用于我国船舶在国内航线上发生的油污损害？

PART 2

第二章

国际私法的基本制度

第一节 识 别

刘丛宾、王惠玲民间借贷纠纷二审民事判决书案①

【案件回顾】 >>>

上诉人刘丛宾、王惠玲、天水红石矿业有限公司(以下简称天水红石公司)因与被上诉人胡蓉、一审被告上海瑞石实业投资集团有限公司(以下简称上海瑞石公司)、深圳中融信达投资有限公司(以下简称深圳中融公司)民间借贷纠纷一案,不服北京市高级人民法院(以下简称一审法院)(2015)高民(商)初字第4765号民事判决(以下简称一审判决),向最高人民法院提起上诉。

2014年7月20日,胡蓉、刘丛宾、王惠玲作为签字人签订了《借款合同》。约定:甲方(出借人)胡蓉,乙方(共同借款人)刘丛宾、王惠玲、上海瑞石公司、深圳中融公司、天水红石公司、代县凤凰观鑫盛铁矿有限公司、上海技盛实业发展有限公司、西藏烨鑫矿业有限公司。鉴于:刘丛宾与王惠玲为夫妻关系,刘丛宾为上海瑞石公司的控股股东,上海瑞石公司直接投资或间接投资设立了深圳中融公司、天水红石公司、代县凤凰观鑫盛铁矿有限公司、上海技盛实业发展有限公司、西藏烨鑫矿业有限公司。上海尚石实业发展有限公司为刘丛宾投资的另一家控股子公司。2011年2月18日,上海尚石实业发展有限公司与昆仑信托有限责任公司签署《陕西姬黄32区块油气资源开发合同权益转让合同》,将

---

① 案例来源:最高人民法院民事判决书(2019)最高法民终563号,中国裁判文书网,https://WEN-SHU. COURT. GOV. CN/WEBSITE/WENSHU/181107ANFZ0BXSK4/INDEX. HTML? DOCID = E0B7D04836 A04D54BC75AC450112090D。

《〈投资合作协议〉的补充协议》项下的合同权益转让给昆仑信托投资有限责任公司,并通过昆仑信托投资有限责任公司融资 3 亿元。信托计划期满前,为支付昆仑信托投资有限责任公司信托产品优先受益人收益、信托费用和回购陕西姬黄 32 区块油气资源开发合同权益,共同借款人委托刘丛宾、刘双菊作为具体执行人向出借人累计借款 21400 万元。

第 1 条,借款金额确认:1. 出借人与共同借款人确认,从 2014 年 1 月 3 日至本合同签署之日,出借人累计共为共同借款人提供借款总额为 21400 万元。2. 出借人与共同借款人确认:除出借人自行支付借款外,还委托以下单位或个人支付借款:(1)委托天津中加石油设备有限公司支付借款 2500 万元;(2)委托北京东润石油技术有限公司支付借款 3400 万元;(3)委托北京东晟科技有限公司支付借款 550 万元;(4)委托高晓丽支付借款 4550 万元;(5)委托葫芦岛油田设备有限公司支付借款 300 万元;(6)委托 GUIQINMIN 支付借款 400 万元。3. 出借人与共同借款人确认:共同借款人的委托收款单位或个人如下:(1)委托刘双菊作为收款人(中国农业银行股份有限公司北京惠新里支行 62×××79);(2)委托上海尚石实业发展有限公司收款 8550 万元;(3)委托出借人将借款直接支付给昆仑信托有限责任公司 6450 万元,用作代上海尚石实业发展有限公司支付回购《〈投资合作协议〉的补充协议》项下合同权益的价款;(4)刘丛宾从出借人处收现金 1500 万元。4. 共同借款人确认累计收到出借人的借款 21400 万元。

第 2 条,借款期限:1. 借款期限为从实际借款之日起至 2014 年 8 月 26 日止;2. 借款到期后,如共同借款人未能偿还借款本息,经共同借款人申请,出借人同意后可适当延长借款期限。

第 3 条,借款利率:1. 本合同约定借款期限内的借款月利率为 2%;2. 如因提供还款等原因致使借款人实际用款不足一个月的,借款利率以月利率折算后按天计算。

第 4 条,利息支付:1. 本合同签署之前发生的利息,由共同借款人在借款到期时一次性支付;2. 从本合同签署之日起,本合同项下利息按月支付,即共同借款人应于每月 25 日前支付当月利息。

第 5 条,本金偿还:1. 借款合同到期前三日内,共同借款人向出借人偿还全部借款本金;2. 共同借款人可在借款合同到期前任一时间申请提前还款;3. 共同借款人中的任何一个单位或个人均可向出借人偿还借款。

第6条,担保措施:1.因回购《〈投资合作协议〉的补充协议》项下合同权益需要,上海尚石实业发展有限公司向第三方借款。共同借款人已将持有的各关联公司过户/质押给了债权人。目前上海尚石实业发展有限公司正筹集资金偿还第三方借款,同时解除共同借款人质押给第三方债权人的股权,或将股权重新过户。共同借款人承诺:在上海尚石实业发展有限公司偿还第三方债务,办理前述解除股权质押的同时,为出借人本合同项下债权提供关联公司股权质押。股权质押登记时使用的借款合同与本合同不一致时,以本合同为准。2.上海尚石实业发展有限公司向第三方借款时,共同借款人已将数个关联公司的公章、证照交第三方债权人。共同借款人承诺:在上海尚石实业发展有限公司偿还第三方债务,收回关联公司的公章、证照的同时,与出借人共同接收第三方债权人交还的关联公司的公章、证照,并在共同确认封包后交出借人保管。

第7条,借款展期与筹资时间限制:如乙方未能在借款期限内偿还借款,甲方同意展期至2015年8月26日。

第8条,借款合同的变更:当事人一方要求变更合同时,应协商一致并签署书面文件。

第9条,解决合同纠纷的方式:1.执行本合同发生争议,由当事人双方协商解决。协商不成,双方可向合同签署地有管辖权的人民法院起诉;2.本合同的签署、履行、解释、争议解决等均适用中华人民共和国法律。

第10条,其他:1.本合同生效后,刘丛宾在办理前述借款过程中以个人名义与甲方签署的借款协议失效;2.本合同如有未尽事宜,须经合同双方当事人共同协商,作出补充规定,补充规定与本合同具有同等效力。在该合同签字页上,甲方由胡蓉签字,乙方的刘丛宾、上海瑞石公司、深圳中融公司、天水红石公司由刘丛宾签字,其中上海瑞石公司签字时间为2015年10月20日,乙方的王惠玲由王惠玲签字,乙方的代县凤凰观鑫盛铁矿有限公司、上海技盛实业发展有限公司、西藏烨鑫矿业有限公司无人签字。

2015年10月20日,胡蓉、刘丛宾作为签字人签订了《〈借款合同〉补充协议》。约定甲方为胡蓉,乙方为刘丛宾、王惠玲、上海瑞石公司、深圳中融公司、天水红石公司。甲方、乙方与代县凤凰观鑫盛铁矿有限公司、上海技盛实业发展有限公司、西藏烨鑫矿业有限公司于2014年7月20日在北京市朝阳区签署了《借款合同》,其中甲方为出借人,乙方与代县凤凰观鑫盛铁矿有限公司、上海技盛实业发展有限公司、西藏烨鑫矿业有限公司为共同借款人。《借款合同》签署时,上海瑞石公司、深圳中融公司、天水红石公司、代县凤凰观鑫盛铁矿有限公司、上海技盛实业发展有限公司、西藏烨鑫矿业有限公司的公章均由刘丛宾的第三方债权人持有,故上述公司均未在《借款合同》上盖章。其中,深圳中融公司和天水红石公司由其当时的法定代表人刘丛宾签字并确认《借款合同》效力。2015 年 10 月 20 日,上海瑞石公司向甲方出具《确认书》,由其变更后的法定代表人刘丛宾补充签署《借款合同》。

就《借款合同》的签署履行,双方特作出补充约定如下:

1. 胡蓉、刘丛宾、王惠玲、深圳中融公司、天水红石公司均知悉、同意并确认:(1)上海瑞石公司已授权其变更后的法定代表人刘丛宾补充签署《借款合同》,且已完成补签;(2)《借款合同》经上海瑞石公司法定代表人刘丛宾补充签署后,自 2014 年 7 月 20 日起对上海瑞石公司产生法律约束力;(3)上海瑞石公司作为《借款合同》的共同借款人之一,将按照《借款合同》的约定向甲方履行共同借款人的义务。

2. 乙方确认已足额收到甲方及其委托付款方根据《借款合同》约定支付的借款 21400 万元。

3. 乙方不可撤销地向甲方承诺就《借款合同》项下共同借款人向甲方偿还借款 21400 万元及利息,以及《借款合同》项下共同借款人其他义务的履行承担连带责任。

4. 本补充协议生效后,若代县凤凰观鑫盛铁矿有限公司、上海技盛实业发展有限公司、西藏烨鑫矿业有限公司分别向甲方出具书面确认文件并补充签署《借款合同》,则乙方与已补充签署《借款合同》的代县凤凰观鑫盛铁矿有限公司、上海技盛实业发展有限公司及/或西藏烨鑫矿业有限公司共同连带承担《借款合同》项下共同借款人义务。

5. 代县凤凰观鑫盛铁矿有限公司、上海技盛实业发展有限公司、西藏烨鑫矿业有限公司中任一家未补充签署《借款合同》,均不影响乙方在本补充协议第 3 条义务的履行。

6. 本补充协议经甲乙双方自然人签字、公司法定代表人签字生效。

7. 本补充协议系对《借款合同》的补充,本补充协议未约定的,以《借款合同》的约定为准。在该协议的签字页上,甲方由胡蓉签字,乙方的刘丛宾、上海瑞石公司、深圳中融公司、天水红石公司由刘丛宾签字,乙方的王惠玲无人签字。

同日,上海瑞石公司向胡蓉出具《确认书》,载明:

1. 刘丛宾、王惠玲、上海瑞石公司、深圳中融公司、天水红石公司、代县凤凰观鑫盛铁矿有限公司、上海技盛实业发展有限公司、西藏烨鑫矿业有限公司(为共同借款人)与胡蓉(为出借人)于2014年7月20日在北京市朝阳区签署了《借款合同》。

2.《借款合同》签署时,上海瑞石公司同意作为共同借款人之一履行《借款合同》义务,但因刘丛宾与第三方的债权债务需要,上海瑞石公司的公章由刘丛宾的第三方债权人持有,故未能在《借款合同》上盖章。至本《确认书》出具时,上海瑞石公司仍未实际掌握公司公章。

3. 2015年8月12日,上海瑞石公司的股东变更为刘丛宾和刘丛军,合计持有上海瑞石公司100%的股权,法定代表人变更为刘丛宾。

就《借款合同》的签署及履行,上海瑞石公司特作出如下确认:(1)上海瑞石公司确认,由其变更后的法定代表人刘丛宾自本《确认书》出具后在《借款合同》上进行补充签字,《借款合同》即自2014年7月20日起对上海瑞石公司产生法律约束力。(2)上海瑞石公司作为《借款合同》的共同借款人之一,应当按照《借款合同》的约定向出借人履行还款义务。(3)本确认书经上海瑞石公司的法定代表人和控股股东刘丛宾签字确认生效。该《确认书》落款为:确认人上海瑞石公司;刘丛宾在法定代表人、控股股东处签字。

关于本案的法律适用,北京市高级人民法院认为:

1. 程序法的适用。胡蓉系加拿大公民,依照《最高人民法院关于适用〈中华人民共和国民事诉讼法〉的解释》第522条第1项关于"当事人一方或者双方是外国人、无国籍人、外国企业或者组织的",人民法院可以认定为涉外民事案件的规定,本案为涉外民事案件。审理本案的程序法为《中华人民共和国民事诉讼法》第四编关于涉外民事诉讼程序的特别规定以及该法其他有关规定。

2. 双方争议法律关系的性质。根据《中华人民共和国涉外民事关系法律适用法》第8条关于"涉外民事关系的定性,适用法院地法律"的规定,本案法律关系的认定应适用中华人民共和国法律。依据《最高人民法院关于审理民间借贷案件适用法律若干问题的规定》的有关规定,本案属于民间借贷纠纷案件。

3. 准据法的适用。本案中,《借款合同》签署各方约定合同的签署、履行、解释、争议解决等均适用中华人民共和国法律。根据《中华人民共和国涉外民事关系法律适用法》第3条关于"当事人依照法律规定可以明示选择涉外民事关系适用的法律"及第41条关于"当事人可以协议选择合同适用的法律"的规定,本案应适用中华人民共和国法律作为处理本案争议的准据法。

最高人民法院认为,胡蓉已取得加拿大国籍,本案为涉外民事案件。依据《中华人民共和国涉外民事关系法律适用法》第41条关于"当事人可以协议选择合同适用的法律"的规定,本案应适用中华人民共和国法律作为处理本案争议的准据法。

首先,深圳中融公司虽提交了上诉状以及缓交上诉案件受理费申请,但经本院审查,其提出的缓交上诉案件受理费申请不符合规定,其在本院限定的期间内未交纳上诉案件受理费,故本院按自动撤回上诉处理。

其次,根据上诉请求,结合各方当事人意见,本案的争议焦点为:是否应支持案涉借款利息以及是否应扣除居间服务费用1950万元。

其一,一审判决依照《借款合同》约定的月利率2%标准计算案涉借款的利息,符合法律和司法解释规定的标准,并无不当。刘丛宾、王惠玲、天水红石公司上诉主张不应向胡蓉支付借款利息,于法无据,应予以驳回。

其二,北京市三中院(2018)京03民终10030号民事判决已发生法律效力,该判决认定刘丛宾等未提交证据证明《居间服务协议》存在无效的情形,刘丛宾等关于《居间服务协议》系以居间协议形式掩盖非法收取高额借款利息的主张不能成立。在本案中,刘丛宾、王惠玲、天水红石公司未提供足以推翻的相反证据,故其关于《居间服务协议》与《借款合同》具有以合法形式掩盖非法目的应为无效协议的上诉主张不能成立,应予以驳回。

其三,公司人格独立和股东有限责任是公司法的基本原则。北京东晟世纪科技有限公司作为合法设立的营利法人,具有独立的法人人格,有独立的法人财产,享有法人财产权,并以其全部财产对公司的债务承担责任。胡蓉虽系北京东晟世纪科技有限公司的股东,同时也是案涉借款的出借人,但并不能因此将公司行为与股东行为相混同。实践中,只有在公司与股东存在人格混同、股东对公司过度支配与控制、公司资本显著不足等特定情形中,才可能发生公司人格否认的法律后果。且公司人格否认不是全面、彻底、永久地否定公司的法人资格,而只是在具体案件中依据特定的法律事实、法律关系,突破股东对公司债务不承担责任的一般规则。无论是本案还是居间服务合同纠纷案中,均无证据能够证明否认北京东晟世纪科技有限公司人格的事实,也就不能证明胡蓉提供的借款存在超过民间借贷月利率2%上限的情形。故此,刘丛宾、王惠玲、天水红石公司上诉主张应在本案借款利息中扣除北京东晟世纪科技有限公司应取得的1950万元居间费用不能成立,应予驳回。

综上,刘丛宾、王惠玲、天水红石公司的上诉请求不能成立,应予驳回;一审判决认定事实清楚,法律适用正确,应予维持。依照《中华人民共和国民事诉讼法》第144条、第170条第1款第1项规定,判决如下:

驳回上诉,维持原判。

【本案争点与法律问题】＞＞＞

1. 如何识别本案中的法律关系?
2. 涉外民商事案件识别的标准如何确定?

【评析研判】＞＞＞

识别或称之为定性或直接称之为分类,通常是指法院在适用冲突规范时,依照一定的法律观念,对有关的事实与问题进行分析,将其归类于特定法律规范,并对有关的冲突规范内容进行合乎法律逻辑的解释,以确定应该适用哪一种冲突规范的过程。

识别并非国际私法特有的制度,其他法律的适用也存在识别的问题。国际私法中的识别,主要是指法院为了适用冲突规范而进行的识别,即:法院根据一定的法律观念对有关冲突规范的概念或术语进行解释,并对民事关系的事实构成进行定性和归类,从而使这些事实构成与有关冲突规范的概念或术语的含义相符合的定性过程。

与适用冲突规范有关的识别,主要包括以下两个方面的内容:一是对有关冲突规范的概念或术语的识别。即根据一定的法律观念,对有关冲突规范的概念或术语作出适当的解释。冲突规范的范围和系属,大都表现为抽象的法律概念或术语,法院要运用冲突规范处理国际民事争议,首先必须明确这些概念和术语的含义。比如,在侵权行为适用侵权行为地法这一冲突规范中,侵权行为和侵权行为地法的含义是什么,就必须根据一定的法律观念进行解释,只有这样,才能弄清该冲突规范能够用于解决哪些民事关系的争议,以及该冲突规范中规定的法律可以是什么地方的法律。二是对国际民事争议的有关事实的定性。即根据一定的法律观念对国际民事争议的事实进行定性和归类,使之与有关冲突规范中的概念和术语的含义相符合。比如,某种行为能否被归入侵权行为的范畴? 如果该行为在某地实施或者该行为造成的结果发生于某地,这些地点是否都属于法律上的侵权行为地? 只有经过这样的识别,才能确定应当适用哪一条冲突规范来调整发生争议的民事关系,以及应当援引什么地方的法律作为该民事关系的准据法。

关于该案法律关系,如果将其识别或定性为合同纠纷,由于合同中订有仲裁条款,2017 年 6 月 27 日修正通过的《中华人民共和国民事诉讼法》第 271 条规定:"涉外经济贸易、运输和海事中发生的纠纷,当事人在合同中订有仲裁条款或者事后达成书面仲裁协议,提交中华人民共和国涉外仲裁机构或者其他仲裁机构仲裁的,当事人不得向人民法院起诉。当事人在合同中没有订有仲裁条款或者事后没有达成书面仲裁协议的,可以向人民法院起诉"。也就是说,仲裁条款具有排斥法院管辖权的效力。中国和瑞士均是 1958 年《承认及执行外国仲裁裁决公约》的成员国,该公约也有类似的规定。因此,中国法院必须解决在这种情况下的仲裁协议能否排除法院的管辖权这一颇为复杂的问题。本案中,如果将其识别为侵权纠纷,则要按照 2017 年修正的《中华人民共和国民事诉讼法》第 28 条关于"因侵权行为提起的诉讼,由侵权行为地或者被告住所地人民法院管辖"的规定决定管辖权,并按照侵权关系决定法律的适用和损害赔偿的计算方法。

【延展训练】> > >

建设信贷银行股份公司埃森特佩企业银行业务中心分行、沈阳远大铝业工程有限公司信用证欺诈纠纷案再审判决书①

再审申请人建设信贷银行股份公司埃森特佩企业银行业务中心分行(以下简称建信银行埃森特佩分行)因与被申请人沈阳远大铝业工程有限公司(以下简称沈阳远大)、一审第三人中国建设银行股份有限公司辽宁省分行(以下简称

---

① 案例来源:最高人民法院(2020)最高法民再 265 号,中国裁判文书网,https://wenshu. court. gov. cn/website/wenshu/181217BMTKHNT2W0/index. html? pageId = 77c3de113fd54d300367733fc5c6950 e&s21 = % E6% B6% 89% E5% A4% 96% E6% B0% 91% E4% BA% 8B% E5% 85% B3% E7% B3% BB% E7% 9A% 84% E5% AE% 9A% E6% 80% A7.

建行辽宁省分行）独立保函欺诈纠纷一案，不服辽宁省高级人民法院（2018）辽民终471号民事判决，向最高人民法院申请再审。

辽宁省高级人民法院认定事实：

俄罗斯远大幕墙有限公司（简称俄罗斯远大）与LLC"Rasen Storty"（简称拉森公司）于2008年1月30日签订《设计和施工合同》（编号300108），项目为MercuryTower14号，拉森公司为总承包商，俄罗斯远大为幕墙专业分包商。俄罗斯远大按照合同约定向拉森公司提供由建信银行埃森特佩分行开具的金额为6636169.86美元的履约银行保函（编号60610002287，开立时间2008年3月20日）和金额为6636169.86美元的预付款银行保函（编号60630000087，开立时间2010年8月23日，后金额减至1000000美元）。上述两个保函系由建行辽宁省分行指示建信银行埃森特佩分行开立，保函均载明："在不考虑以上提及的合同的有效性和效力，放弃所有因合同的有效性和效力产生的反对和对抗权利，不审核其中的法律依据，且不提出异议的情形下，在此不可撤销地承诺，在收到贵司的首次表明分包商未能履行合同义务的书面要求之日起5个银行工作日之内，毫不迟延地向贵司支付最高金额为USD6636169.86元的款项。"

2016年4月15日，拉森公司向建信银行埃森特佩分行首次书面提出付款请求，请求支付《反担保履约保函》《反担保预付款保函》项下款项。2016年4月20日，建行辽宁省分行收到建信银行埃森特佩分行的索赔通知，要求支付相应的反担保保函项下的款项。2016年4月22日，沈阳远大以独立保函欺诈为由，向一审法院提起诉讼并申请中止支付案涉保函及反担保保函项下款项。2016年4月25日，一审法院依法裁定中止支付《反担保履约保函》《反担保预付款保函》项下款项及相应的反担保保函项下款项，并向建信银行埃森特佩分行和建行辽宁省分行送达。建行辽宁省分行在收到一审法院止付令后，以电文的方式通知建信银行埃森特佩分行在法定期限内不付款。沈阳远大于2017年8月29日撤回起诉，并同时起诉建信银行埃森特佩分行及建行辽宁省分行终止支付两个反担保保函项下的款项。建信银行埃森特佩分行称其已于2016年10月17日向拉森公司支付《反担保履约保函》《反担保预付款保函》项下款项。

俄罗斯远大与拉森公司于2008年1月30日签订《设计和施工合同》，该合同附件3第3.1.1和3.1.2条约定：预付款金额的银行保函在实际完工之日以前有效，总承包商在收到实际完工记录后返还；履约银行保函有效期到实际完工之日起第 90 天,并应当在保函效力结束之日起 14 天内由总承包商返还。合同的最终完工记录的时间为 2015 年 12 月 24 日。沈阳远大提供莫斯科第九仲裁上诉法院二审判决,该判决认定实际完工日期为 2015 年 12 月 18 日,最终完工日期为 2015 年 12 月 24 日,该判决作出决议:承认建信银行埃森特佩分行于 2010 年 8 月 23 日开立的 60630000087 银行保函从 2015 年 12 月 18 日失效;2008 年 3 月 20 日开立的 60610002287 银行保函从 2016 年 3 月 17 日失效。该判决书结论部分宣布于 2017 年 11 月 14 日,完整判决书完成于 2017 年 11 月 23 日。

辽宁省高级人民法院认为,本案的争议焦点为:一是案涉反担保保函是否已失效;二是建信银行埃森特佩分行在保函项下的付款是否构成善意。

关于第一个争议焦点问题。俄罗斯远大与拉森公司签订的《设计和施工合同》附件 3 第 3.1.1 和 3.1.2 条约定,"《反担保预付款保函》在实际完工之日以前有效,总承包商在收到实际完工记录后返还;《反担保履约保函》有效期到实际完工之日起第 90 天,并应当在保函效力结束之日起 14 天内由总承包商返还",表明合同对《反担保履约保函》和《反担保预付款保函》约定了有效期,总承包商拉森公司应按合同约定的期限返还上述两份保函。而《设计和施工合同》的实际完工日期为 2015 年 12 月 18 日,最终完工日期为 2015 年 12 月 24 日。根据上述时间计算,《反担保预付款保函》从 2015 年 12 月 18 日失效,《反担保履约保函》从 2016 年 3 月 17 日失效。拉森公司应在上述时间返还保函,但拉森公司未在上述时间返还保函,而于 2016 年 4 月 15 日向建信银行埃森特佩分行首次书面提出付款请求,属于《独立保函规定》第 12 条第 5 项规定的受益人明知没有付款请求权仍滥用该权利的其他情形,构成独立保函欺诈。在两份保函已失效的情况下,相应的反担保保函亦失去效力。故一审法院对沈阳远大主张终止支付反担保保函项下款项的诉讼请求,予以支持。

关于第二个争议焦点问题。建信银行埃森特佩分行提出其已向拉森公司善意付款,其有权向建行辽宁省分行请求支付反担保保函项下款项的抗辩主张。首先,建信银行埃森特佩分行提供的付款证据为电脑打印件,不能充分证明其已向拉森公司支付保函项下款项。其次,即使建信银行埃森特佩分行已向拉森公司支付保函项下款项,建信银行埃森特佩分行的付款不构成善意。拉森公司于 2016 年 4 月 15 日向建信银行埃森特佩分行首次书面提出付款请求,建信银行埃森特佩分行因知晓一审法院的止付令而未在保函规定的五个工作日内付款,建行辽宁省分行亦将一审法院下达的止付令情况告知建信银行埃森特佩分行并告知拒绝付款,建行辽宁省分行未向建信银行埃森特佩分行支付反担保保函项下的款项,而建信银行埃森特佩分行亦未在保函规定的期限内向拉森公司支付保函项下的款项。现建信银行埃森特佩分行称其于 2016 年 10 月 17 日向拉森公司支付保函项下款项,而此时一审法院的止付令并未解除,故建信银行埃森特佩分行的付款不构成善意。

综上,辽宁省高级人民法院依据《中华人民共和国涉外民事关系法律适用法》第 44 条、《最高人民法院关于审理独立保函纠纷案件若干问题的规定》(以下简称《独立保函规定》)第 12 条第 5 项、第 20 条规定,判决:"一、中国建设银行股份有限公司辽宁省分行终止支付建设信贷银行股份公司埃森特佩企业银行业务中心分行编号为 21036020001010 反担保保函项下的款项 6636169.86 美元;二、中国建设银行股份有限公司辽宁省分行终止支付建设信贷银行股份公司埃森特佩企业银行业务中心分行编号为 21036020002046 反担保保函项下的款项 1000000 美元;三、驳回沈阳远大铝业工程有限公司的其他诉讼请求。案件受理费人民币 289586 元,财产保全费 5000 元,共计人民币 294586 元,由建设信贷银行股份公司埃森特佩企业银行业务中心分行承担。"

建信银行埃森特佩分行不服上述一审判决,提起上诉。请求:撤销一审判决,依法改判。事实和理由如下:

其一,一审法院认定主要事实的证据存在问题。沈阳远大提供的莫斯科第九仲裁上诉法院的二审判决未得到承认且已被俄罗斯再审法院撤销。依据中华人民共和国相关法律规定,对于外国法院的判决应当依法向中国法院先行申请承认,一审判决对俄罗斯二审法院判决作为证据的确认,违反《中华人民共和国民事诉讼法》的规定,且没有证据证明该判决为在俄罗斯生效的终审判决;《设计和施工合同》真实性有异议。《设计和施工合同》为本案的基础合同,是由两家俄罗斯公司在俄罗斯签署,该合同应当在俄罗斯当地予以公证,否则不具有证据效力。莫斯科仲裁法院 A40-159569/16 号判决的真实性待确认。

其二,一审判决认定事实错误。185 号止付令因沈阳远大撤诉依法被解除,建信银行埃森特佩分行根据拉森公司的请求支付保函项下的款项正当合法。涉案的两份保函经多次延期有效期至 2016 年 4 月 30 日,一审法院依据基础合同中的约定,错误认定两份保函的失效日期。

其三,一审判决适用法律错误。一审判决错误认定拉森公司的索赔构成独立保函欺诈。独立保函是见索即付的,开立人的付款义务独立于基础交易关系及保函申请法律关系,其仅承担相符交单的付款责任,因此只要保函受益人的单据与独立保函条款之间,单据与单据之间表面相符,受益人请求开立人承担独立保函担保责任的,开立人就应当付款,而无须审查基础交易关系和保函申请关系。只要拉森公司的付款请求符合保函的要求,作为保函开立人的建信银行埃森特佩分行就应当付款,而无须审查其是否违反了基础合同的约定,只要在保函项下善意付款,就有权依反担保保函向建行辽宁省分行追偿,一审判决错误认定建信银行埃森特佩分行在两份保函项下的付款不构成善意。拉森公司于 2016 年 4 月 15 日首次书面提出付款请求,并且说明其付款请求符合两份保函的要求,建信银行埃森特佩分行理应立即付款。

其四,一审法院违反法定程序。对一审法院作出的止付令,建信银行埃森特佩分行已提出复议,但一审法院未在法定期限内予以答复。

最高人民法院认为,根据建信银行埃森特佩分行的再审请求以及各方当事人的诉辩意见,本案的争议焦点为:建行辽宁省分行是否应终止支付《反担保预付款保函》《反担保履约保函》项下被请求的款项。

一、关于本案的性质及法律适用问题

建信银行埃森特佩分行系根据土耳其共和国法律在土耳其共和国登记设立的法人,为外国法人。《最高人民法院关于适用〈中华人民共和国涉外民事关系法律适用法〉若干问题的解释(一)》第 1 条第 1 项规定:"民事关系具有下列情形之一的,人民法院可以认定为涉外民事关系:(一)当事人一方或双方是外国公民、外国法人或者其他组织、无国籍人"。因此,本案系涉外案件。

《中华人民共和国涉外民事关系法律适用法》第 8 条规定:"涉外民事关系的定性,适用法院地法律"。据此,本案应依据中华人民共和国法律确定法律关系的性质。根据《独立保函规定》第 1 条和第 3 条第 1 款第 1 项规定,独立保函是指银行或非银行金融机构作为开立人,以书面形式向受益人出具的,同意在受益人请求付款并提交符合保函要求的单据时,向其支付特定款项的承诺。保函载明见索即付的,当事人主张保函性质为独立保函的,人民法院应予支持。本案中,沈阳远大是案涉保函和反担保保函的开立申请人,建行辽宁省分行向建信银行埃森特佩分行开立见索即付的《反担保预付款保函》《反担保履约保函》,由建信银行埃森特佩分行向受益人拉森公司转开《反担保预付款保函》《反担保履约保函》,根据案涉保函和反担保保函的约定,建行辽宁省分行和建信银行埃森特佩分行的付款义务均独立于基础交易关系及保函申请法律关系，并载明"见索即付"。因此，案涉保函为见索即付独立保函，案涉反担保保函为见索即付独立反担保保函。本院注意到，案涉保函条款中的"firstdemand"一词系独立保函领域的专业术语，通常含义为"见索即付"。双方当事人所提交相关证据之中文译本中，将其翻译为"首次要求""首次表明""首次提出""第一次书面请求""第一份书面请求"，一、二审法院对此予以引用，但不能反映该术语的真实含义，本院予以纠正。

沈阳远大以保函及反担保保函项下拉森公司和建信银行埃森特佩分行的索赔存在欺诈为由，向一审法院请求判令建行辽宁省分行终止支付反担保保函项下的款项，该请求系主张存在独立保函欺诈而要求法院止付，因此本案为独立保函欺诈纠纷。由于沈阳远大与建信银行埃森特佩分行、拉森公司之间并无直接的保函合同关系，该独立保函欺诈之诉属于侵权纠纷。

本案当事人在一审中一致援引中华人民共和国法律，且未提出法律适用异议，应当认定选择了中华人民共和国法律作为本案的准据法。因此，本案的准据法是中华人民共和国法律。

二、关于沈阳远大是否为本案适格原告的问题

建信银行埃森特佩分行认为，二审法院错误认定沈阳远大具备提起本案诉讼的主体资格，沈阳远大无权请求止付。沈阳远大认为，其作为案涉保函的最终付款责任的承担者，有权申请终止支付案涉保函和反担保保函。本院认为，独立保函欺诈作为侵权纠纷，沈阳远大是保函和反担保保函的申请开立人，虽然其不是保函和反担保保函合同的当事人，但作为保函受益人的拉森公司和反担保保函受益人的建信银行埃森特佩分行，若在保函及反担保保函项下的索赔存在《独立保函规定》规定的因欺诈而应止付的情形，将会对沈阳远大在保函申请关系、指示关系项下的权利产生影响。因此，沈阳远大有主张侵权救济的权利，是本案适格原告。至于其诉讼请求最终能否得到支持，应通过实体审理后最终确定。建信银行埃森特佩分行主张沈阳远大不具有本案原告主体资格，理由不能成立，本院不予支持。

三、关于建行辽宁省分行是否应终止支付《反担保预付款保函》《反担保履约保函》项下被请求的款项的问题

对此，最高人民法院根据本案已经查明的事实，依照《独立保函规定》的相关规定，从以下几个方面予以分析认定。

（一）拉森公司在两份保函项下的索赔是否构成欺诈

建信银行埃森特佩分行在两份保函中向拉森公司承诺："我行……在此不可撤销的承诺,在收到贵司的见索即付请求,表明分包商未能履行合同义务的自书面要求之日起 5 个银行工作日之内,毫不迟延地向贵司支付最高金额为 6636169.86 美元的款项。"拉森公司于 2016 年 4 月 15 日就《反担保预付款保函》《反担保履约保函》向建信银行埃森特佩分行交单。《反担保预付款保函》项下的交单称："根据编号为 60630000087 的《反担保预付款保函》,我司在此声明俄罗斯远大未能履行 2008 年 1 月 30 日签署的编号为 300108 的合同项下的约定义务,因此,我司要求根据保函的约定,索赔 1000000 美元的款项";《反担保履约保函》项下的交单称："根据编号为 60610002287 的《反担保履约保函》,我司在此声明俄罗斯远大未能履行 2008 年 1 月 30 日签署的编号为 300108 的合同项下的约定义务,因此,我司要求根据保函的约定索赔 6636169.86 美元的款项。"拉森公司的交单符合《反担保预付款保函》《反担保履约保函》约定,是相符交单,索赔是相符索赔。

沈阳远大主张,因案涉工程已完工,《反担保预付款保函》的功能已丧失,拉森公司无权依《反担保预付款保函》提出索赔,拉森公司的索赔是欺诈性索赔。本院认为,独立保函与基础交易各自独立,保函开立人只需要根据保函合同条款的约定,在受益人提交相符交单时,履行付款义务,无须考虑基础交易的履行情况。由于沈阳远大并未提供证据证明拉森公司在保函项下的索赔构成《独立保函规定》第 12 条规定的欺诈情形,因此,不能认定拉森公司在保函项下的索赔构成欺诈。

（二）建信银行埃森特佩分行在两份反担保保函项下的索赔是否构成欺诈

根据案涉反担保保函的约定,建信银行埃森特佩分行的索赔请求应"援引反担保保函的函号、日期并应声明其已经收到保函项下的相符索赔"。建信银行埃森特佩分行于 2016 年 4 月 19 日就《反担保履约保函》《反担保预付款保函》向建行辽宁省分行交单,建行辽宁省分行于 2016 年 4 月 20 日收到建信银行埃森特佩分行的交单。其中《反担保履约保函》的交单援引了《反担保履约保函》的函号、日期,并称"我方在 2016 年 4 月 18 日收到了受益人根据我方编号 60610002287 的《反担保履约保函》提出的 6636169.86 美元的付款请求,该索赔是相符索赔";《反担保预付款保函》的交单援引了《反担保预付款保函》的函号、日期,并称"我方在 2016 年 4 月 18 日收到了受益人根据我方编号 60630000087 的

《反担保履约保函》提出的1000000.00美元的付款请求,该索赔是相符索赔"。建信银行埃森特佩分行的交单符合《反担保预付款保函》《反担保履约保函》约定,是相符交单,索赔是相符索赔。再审庭审中,建行辽宁省分行亦认为该交单是相符交单,不存在不符点。此外,案涉保函和反担保保函经数次展期,反担保保函的有效期延至2016年5月15日,建信银行埃森特佩分行的索赔是在反担保保函有效期内提出,没有滥用付款请求权。沈阳远大称,基础交易诉讼项下,虽然莫斯科仲裁法院一审判决沈阳远大违约,但建信银行埃森特佩分行和拉森公司都明知该案正处于二审阶段,违约方尚未最终认定,此时拉森公司仍在保函项下提出索赔,构成欺诈,建信银行埃森特佩分行继而向建行辽宁省分行提出的索赔也构成欺诈。本院认为,独立保函与基础交易、保函与反担保保函各自独立,对基础交易及基础交易项下的诉讼应仅作有限审查。沈阳远大并未提供证据证明建信银行埃森特佩分行在反担保保函项下的索赔构成《独立保函规定》第12条规定的情形,因此,不能认定建信银行埃森特佩分行在反担保保函项下的索赔构成欺诈。

(三)建信银行埃森特佩分行对拉森公司的付款行为是否导致两份反担保保函应被止付

沈阳远大主张,建信银行埃森特佩分行作为专业金融机构,从建行辽宁省分行处知悉止付令存在的事实后不应对拉森公司付款,其付款不构成善意。二审判决认定,建信银行埃森特佩分行收到了一审法院邮寄的止付令,仍对受益人拉森公司付款,不属于《独立保函规定》第14条第3款规定的善意付款情形。建信银行埃森特佩分行则否认在付款之前和之时收到过中国法院的止付令,其对拉森公司的付款尽到了审慎注意义务,是善意付款。对此,最高人民法院认为:

1. 对《独立保函规定》第14条第3款规定的"善意付款"的理解

本院认为,在转开保函情形下,同时存在保函和反担保保函,《独立保函规定》第14条第3款规定的"善意付款",是受益人在保函项下的索赔有欺诈或欺诈的高度可能性,为了保护善意付款的保函开立人之合法权益,并在保函申请人、保函受益人、保函开立人及反担保保函开立人之间进行利益平衡而作出的规定。一方面,在决定是否作出临时止付令阶段,根据当事人的申请,在面临受益人在保函项下的索赔是否有欺诈的高度可能性时,只要没有证据表明保函开立人高度可能参与了保函受益人的欺诈行为,则对保函开立人的善意付款应予以保护,不得以保函受益人存在欺诈为由对保障保函开立人追偿权的反担保保函止付。另一方面,在已经排除合理怀疑,认定保函项下受益人构成欺诈而决定是否终止支付反担保保函项下款项时,只要没有证据表明保函开立人自身在反担保保函项下的索赔存在欺诈行为,没有证据表明保函开立人参与了保函受益人的欺诈行为,也没有证据表明保函开立人知晓保函受益人欺诈的事实而仍对保函受益人付款的,则对保函开立人的善意付款应予以保护,反担保保函项下的款项不应被止付。

2. 建信银行埃森特佩分行对拉森公司的付款行为与《独立保函规定》第14条第3款规定的情形不同

本案中,一审法院在决定签发临时止付令之时,由于建信银行埃森特佩分行尚未对受益人拉森公司付款,因此无须考察《独立保函规定》第14条第3款规定的是否善意付款的问题。而考虑最终是否终止支付两份反担保保函时,由于拉森公司于2016年4月15日向建信银行埃森特佩分行的索赔不构成欺诈,建信银行埃森特佩分行于2016年4月19日向建行辽宁省分行的索赔也不构成欺诈,则不满足《独立保函规定》第20条规定的条件。因此,沈阳远大以建信银行埃森特佩分行的付款行为不构成《独立保函规定》第14条第3款认定的"善意付款"为由,主张应对建信银行埃森特佩分行在反担保保函项下的索赔予以止付,理由不能成立,本院不予支持。

(四)在没有证据证明案涉保函和反担保保函项下的索赔构成欺诈的情形下,一审法院作出的止付令不能成为免除建行辽宁省分行最终付款义务的理由

对止付令应设置极为严格的条件系《独立保函规定》第14条的宗旨所在。保函项下的止付裁定的内容包括被止付的对象、止付的原因、止付的期限、止付的金额等。作为对相关当事人权利义务产生重大影响的司法文书,止付令经法定方式送达后才对当事人产生法律效力。由于不排除基础交易项下的当事人撤诉或和解,从而申请撤销止付令,或原告撤回起诉,甚至法院依职权撤销止付令等各种情形的存在,因此,止付令的合法送达所具有的法律意义不应被忽视。一审法院于2016年4月25日作出185号止付令,并于2016年5月通过中国邮政EMS向建信银行埃森特佩分行邮寄,但根据现有证据尚无法确定作为受送达人的建信银行埃森特佩分行在向拉森公司付款时已经收到了该止付令。建信银行埃森特佩分行从建行辽宁省分行处获知一审法院作出的止付令的相

关信息后,并未完全置该信息于不顾,也未在约定的付款期限届满即向拉森公司付款,而是与拉森公司进行了交涉,告知拉森公司因中国法院止付令的存在,且俄罗斯远大还将在俄罗斯法院提起诉讼,认为其向拉森公司付款虽然不存在任何困难,但审慎的做法是等待在中国法院已经提起的诉讼及可能在俄罗斯法院提起的诉讼的确定结果,所以未付款。而且,拉森公司就基础合同项下的争议起诉俄罗斯远大的案件中,俄罗斯远大被认定构成违约的一审裁决已经作出;拉森公司已在土耳其共和国法院对建信银行埃森特佩分行发起支付令执行程序。综合考虑建信银行埃森特佩分行付款前的上述情形,建信银行埃森特佩分行于 2016 年 10 月 17 日向拉森公司付款,尽到了审慎合理的注意义务。

综上,案涉两份反担保保函项下的款项不应被终止支付,建信银行埃森特佩分行的再审请求成立,应予支持。一、二审判决对部分事实认定错误,适用法律错误,应予纠正。最高人民法院依照《中华人民共和国涉外民事关系法律适用法》第 8 条、第 44 条,《最高人民法院关于适用〈中华人民共和国涉外民事关系法律适用法〉若干问题的解释(一)》第 1 条、第 8 条,《最高人民法院关于审理独立保函纠纷案件若干问题的规定》第 1 条、第 3 条、第 11 条、第 12 条、第 14 条、第 20 条,《中华人民共和国民事诉讼法》第 170 条第 1 款第 2 项、第 207 条第 1 款,《最高人民法院关于适用〈中华人民共和国民事诉讼法〉的解释》第 407 条第 2 款规定,判决如下:

"一、撤销中华人民共和国辽宁省高级人民法院(2018)辽民终 471 号民事判决、中华人民共和国辽宁省沈阳市中级人民法院(2017)辽 01 民初 771 号民事判决;

二、驳回沈阳远大铝业工程有限公司的诉讼请求。

一审案件受理费人民币 289586 元,财产保全费人民币 5000 元,二审案件受理费人民币 289586 元,均由沈阳远大铝业工程有限公司负担。

本判决为终审判决。"

问题与思考:

1. 案件的识别或者定性与案件准据法的确定是什么关系?

2.《中华人民共和国涉外民事关系法律适用法》第 8 条规定:"涉外民事关系的定性,适用法院地法律。"涉外民事关系的定性,适用法院地法律有何不足?

第二节 反　　致

"卡帕玛丽"号轮抵押合同纠纷案①

【案件回顾】＞＞＞

1990 年 9 月 27 日,申请人和柏林人银行(共同称为银行方)与被申请人(作为借款方)签订贷款合同,约定:由银行方贷款给被申请人总额为 310 万美元的款项,用于经营被申请人所属的塞浦路斯籍"卡帕玛丽"轮(该轮于 1992 年 10 月 16 日更名为"帕玛"轮,仍为塞浦路斯籍);柏林人银行委托申请人为其代理人,负责处理上述贷款本金和利息的偿还以及贷款的日常管理事务;被申请人应分 6 次,以等量连续分期付款的形式向代理人偿还贷款,每隔 6 个月偿还 285000 美元。同日,申请人作为抵押权人,被申请人作为船主,双方签订了船舶抵押合同,约定抵押权人和柏林人银行联合向船主提供 310 万美元的贷款,被申请人将其所有的"帕玛"轮设置抵押。1990 年 9 月 27 日 14 时 30 分,申请人在塞浦路斯利马索尔由当地登记官作了抵押登记。

因其他海事请求权人申请扣押并拍卖"帕玛"轮,申请人于 1994 年 7 月 27 日向海事法院提出债权登记申请,请求法院确认至 1995 年 3 月 31 日止,申请人对被申请人抵押债权本息共 3663920.10 美元。

审理过程中,被申请人对申请人的债权请求全部予以承认。双方选择适用中国法律。申请人还向法院提供了《塞浦路斯共和国海商法(暂行条例)》。

海事法院认为,当事人双方选择适用中国法律,《中华人民共和国海商法》第 271 条第 1 款的规定:"船舶抵押权适用船旗国法律。""帕玛"轮悬挂塞浦路斯共和国国旗,故处理本案的实体争议应适用塞浦路斯共和国的法律。申请人与被申请人双方签订了抵押和贷款合同,并就"帕玛"轮设置抵押进行了登记,申请人与被申请人签订的抵押、贷款合同和被申请人以其所属"帕玛"轮对申请

---

① 参见金正佳主编:《中国典型海事案例评析》,法律出版社 1998 年版,第 17—18 页。

人设立的抵押权符合塞浦路斯共和国法律的规定,应确认有效。申请人作为抵押权人有权对被申请人主张抵押债权。申请人向被申请人主张的 3663920.10 美元抵押债权应予认定。

据此,海事法院根据《中华人民共和国海商法》第 271 条,《塞浦路斯共和国海商法(暂行条例)》第 31 条的规定,于 1996 年 2 月 29 日判决如下:

确认申请人英国钱斯利公司对被申请人希腊山奇土海运有限公司所属"帕玛"轮的抵押债权成立;其抵押债权为 3663920.10 美元。

判决后,双方当事人均没有上诉。

【本案争点与法律问题】> > >

1.《中华人民共和国涉外民事关系法律适用法》是否采纳了反致制度?

2. 本案法院对法律适用部分的处理有何不妥?

【评析研判】> > >

反致是指对某一国际民商事关系,甲国根据其冲突规范应适用乙国的法律,而乙国的冲突规范又规定此种关系应适用甲国法,如果甲国法院最后适用甲国法律处理此种民商事关系,即为反致。因此,一般学说上所称的反致,未必即指在适用外国法后,再回头适用原被认为不得适用的国内法或者其他法律。按国际私法为国内法,各国国际私法往往对同一法律关系,规定应以不同的连结因素决定准据法。

例如,就同一离婚案件,内国国际私法规定应适用 A 国法,A 国国际私法规定应适用内国法或 B 国法时,在法律适用上至少应有下列三种选择可能性:(1)是认为内国法已经足够完善,故无须斟酌 A 国国际私法的规定,仅仅依靠内国国际私法的规定,适用 A 国的实体规定;(2)接受部分反致或单纯反致,而认为适用 A 国法时,应包括该国的国际私法,但不及于其反致条款,故适用 B 国法时,即不包括其国际私法;(3)承认全部反致或双重反致,认为内国法院适用 A 国法时,其地位与 A 国的法院完全相同,故 A 国法院所应适用的 A 国国际私法,包括其反致条款在内,均为可适用的范围,故适用 B 国法时,亦包括其国际私法在内。

学理上通常将反致区分为下列三种。其一,直接反致,即依内国国际私法应适用 A 国法,但 A 国国际私法规定应适用内国法的情形,例如,甲死亡时有 A

国国籍,其继承应适用 A 国法,但甲的住所在我国,且 A 国国际私法规定继承应依被继承人死亡时的住所地法时,而依 A 国国际私法,其继承则应适用我国法律;其二,转致,即依内国国际私法应适用 A 国法,但 A 国国际私法规定应适用 B 国法的情形,例如在前例中,甲的住所在 B 国,该继承案件的法律适用即发生转致;其三,间接反致,即依内国国际私法应适用 A 国法,但 A 国国际私法规定应适用 B 国法,而 B 国国际私法规定应适用内国法的情形,例如,甲死亡时有 A 国国籍,住所在 B 国,在我国留有不动产,而 A 国国际私法规定继承应依被继承人死亡时的住所地法,B 国国际私法规定不动产的继承应依其所在地法,该继承案件的法律适用即发生间接反致。本例中的不动产如在 C 国,则依 C 国国际私法的规定应适用 C 国法,乃重复转致的情形。

本案当事人分别是英国人和希腊人,设置抵押权的船舶国籍为塞浦路斯,法院地为中国。审理时首先应根据有关国际私法原理,确定应该适用的法律。当法院确认应当适用外国法时,应对外国法进行查明。意思自治是指当事人双方合意选择哪个法域的法律,是确定合同准据法的最普遍原则。我国民法典将意思自治原则作为涉外合同法律适用的首要原则。根据我国海商法第 269 条的规定,合同当事人可以选择合同适用的法律,法律另有规定的除外。本案当事人签订的船舶抵押贷款合同没有选择适用法律,但法院在审理本案时作出了适用中国法律处理本案的选择,符合我国法律规定,应予以确认。法院在处理本案时,根据海商法第 271 条"船舶抵押权适用船旗国法律"的规定,鉴于"帕玛"轮悬挂塞浦路斯共和国国旗,故处理本案的实体争议应适用塞浦路斯共和国的法律。根据当事人的选择,本应适用中国法律,但是法院根据中国的冲突规范适用船旗国(塞浦路斯)法律,最后法院适用塞浦路斯法律处理本案。因此,该案的法律适用属于国际私法上"转致"。根据海商法第 271 条"船舶抵押权适用船旗国法律"的规定,最后适用塞浦路斯法律处理本案欠妥,值得商榷。

反致作为国际私法中的一项重要制度,"它不仅能够满足国际私法的传统要求,也符合现代国际私法的价值观念。它是一种十分有用的制度,有其存在的价值和巨大生命力"①。反致作为一种国际私法制度,与其他制度一样,来源于实践,并需要随着实践的发展而不断完善。

---

① 肖永平:《肖永平论冲突法》,武汉大学出版社 2002 年版,第 303 页。

北京中泰创盈企业管理有限公司
与城启投资有限公司等保证合同纠纷案①

原告北京中泰创盈企业管理有限公司(以下简称北京中泰)与被告城启投资有限公司(以下简称城启公司)、被告北京东华房地产开发有限公司(以下简称东华地产)保证合同纠纷一案,北京市第四中级人民法院于2019年7月16日立案。北京中泰向法院起诉时未声明有仲裁协议,城启公司、东华地产应诉,故本案应由法院主管。关于管辖权,城启公司系在我国香港特别行政区(以下简称香港特区)注册成立的公司,本案属于涉港商事纠纷案件。鉴于诉争保证合同对管辖权没有约定,东华地产住所地在北京市,依照《最高人民法院关于适用〈中华人民共和国民事诉讼法〉的解释》(以下简称《民事诉讼法解释》)第551条,参照《中华人民共和国民事诉讼法》(以下简称《民事诉讼法》)第259条以及第23条,再根据《北京市高级人民法院关于北京市第四中级人民法院案件管辖的规定(2018年修订)》第1条第2项规定,北京市第四中级人民法院对本案有管辖权。

该案的事实如下。

一、主债务的确定及执行

2017年8月3日,委托人北京中泰、贷款人上海银行与借款人广州粤泰控股集团有限公司(简称粤泰控股)签订《借款合同》,约定北京中泰委托上海银行向粤泰控股发放贷款3亿元,借款期限12个月,自2017年8月3日起至2018年8月3日止。该合同第7条约定,合同执行固定利率,年利率12%,日利率为年利率/360,结息方式为按月结息;逾期罚息利率为贷款利率的150%。第15条约定,发生纠纷时诉讼费、律师费等相关费用由借款人粤泰控股承担。第16条第5项约定,若借款人没有按期偿还本合同项下的贷款本金、利息等相关费用,除应继续按照本合同约定的逾期罚息利率履行外,每逾期一日还应按贷款之未

---

① 案例来源,北京市第四中级人民法院民事判决书(2019)京04民初628号,中国裁判文书网,ht-tps://WENSHU. COURT. GOV. CN/WEBSITE/WENSHU/181107ANFZ0BXSK4/INDEX. HTML? DOCID = F459C522FCFC4CD7BC2DACA3001379F8。

还金额(包括贷款本金、利息、复利、罚息、违约金等)的2%/月的标准支付违约金,直至偿付完毕之日止,该违约金由借款人按日支付。同时,广州新意、广州豪城、广州建豪、淮南中峰、广州城启、杨树坪分别出具了为粤泰控股在上述《借款合同》项下的债务提供连带责任保证担保的六份《保证书》。

上述合同签订后,当事人就上述《借款合同》及六份《保证书》向北京市方圆公证处申请办理了强制执行效力公证。该公证处于2017年8月3日出具了(2017)京方圆内经证字第54220号公证书和(2017)京方圆内经证字第54221号、第54222号、第54223号、第54224号、第54226、第54227号公证书,赋予了《借款合同》及六份《保证书》强制执行效力。

2018年6月4日,申请执行人北京中泰基于粤泰控股没有按期偿还对浙江中泰创展企业管理有限公司借款,按照《借款合同》的约定发生了违约情形,北京中泰以向借款人及保证人宣布全部《借款合同》项下的借款于2018年5月28日提起到期的事实,遂以粤泰控股、广州新意、广州豪城、广州建豪、淮南中峰、广州城启、杨树坪为被执行人,就已经公证赋予强制执行效力的《借款合同》和六份《保证书》向北京市方圆公证处申请签发执行证书。2018年6月28日,该公证处出具了0125号执行证书,主要内容为"……截至本执行证书出具之日,本公证员未收到任何有效证据证明粤泰控股、广州新意、广州豪城、广州建豪、淮南中峰、广州城启、杨树坪履行了债务或者承担了相应的担保义务,也没有收到针对北京中泰主张的反驳或者异议的证据。依据上述事实,应北京中泰的申请,根据相关法律规定,出具本执行证书:一、被执行人为粤泰控股、广州新意、广州豪城、广州建豪、淮南中峰、广州城启、杨树坪;二、执行标的:1. 未还本金3亿元;2. 2018年5月21日到2018年5月28日的利息70万元;3. 2018年5月28日开始到借款全部清偿之日止,以未还本金3亿元为基数,按年化15%计算的罚息;4. 2018年5月28日开始到借款全部清偿之日止,以未还本金3亿元为基数,按年化9%计算的违约金;5. 公证费15000元"。

依据上述所有公证书以及0125号执行证书,北京中泰向法院申请强制执行。北京市第三中级人民法院于2018年8月27日立案执行,并于2018年12月12日作出案号为(2018)京03执800号之一执行裁定书,裁定:终结0125号执行证书的本次执行程序,北京中泰享有要求被执行人继续履行债务及向人民法院申请恢复执行的权利。

诉讼期间,北京中泰于2019年11月27日收到主债务项下债务人等偿还的

2.4 亿元本金,未还本金余额尚有 6000 万元。

二、城启公司与东华地产提供保证担保

2018 年 8 月,东华地产、粤泰控股联合向上海银行、北京中泰出具了《第三方无限连带责任保证书》,约定鉴于《借款合同》的签订、北京中泰已向粤泰控股发放贷款 3 亿元的事实,为确保粤泰控股适当履行《借款合同》项下义务,东华地产自愿向上海银行、北京中泰提供无限连带责任保证担保,保证责任如下:"一、保证担保的范围包括但不限于《借款合同》项下贷款期限和展期内的贷款本金、利息、罚息、复利、违约金、损害赔偿金和上海银行、北京中泰实现全部债权的费用等;二、上海银行、北京中泰无须先向粤泰控股追偿或起诉或处置抵押/质押物,即有权直接要求本保证人承担连带保证责任;三、如存在两个以上的保证人,本保证人仍然对粤泰控股前述合同项下的全部债务,对上海银行、北京中泰承担无限连带责任保证;……五、保证期限自贷款期限(含展期期限)届满之日起两年……本保证书一经签发不可撤销。"该保证书落款处,盖有东华地产和粤泰控股的公章,并有二公司的法定代表人张文蓓和杨树坪的签名。但对于上述保证书的出具,东华地产表示公司内部并未召开股东会或董事会进行决议,盖章过程因经办人员已离职无法了解。北京中泰则表示其在接收该保证书时,曾要求东华地产提供公司章程及相关决议,但东华地产仅提供了公司章程,并未提交决议,北京中泰对此并无过错。

2018 年 8 月,城启公司、粤泰控股联合向上海银行、北京中泰出具了《第三方无限连带责任保证书》,表明为确保粤泰控股适当履行《借款合同》项下义务,城启公司自愿向上海银行、北京中泰提供无限连带责任保证担保。其他内容与东华地产出具的保证书一致。该保证书落款处,盖有城启公司和粤泰控股的公章,并由杨树坪在城启公司的授权代表处签名。但对于上述保证书的出具,城启公司表示公司内部同样未召开股东会或董事会进行决议,公章为公司行政人员加盖。北京中泰则表示其在接收该保证书时,曾要求城启公司提供公司章程及相关决议,但城启公司并未提交,北京中泰对此并无过错。

三、涉案香港特区法律查明

北京中泰委托芦贵平律师行有限法律责任合伙就涉案城启公司出具的保证书的效力等相关问题发表香港特区法律查明的意见,并兼对城启公司提交的《法律意见书》中廖玉玲大律师的法律观点作出回应,刘恩沛大律师受芦贵平律师行有限法律责任合伙聘请和委托,由其出具了《法律意见书》。城启公司委托深圳市蓝海法律查明和商事调解中心就城启公司出具的保证书发表香港特区法律查明的意见,胡百全律师事务所受该中心聘请和委托,由其所大律师廖玉玲出具了《法律意见书》。本院结合两个《法律意见书》认定主要内容如下:

其一,香港特区法例第 622 章《公司条例》第 500 条规定,公司不得向董事或受董事控制的法人团体借出贷款等。(1)任何公司未获其成员的订明批准,不得……(b)在与任何人借予以下人士的贷款有关联的情况下,给予担保或提供保证(i)该公司的董事;或(ii)受该等董事控制的法人团体。该条之订立,是为了包含公司以及公司股东之利益不受该公司董事之不公平处事所损害。

就具体法律后果而言,《公司条例》第 513 条作出了明确规定,违反的民事后果:(1)如某公司在违反第 500—503 条的情况下订立交易,或在违反第 504 条的情况下订立安排,则除非有以下情况,否则有关交易或安排可由该公司提出要求而致使无效……(c)由某人(并非为之订立该项交易或安排的董事、受控制的法人团体或有关联实体者)在不实际知悉有关违反的情况下真诚地并付出价值而取得的权利,会因该项交易或安排被致无效而受影响。

其二,《公司条例》第 512 条亦提及了一个有关《公司条例》第 500 条之例外情况,即集团内部交易,如公司属某公司集团成员,第 500—503 条并不禁止该公司……(b)在与以下贷款、类似贷款或信贷交易有关联的情况下,给予担保或提供保证(i)任何人借予该法人团体的贷款或类似贷款;或(ii)任何人以债权人身份为该法人团体订立的信贷交易。

其三,根据刘恩沛律师所理解:第一,现有证据并未有证据证明城启公司股东大会曾经批准出具保证书。第二,根据《公司条例》第 512 条规定,如城启公司属某公司集团成员,第 500 条并不禁止城启公司为任何人借予属该集团成员的法人团体的贷款给予担保或提供担保;鉴于粤泰控股持有城启公司 96.67% 的股份即持有城启公司超过过半数的已发行股本,根据《公司条例》第 2 条和第 13 条规定,粤泰控股则会被认定为城启公司的控权公司,而粤泰控股和城启公司则构成一个公司集团;有见及此,城启公司的保证书之出具属于《公司条例》第 512 条所列明之例外情况,即集团内部交易,因此,《公司条例》第 500 条并不禁止城启公司出具保证书,城启公司亦不能按照《公司条例》第 513 条提出要求致使保证书无效。第三,即使《公司条例》第 500 条适用于本案,现阶段并未有足够证据显示《公司条例》第 513 条(1)(c)之例外情形不能够成立,城启公司亦不可以根据第 513 条提出要求致使保证书无效,原因在于没有任何证据显示北京中泰知悉保证书涉嫌违反《公司条例》第 500 条之情况,现阶段未有足够证据证明北京中泰的行为并非真诚,且北京中泰暂停了对粤泰控股的强制执行程序,所以可被视为付出了价值,北京中泰取得的权利明显会因保证书被致无效而受影响。第四,根据普通法下之"内部管理规则",除非特殊情形时,否则真诚地与某公司交易的第三者不必查究该公司的内部管理行为是否符合要求,并有权假定某一行为是按公司的章程及权力适当及正确地作出。第五,根据《公司条例》第 117 条规定,如果第三方真诚地与公司交易,而该公司的董事有权使该公司受约束,或有权授权其他人使该公司受约束,该权力须视为不受该公司的章程细则、任何决议或该公司成员之间的协议下的任何限制所规限。

综上,城启公司出具的保证书按照香港特区法律,不能由于城启公司提出要求而致使保证书无效。

北京市第四中级人民法院认为,城启公司系在香港特别行政区注册成立的公司,本案属于涉港商事纠纷案件。关于法律适用中的准据法适用,北京中泰的意见为适用内地法律,就城启公司出具的保证书效力等问题,城启公司和东华地产在法庭辩论终结前变更选择为适用香港特区法律。首先,就城启公司出具的保证书效力等,涉及股东的权利义务,依照 2012 年《最高人民法院关于适用〈中华人民共和国涉外民事关系法律适用法〉若干问题的解释(一)》第 19 条规定"涉及香港特别行政区、澳门特别行政区的民事关系的法律适用问题,参照适用本规定",并参照《中华人民共和国涉外民事关系法律适用法》第 14 条第 1 款"法人及其分支机构的民事权利能力、民事行为能力、组织机构、股东权利义务等事项,适用登记地法律",以及 2012 年《最高人民法院关于适用〈中华人民共和国涉外民事关系法律适用法〉若干问题的解释(一)》第 8 条第 1 款"当事人在一审法庭辩论终结前协议选择或者变更选择适用的法律的,人民法院应予准许"之规定,应用香港特区法律作为处理该问题的准据法。其次,鉴于东华地产的住所地位于北京市,依照 2012 年《最高人民法院关于适用〈中华人民共和国涉外民事关系法律适用法〉若干问题的解释(一)》第 19 条及《中华人民共和国涉外民事关系法律适用法》第 41 条关于"当事人可以协议选择合同适用的法律。当事人没有选择的,适用履行义务最能体现该合同特征的一方当事人经常居所地法律或者其他与该合同有最密切联系的法律"之规定,本案其他问题应适用内地法律作为处理纠纷的准据法。关于法律适用问题中的程序法律适用,依照《民事诉讼法解释》第 551 条,参照《民事诉讼法》第 259 条之规定,本案的程序法应当适用《民事诉讼法》第四编关于涉外民事诉讼程序的特别规定以及该法其他有关规定。

问题与思考：

1.《中华人民共和国涉外民事关系法律适用法》没有规定反致制度，主要原因是什么？

2. 依照《中华人民共和国涉外民事关系法律适用法》第 14 条第 1 款的规定，本案担保效力等问题应适用香港特区法律，但依据香港特区法律的冲突规范，关于出具担保书的人是否具有表面权限以及保证书的效力、责任认定的准据法，均因反致而应适用内地法律，我国内地法院应否接受反致？

第三节　外国法的查明

南京华夏海运公司诉塞浦路斯澳非尔堤斯航运有限公司船舶碰撞赔偿案①

【案件回顾】 > > >

原告所属的"华宇"轮，船籍中国，船籍港为中国南京，系钢质杂质船，1969年在德国不莱梅船厂建造出厂，船舶总长 139.156 米，船宽 21 米，型深 13.34米，总吨位 9249.15 吨，净吨位 6211.09 吨，载重量 15202 吨。该轮为完成曼谷至日本的航次租船合同于 1994 年 6 月 10 日 20 时由印度尼西亚的雅加达港空载驶往泰国曼谷港锚地，于同月 13 日 18 时 15 分靠妥曼谷港湄南河南侧 3 号码头，准备装载运往日本国的 12800 吨散装白糖。次日 22 时 23 分，"华宇"轮受载到 2429.62 吨时，被进港的被告所属的"珊瑚岛"轮的左舷艏部撞击。事故发生后，"华宇"轮船长吴克俭向曼谷国际法律办公室提交了"海事声明"，该办公室作了海事签证。1994 年 7 月 6 日，经原告申请，日本海事协会通过对"华宇"轮进行海事检验，确认了 19 项海损项目，并认定"华宇"轮丧失船级和适航能

---

① 案例来源：中国审判案例数据库，http://chncase.cn/case/case/2131662。

力。"华宇"轮将已装船散装白糖卸下后,1994年7月14日交由曼谷海事服务工程有限公司进行海损临时修理,同年8月17日修理完毕,8月19日靠泊装货。"华宇"轮在曼谷港停止营运66天。被告澳非尔蒂斯航运公司所属的"珊瑚岛"轮,船籍塞浦路斯,船籍港为塞浦路斯尼科西亚,系钢质杂货船,总吨位11721吨,净吨位6877吨,载重量27265吨,船长143.64米,船宽22.5米,型深12.5米。1994年6月14日22时23分,该轮在曼谷港湄南河顺涨潮流上驶时,其船舶左舷艏部碰撞"华宇"轮左舷艏部。碰撞事故发生后,"珊瑚岛"轮没有将其船舶所有人、船籍港、船旗国等告知"华宇"轮和港口的有关海事机构,在曼谷港16号码头卸货后于同年6月16日离开该港。1994年7月30日,"珊瑚岛"轮驶抵中国南京港,经原告华夏海运公司申请,武汉海事法院于1994年8月1日对该轮实施扣押。被告澳非尔蒂斯航运公司通过中国人民保险公司上海分公司代英国船东保赔协会提供175万美元担保后,武汉海事法院于1994年8月5日裁定解除对该轮的扣押。

原告诉称:此次碰撞事故系被告过错造成,请求判令被告承担因碰撞事故发生的船舶修理费、漏修部分恢复原状需要的修理费、航次营运损失、船期损失、律师费、通信费、坞检费、船龄损失、精神损失费、利息损失、差旅费、保全费等18项共计1750970.74美元。

被告辩称:本案是一起三船碰撞事故。在碰撞发生前,第三船"扬尼斯"轮停泊在锚地,该船船长用高频电话通知"珊瑚岛"轮称,"扬尼斯"轮与"华宇"轮之间的水域宽度足以让"珊瑚岛"轮通过。但由于"扬尼斯"轮的违章停泊和潮汐作用,"珊瑚岛"轮没能顺利通过而撞上了"华宇"轮,"扬尼斯"轮对碰撞事故负有一定责任,亦应作为本案被告参加诉讼。原告的索赔金额过大并缺乏证据证实。

本案一审期间,针对原、被告对"华宇"轮在曼谷港修理后是否恢复原状的分歧,武汉海事法院委托广州船级社对"华宇"轮进行了鉴定,结论为完全修复该轮因碰撞造成的损害尚需要2万美元和三个工作日。

武汉海事法院认为:被告提出的三船连续碰撞的主张没有证据予以证明,其要求增加共同被告的请求不成立,应予驳回。"珊瑚岛"轮在驶进曼谷港湄南河的过程中,违反航行规则,选择航路不当,对潮汐规律掌握不够,造成与靠泊在曼谷港3号码头的"华宇"轮相撞,属"珊瑚岛"轮单方驾驶船舶的过失造成;事故发生后,"珊瑚岛"轮船长未向"华宇"轮通报其船籍港、国籍、船舶所有人,是该轮船长的另一重大过失。被告应当承担因碰撞事故给原告造成的船舶损失和其他损失的全部赔偿责任。"华宇"轮已有 25 年的船龄,属老龄船,原告请求赔偿的船龄损失不符合客观情况;其所请求的精神损失赔偿无法律依据,国际上亦无惯例;其所请求的坞检费没有证据予以证明;其所请求的边防费,被告已在诉前支付给了原告。此次碰撞事故给原告造成的船舶损失为 251007.65 美元,人民币 2 万元;其他损失为 573821.52 美元,人民币 1 万元。

关于本案适用实体法的问题,武汉海事法院认为:根据《中华人民共和国海商法》关于涉外关系的法律适用原则,本案法律适用的第一选择是 1910 年《关于统一船舶碰撞若干法律规定的国际公约》,因该公约对我国尚未生效故不能被选择适用;第二选择是泰国法律即侵权行为地法,但因双方当事人均不属泰国籍,又不主张适用泰国的法律,视为当事人对泰国法不举证,因此,泰国法律不能被选择适用;第三选择是法院地法,即《中华人民共和国海商法》,双方当事人亦主张适用中国法,基于双方当事人的主张和以上二种选择不成立的原因,本案应适用《中华人民共和国海商法》。根据《中华人民共和国民事诉讼法》第 5 条第 1 款、第 9 条、第 134 条第 1 款、第 2 款,《中华人民共和国海商法》第 168 条的规定,武汉海事法院于 1994 年 12 月 28 日判决:

"一、澳非尔堤斯航运公司赔偿华夏海运公司船舶损失费 251007.65 美元,人民币 2 万元;

二、澳非尔堤斯航运公司赔偿华夏海运公司因碰撞引起的其他损失 573821.52 美元,人民币 1 万元;

三、以上二项计 824829.17 美元,人民币 3 万元,在本判决生效后十日内履行完毕。"

澳非尔堤斯航运公司不服武汉海事法院的判决,向湖北省高级人民法院提起上诉称:华夏海运公司的损失系三船碰撞造成,第三船"扬尼斯"轮也应作为本案的被告参加诉讼;澳非尔堤斯航运公司不应承担"华宇"轮完全修复尚需 2 万美元和三个工作日的修理费用;"华宇"轮在曼谷的修理费用不真实;原判认定的赔偿范围超出了习惯性的海事索赔范围,认定的船期损失过高;原审法院未准许上诉人暂缓诉讼程序以便核实证据的请求,审理程序控制失当。

华夏海运公司表示服判。

湖北省高级人民法院审理认为:"珊瑚岛"轮在驶进曼谷港湄南河的过程中,选择航路不当,对潮汐规律掌握不够,造成与靠泊在曼谷港 3 号码头的"华宇"轮相撞,是"珊瑚岛"轮驾驶船舶的过失造成的。碰撞发生后,"珊瑚岛"轮船长未将其船名、船籍港、出发港和目的港通知"华宇"轮,在曼谷港 16 号码头卸货后于 1994 年 6 月 16 日离开该港,上诉人澳非尔堤斯航运公司的这一行为违反了 1910 年《关于统一船舶碰撞若干法律规定的国际公约》和《中华人民共和国海商法》的有关规定。据此,根据《中华人民共和国海商法》第 168 条的规定,上诉人应当承担因碰撞事故给被上诉人造成的船舶损失和其他损失共计824829.17 美元,人民币 3 万元的全部赔偿责任。上诉人提出三船连续碰撞的主张并申请原审法院通知第三船"扬尼斯"轮作为本案被告参加诉讼,但上诉人未向原审法院提供"扬尼斯"轮的国籍、船籍港和船东的名称、住所,上诉人亦未提供"扬尼斯"轮应当作为本案被告参加诉讼的有关证据材料,原审法院驳回上诉人的这一申请,符合《最高人民法院关于适用〈中华人民共和国民事诉讼法〉若干问题的意见》(现已失效)第 57 条的规定。中国广州船级社通过对"华宇"轮鉴定所认定的完全修复该轮所需要的 2 万美元和三个工作日的费用,上诉人的特别授权代理人蒋正雄在一审期间曾表示同意承担,根据《中华人民共和国海商法》第 168 条的规定,上诉人应承担该笔修理费用。上诉人提出的"华宇"轮在曼谷的修理费用不真实,原判认定的赔偿范围超出了习惯性的海事索赔范围,原判认定的船期损失过高的上诉理由,均没有充分证据予以证实。原审法院在一审期间给予了上诉人充分的时间以便其核实诉讼证据,未准许上诉人暂缓诉讼程序的请求,符合《中华人民共和国民事诉讼法》的规定,诉讼程序并无不当。

本院认为,原审认定事实清楚,证据充分,处理恰当。依据《中华人民共和国民事诉讼法》第 153 条第 1 款第 1 项的规定,湖北省高级人民法院于 1996 年2 月 28 日判决如下:驳回上诉,维持原判。

【本案争点与法律问题】> > >

1. 外国法的性质是法律还是事实?
2. 外国法无法查明时,适用法院地法有何不足?

【评析研判】> > >

关于外国法内容的查明方法,我国自 2011 年 4 月 1 日起施行的《中华人民共和国涉外民事关系法律适用法》第 10 条第 1 款规定:"涉外民事关系适用的外国法律,由人民法院、仲裁机构或者行政机关查明。当事人选择适用外国法律的,应当提供该国法律。"

由此可以看出,在我国,法院、仲裁机构或者行政机关承担着查明外国法的责任,对涉外民商事诉讼中所应当适用的外国法,法院、仲裁机构或者行政机关有义务予以查明。在确定外国法的内容时,既尊重当事人提供的有关资料,也重视通过其他途径由法院进行调查,而不是把查明外国法内容的责任完全归置于当事人。当然,法院查明外国法的方法是多种多样的,可以通过外交、司法协助途径,也可以通过法律专家证言的方式,同时,当事人在提供外国法内容方面也起着重要作用。

在我国,当外国法无法查明时,法院应当适用中国法。自 2011 年 4 月 1 日起施行的《中华人民共和国涉外民事关系法律适用法》确认了这一做法。该法第 10 条第 2 款规定:"不能查明外国法律或者该国法律没有规定的,适用中华人民共和国法律。"这是世界上许多国家所采取的普遍做法。

在本案中,确定准据法是法院审理该案时必须首先解决的问题,审理此案的一二审法院虽均将中国法确定为本案的准据法,但它们确定的依据不同。一审法院认为:本案法律适用的第一选择是 1910 年《关于统一船舶碰撞若干法律规定的国际公约》,但因为该公约对中国尚未生效,故不能被选择适用;第二选择是泰国法律即侵权行为地法,因双方当事人均不具泰国国籍,不主张适用泰国法,视为当事人对泰国法不举证,故泰国法不能被选择适用;第三选择是法院地法。基于双方当事人的主张和以上二种选择不成立的原因,本案应当适用《中华人民共和国海商法》。二审法院认为,根据《中华人民共和国海商法》第273 条第 1 款"船舶碰撞的损害赔偿,适用侵权行为地法律"的规定,本案应当适用泰国法。当然,二审法院也没有能够查明泰国法,这是值得考问的。

【延展训练】> > >

渣打(亚洲)有限公司诉广西壮族自治区华建公司案①

1983 年 11 月 13 日,被告在广西南宁市与我国香港特区东方城市有限公司

① 案例来源. 北大法宝数据库,【法宝引证码】CLI. C. 237458. 网址:https://www. pkulaw. com/pfnl/a25051f3312b07f377fa18a9f9ba6d6269ea4cb9bd15486fbdfb. html? keyword = % E6% B8% A3% E6% 89% 93% EF% BC% 88% E4% BA% 9A% E6% B4% B2% EF% BC% 89% E6% 9C% 89% E9% 99% 90% E5% 85% AC% E5% 8F% B8% E8% AF% 89% E5% B9% BF% E8% A5% BF% E5% A3% AE% E6% 97% 8F% E8% 87% AA% E6% B2% BB% E5% 8C% BA% E5% 8D% 8E% E5% BB% BA% E5% 85% AC% E5% 8F% B8% E6% A1% 88.

签订《桂林华侨饭店合营企业公司合同》。合同约定,由双方合资兴建并经营桂林华侨饭店。合同签订后,东方城市有限公司于 1984 年 10 月 29 日与原告签订了一份贷款协议。同日,应东方城市有限公司与原告的要求,被告向原告出具了一份不可撤销的、无条件的、凭要求即付的担保书,并约定该担保书受香港特区法律管辖,按照香港特区法律解释。同日,该担保书经广州市公证处公证。1984 年 11 月 6 日和 1985 年 3 月 28 日,东方城市有限公司先后两次从原告处提取贷款共计 777.65 万港元。东方城市有限公司提款后,未按合营合同约定向桂林华侨饭店项目如数投资,仅向该项目投资 15.6 万美元(包括购买钢材、水泥折款)。在催还款过程中,原告曾于 1986 年 10 月 31 日至 1984 年 5 月 22 日期间,数次同意东方城市有限公司延期还款和变动部分贷款利率。后因东方城市有限公司未能按期向原告还本付息,原告根据贷款协议第 11 条规定,于 1987 年 9 月 8 日通知东方城市有限公司全部贷款立即到期,并要求其立即偿还已提取的贷款本金和利息。次日,原告致函被告,要求其立即履行担保义务,偿还借款人东方城市有限公司所欠的上述贷款本息。被告认为担保此笔贷款的目的,是将其用于建造桂林华侨饭店,借款人未如数投资,因此没有履行担保义务。原告经多次向被告追偿未果,遂于 1988 年 5 月 10 日向香港特区最高法院起诉,要求东方城市有限公司及被告还款。

我国香港特区最高法院于同年 8 月 1 日作出判决,判令东方城市有限公司立即向原告偿还贷款本息;判令被告立即履行担保义务,向原告偿付该笔贷款的本息。借款人东方城市有限公司于 1988 年 10 月 20 日向原告偿还了 23.4 万港元的利息;被告于 1988 年 7 月 27 日向原告支付了 6 万美元(相当于 46.8 万港元)的利息。贷款本金及其余利息未偿还。鉴于此,原告向南宁市中级人民法院起诉,要求法院判令被告立即偿还贷款本金 89844832.98 港元;支付上述贷款从 1984 年 5 月 15 日起到实际偿付之日止,根据贷款协议所发生的利息及逾期利息,并支付原告为此而在香港特区法院进行诉讼的律师费用。

被告辩称:"我公司出具担保书的前提,是所担保的贷款必须用于桂林华侨饭店建设。现这笔贷款绝大部分未用于预定的用途,显然违背了担保书的条款,我公司有权拒绝对未直接用于桂林华侨饭店建设的部分贷款承担担保责任。另外,我公司在发现借款人未按规定使用该笔贷款后,曾多次以书面形式将有关情况告知原告,要求原告采取措施控制借款人存于原告处的 50 万美元,但原告以种种理由予以拒绝,致使该笔款项全部转移。对此,原告应负主要责任。"

南宁市中级人民法院经审理认为:被告于 1984 年 10 月 29 日向原告出具的担保书,属不可撤销的担保书,手续完备,意思表示真实,符合国际惯例,且不违反我国法律规定,所订有关担保条款应确认有效。原告的贷款已支付给借款人,在借款人未按期如数偿还贷款本息时,应履行担保义务,不能因借款人未将贷款转给被告而免除责任。被告不履行担保义务是不对的。被告提出因原告的责任造成借款人存于原告处的 50 万美元被转移,缺乏证据。被告虽然提供了借款人东方城市有限公司在原告处的账户存款对账单,证明当时借款人账户有 50 万美元,但被告提供不了曾要求原告冻结借款人账户上存款的证据,且合同中并无由原告监督东方城市有限公司将贷款用于桂林华侨饭店建设的约定。故被告要求原告承担东方城市有限公司转移 50 万美元的责任,法院不予支持。本案合同约定适用我国香港特区法律,原告只提供香港特区律师出具的法律意见书,证实香港特区商业贷款的可强制执行性,但此种证明方法所证明的内容是否确实,原告不能举证证实,法院通过其他途径也未能查明香港特区有关法律的规定,故本案应当适用我国内地法律。原告提出被告应负担其在香港特区最高法院诉讼的律师费用的主张,因无法律依据,法院不予支持。据此,南宁市中级人民法院依照《中华人民共和国涉外经济合同法》第 16 条、《中华人民共和国民法通则》第 89 条第 1 款第 1 项的规定,于 1992 年 11 月 18 日判决如下:被告应履行为东方城市有限公司担保的义务,负责清偿东方城市有限公司所欠原告本金 89844832.98 港元及银行利息(从 1984 年 5 月 11 日起至本金付清之日止,利率按贷款协议规定计算)。

一审判决后,被告不服判决,上诉于广西壮族自治区高级人民法院。其上诉称:原审法院适用法律不当,担保书未经国家外汇管理局批准,违反国家有关法规规定,应属无效;渣打公司应承担因其过错造成借款人存在渣打公司的 50 万美元被转移的责任。在合同履行过程中,原告未征求我公司意见,同意借款人延期还款和变更利率,应视为成立了新的法律关系,我公司不再承担保证责任。

广西壮族自治区高级人民法院经审理认为:一审法院确认担保合同有效,并判令华建公司履行担保义务,是正确的。但东方城市有限公司和华建公司已向渣打公司支付 702000 港元的利息,应从应还款中扣除。渣打公司同意东方城市有限公司延期还款和变更部分贷款利率,虽事前未取得华建公司的同意,但华建公司事后支付了 6 万美元的利息,此行为应认定为对延期还款和变更贷款利率的默认。华建公司主张其不再承担担保责任的理由不能成立。合同中并无由渣打公司监督东方城市有限公司将贷款用于桂林华侨饭店建设的约定,华建公司要求渣打公司承担东方城市有限公司转移 50 万美元的责任的根据不足,本院不予支持。据此,广西壮族自治区高级人民法院根据《中华人民共和国民事诉讼法》第 153 条第 1 款第 1 项的规定,于 1993 年 9 月 20 日判决如下:变更南宁市中级人民法院民事判决为:华建公司应履行为东方城市有限公司担保的义务,负责清偿东方城市有限公司所欠原告贷款本金 89844832.98 元及尚欠的银行利息(从 1987 年 5 月 15 日起至本金付清之日止,利率按贷款协议规定计算)。

问题与思考:

1. 外国法和内国法本质上有何差异?

2. 查明外国法后无法调整所涉案件实体内容时,应如何解决法律适用?

第四节　公共秩序保留

夏某与某医疗健康咨询(深圳)有限公司、高某合同纠纷案[①]

【案件回顾】 > > >

原告夏某与被告高某、某医疗健康咨询(深圳)有限公司(以下简称某公司)签订合同,二被告协助原告到格鲁吉亚的第比利斯通过第三方代孕方式提供生殖服务。原告按照双方之间的约定及其提供的服务,向二被告报价。后因双方对后续服务费用的交纳产生争议。

被告某公司辩称,某公司不是合同的相对方,没有授权任何人从事相关业务,也没有收取任何款项。

被告高某辩称,高某不是合同相对方,本案是服务合同纠纷,被告高某没有退还款项的义务,所收款项均是代表格鲁吉亚公司收取,相关款项已交由格鲁

---

① 案例来源:广东省深圳前海合作区人民法院民事判决书(2020)粤 0391 民初 1886 号,中国裁判文书网,https://wenshu. court. gov. cn/website/wenshu/181107ANFZOBXSK4/index. html? docId = 6b835573baae4a678410ad 0c009fe1b1。

吉亚公司。据了解,格鲁吉亚公司已经为原告提供实质性的服务,包括租房、到医院检查检测、接待、特定人员陪护、机场接送、签证等服务,故被告高某不应当承担退款责任。

广东省深圳前海合作区人民法院查明和认定如下事实:

1. 2019 年 11 月 5 日的《辅助生殖信息咨询服务合同》载明甲方为 You Baby Medical&Fertility Center Inc,乙方为夏某。该合同约定,甲乙双方经过友好协商,就甲方为乙方在哈萨克斯坦境内提供辅助生殖信息咨询服务事宜,达成如下协议:第 1 条为合作事项及内容,甲方接受乙方委托,为乙方提供下列辅助生殖信息咨询服务。该合同尾部甲方处盖有 You Baby Medical&Fertility Center Inc 的公章,高某在甲方处签字。原告陈述,因哈萨克斯坦取消对个人(单身)的代孕服务,该合同终止。被告确认针对个人(单身)的代孕服务在哈萨克斯坦境内不合法。

2. 2019 年 11 月 29 日的《辅助生殖信息咨询服务合同》载明甲方为 You Baby Medical&Fertility Center Inc,乙方为夏某。合同约定,甲乙双方经过友好协商,就甲方为乙方在格鲁吉亚境内提供辅助生殖信息咨询服务事宜。该合同尾部甲方处盖有 You Baby Medical&Fertility Center Inc 的公章,高某在甲方处签字。

3. 被告提交的一份盖有 You Baby Medical&Fertility Center Inc 公章,显示日期为 2019 年 10 月 10 日的《授权委托书》载明:高某女士是我公司在中国区域内的代理人,负责对接我司在中国的客户,在客户无法支付美金时,我司授权高某女士代为收取我司客户的医疗服务金,相关款项应在客户到公司签约时支付给我司。

4. 被告提交的一份盖有 You Baby Medical&Fertility Center Inc 的公章,显示日期为 2019 年 11 月 8 日的《收款收据》载明:收到高某代夏某女士交来的医疗咨询服务款美金 6500 元。

5. 原告陈述,其于 2019 年 12 月 25 日从深圳出发,至 12 月 26 日抵达格鲁吉亚,在机场被接机后入住被告提供的住所,入住两天后,去了格鲁吉亚的"恰恰娃医院",并做了一次抽血检查;因双方对后续服务费用的交纳产生争议,原告搬离该住所,自行安排了住宿并寻找医院及代孕,但是没有成功。

广东省深圳前海合作区人民法院认为,涉案《辅助生殖信息咨询服务合同》约定甲方为乙方在哈萨克斯坦境内、格鲁吉亚境内提供辅助生殖信息咨询服务,本案系涉外合同纠纷。

关于本案应适用格鲁吉亚法律还是我国法律的问题。根据《中华人民共和国涉外民事关系法律适用法》第 3 条规定,当事人依照法律规定可以明示选择涉外民事关系适用的法律。第 5 条规定,外国法律的适用将损害中华人民共和国社会公共利益的,适用中华人民共和国法律。该第 5 条规定为国际私法中的公共秩序保留制度。公共秩序保留是一项被世界各国所广泛承认的制度,它是指一国法院依其冲突规范本应适用外国法时,因其适用会与法院地的重大利益、基本政策、道德基本观念或法律的基本原则相抵触而排除适用的一种保留制度。本案中,两份《辅助生殖信息咨询服务合同》均约定适用格鲁吉亚法律。被告称 You Baby Medical&Fertility Center Inc 在格鲁吉亚对个人提供代孕的咨询服务不违反当地的法律规定。广东省深圳前海合作区人民法院认为,涉案《辅助生殖信息咨询服务合同》并非单纯的财产型契约,"缔约自由原则"不能当然适用,该合同约定的标的为甲方向乙方提供代孕的信息咨询及中介服务,而对代孕行为的法律评价涉及女性身体权、婚姻家庭关系等问题,代孕过程中产生的终止妊娠、子女抚养、弃养、亲子关系认定等问题,均触及我国法律的基本原则及社会的基本道德伦理,属于法院在适用外国法时应予公共秩序保留的范围。故当事人协议选择适用外国法律的约定应属无效,本案的审理应适用我国法律。

关于《辅助生殖信息咨询服务合同》的效力问题。该信息咨询服务合同中甲方向乙方提供的服务为代孕的信息咨询及中介服务,故对该合同效力进行认定其实质在于评判代孕行为的效力问题。对代孕行为的禁止与否,我国并无明确的法律规定。根据法之适用位阶"穷尽规则,适用原则",于法律无明文规定之情形,应援引法律之基本原则。根据我国法律规定,民事主体从事民事活动,不得违反法律,不得违背公序良俗。据此,对代孕行为之效力评价关键在于该行为是否违背我国的公共秩序和善良风俗。

【本案争点与法律问题】> > >

1. 本案应适用格鲁吉亚法律还是我国法律?
2.《辅助生殖信息咨询服务合同》是否有效?

【评析研判】> > >

公共秩序,各国的称谓颇不一致,在我国国际私法学界,目前多称"公共秩序保留"或直接称"公共秩序"。在各国立法中,对公共秩序的表述也各不相同。

一般认为,公共秩序适用于以下三种情况:

第一,按内国冲突规范原应适用的外国法,如果予以适用将与内国关于道德、社会、经济、文化或意识形态的基本准则相抵触,或者与内国的公平、正义观念或根本的法律制度相抵触,因而拒绝适用外国法。在这种情况下,公共秩序对法律适用起着一种安全阀的作用,其作用是消极的,即不适用原应适用的外国法。

第二,一国民商法中的一部分法律规则,由于其属于公共秩序法的范畴,在该国有绝对效力,从而不适用与之相抵触的外国法。这里,公共秩序保留肯定内国法的绝对效力,其作用是积极的。

第三,按照内国冲突规则应适用的外国法,如果予以适用,将违反国际法的强行规则、内国所负担的条约义务或国际社会所一般承认的正义要求时,适用外国法将违反国际公共秩序,法院可以不予适用外国法。

我国在立法上已有关于公共秩序制度的规定。自 2011 年 4 月 1 日起施行的《中华人民共和国涉外民事关系法律适用法》再次确认了"社会公共利益"至上的原则。该法第 5 条规定:"外国法律的适用将损害中华人民共和国社会公共利益的,适用中华人民共和国法律。"

本案的关键在于代孕行为的效力是否违背我国的公共秩序和善良风俗。本案中,从《辅助生殖信息咨询服务合同》约定的内容来看,合同双方已将代孕作为一种商业化的标的进行交易,故本案所涉代孕行为应属商业代孕,广东省深圳前海合作区人民法院对商业代孕行为进行价值判断如下。

1. 社会公众对代孕行为"合法"与否的认知主要来源于医疗卫生系统对代孕行为的态度。我国原卫生部对代孕行为作出了明确的否定性评价。该部发布的《人类辅助生殖技术管理办法》第 3 条第 2 款规定,禁止以任何形式买卖配子、合子、胚胎。医疗机构和医务人员不得实施任何形式的代孕技术。《人类辅助生殖技术和人类精子库伦理原则》规定"医务人员不得实施代孕技术"。上述规范虽非法律,但从社会治理的角度来看,已由我国医疗卫生系统执行多年,该执行规则已为社会大众所认知和接受,与此相应的伦理关系、道德标准已逐渐形成,故在社会公共认知的领域,代孕行为是被禁止的。

2. 纵观世界各国,对于代孕的态度亦各不相同,根据开放程度的不同,主要分为完全禁止型,如法国、瑞士、德国;有限开放型,如英国、澳大利亚、中国香港特区等;近乎完全开放型,如美国部分州、格鲁吉亚等。各国对于代孕的态度无不相恰于该国社会长期形成的公共秩序、社会公德。我国虽尚无法律位阶的规范对代孕行为作出评价,但在权利之间寻找平衡点也在于对公序良俗的考量,生育权的行使应止步于商业代孕下所暗含的对女性身体权的滥用以及人口商品化的潜在风险。

综上,根据《中华人民共和国民法典》第143条规定,涉案两份《辅助生殖信息咨询服务合同》因违反我国公序良俗应确认为无效。

公共秩序制度具有很大的灵活性,究竟在何种情况和什么条件下才能适用,在法律上不可能也没有必要作出具体的硬性规定。从目前我国的国情来看,我们认为,我国的公共秩序至少应包括以下几个方面的内容:(1)适用外国法有损于我们国家主权和安全,或者有害于我们国家的统一和民族的团结的;(2)适用外国法违反我国宪法的基本精神,包括四项基本原则的;(3)适用外国法违反我国主要法律基本原则的,如关于禁止重婚的原则;(4)适用外国法违背我国根据所参加的或者缔结的条约所承担的义务的;(5)如果外国法院无理拒绝承认我国法律的效力,根据对等原则,我们也可以拒绝适用该国的法律。

【延展训练】> > >

吴佳峰诉陈孟宏民间借贷纠纷案[①]

原告吴佳峰诉称,2012年10月,被告在我国澳门特区旅游参与当地博彩业娱乐,因其资金短缺向原告借款,原告当即向被告给付港币现金416万元,被告出具借据,约定2012年10月20日归还。借款到期后,被告至今分文未还。原告故诉至法院要求被告偿还借款港币380万元(按2013年11月1日汇率1港币兑换人民币0.7861元计算,折合人民币2981180元),余款港币36万元自愿放弃。

被告陈孟宏辩称,该笔借款属于赌资,应不受法律保护,请求法院驳回原告的诉讼请求。另外,被告在借款后已偿还原告港币160万元。

原告就其诉讼请求及主张向法院递交了如下证据:

1. 原告吴佳峰身份证复印件1份,旨在证明原告的诉讼主体资格;
2. 被告陈孟宏公民信息单1份,旨在证明被告的诉讼主体资格;

---

① 案例来源:湖南省南县人民法院民事判决书(2014)南法民二初字第329号,中国裁判文书网,https://wenshu.court.gov.cn/website/wenshu/181107ANFZ0BXSK4/index.html? docId=eb4eaebf45ce42e2aabdbd99f98651b6。

3. 借条 1 份,旨在证明原告借款港币 416 万元给被告的事实。

被告陈孟宏就其辩称理由向法院提交了下列证据:

1. 被告陈孟宏身份证复印件 1 份,旨在证明被告的诉讼主体资格;

2. 当事人当庭陈述,被告陈述该借款系赌债,在借款后已偿还港币 160 万元。

原告提交的第一、二份证据,被告质证无异议,湖南省南县人民法院予以认定;原告提交的第三份证据,被告质证对该证据的真实性、关联性无异议,但就其合法性提出异议,该借款属于赌债,且已偿还港币 160 万元。因被告就其借款事实不持异议,法院就被告向原告借款港币 416 万元出具借条一事予以认定;被告提交的第一份证据,原告质证无异议,法院予以认定;被告的第二份证据系被告当庭陈述,原告质证否认被告已还款港币 160 万元。因被告陈述未得到原告承认,且被告未提交已还款港币 160 万元的证据,故法院对被告当庭陈述意见不予认定。

法院经审理查明,2012 年 10 月期间,被告在我国澳门特区参与博彩业娱乐,因赌博资金短缺,便在我国澳门特区当地赌场向原告借款赌资港币 416 万元用于参加赌博,被告向原告出具借条一张,注明借现金港币 416 万元,并约定 2012 年 10 月 20 日归还。借款到期后,被告就上述借款至今未偿还,故酿成纠纷。

湖南省南县人民法院认为,原、被告产生民事关系的法律事实(即为赌博而借款行为)发生在我国澳门特区,根据 2012 年《最高人民法院关于适用〈中华人民共和国涉外民事关系法律适用法〉若干问题的解释(一)》第 1 条第 4 项的规定,民事关系具有下列情形之一的,人民法院可以认定为涉外民事关系:"……(四)产生、变更或者消灭民事关系的法律事实发生在中华人民共和国领域外"与第 19 条的规定,"涉及香港特别行政区、澳门特别行政区的民事关系的法律适用问题,参照适用本规定",故本案应参照涉外民事关系处理。本案为借款合同纠纷,根据我国法律规定,合同双方没有约定处理合同争议所适用的法律,适用与合同有最密切联系地的法律。在本案中双方没有就法律适用作出约定,故理应适用最密切联系地区的法律,即我国澳门特区的法律;博彩业在我国澳门特区当地虽为合法,根据澳门特区法律规定,为赌博而借款亦构成法定债务之渊源,然根据我国内地法律规定,赌博行为违反了治安管理法等法律明令禁止赌博的规定,如支持为赌博而借款的债权,势必在鼓励赌博行为,违背了社会公共利益。现原告在我国内地法院提起诉讼,根据我国法律树立的公共秩序保留原则,本案不应适用澳门特区法律,应适用我国内地法律。为此,依照《中华人民共和国民法通则》第 145 条、第 150 条,《中华人民共和国涉外民事关系法律适用法》第 5 条,《最高人民法院关于适用〈中华人民共和国涉外民事关系法律适用法〉若干问题的解释(一)》第 1 条、第 19 条的规定,判决如下:

驳回原告吴佳峰的诉讼请求。

本案案件受理费 30650 元,由原告吴佳峰负担。

问题与思考:

1. 我国民法上"赌债非债"的原则,是否可一体适用于所有涉外赌债?

2. 外国承认赌债为有效的法律,如何判断其适用是否违反我国公共秩序和善良风俗?

第二章　国际私法的基本制度

PART 3

第三章

国际私法的法律选择方法

第一节 涉外民商事案件准据法的确定

王忠年、万利集团有限公司买卖合同纠纷案①

【案件回顾】 > > >

上诉人王忠年因与被上诉人万利集团有限公司(以下简称万利公司)、吕树虹买卖合同纠纷一案,不服中华人民共和国天津市第二中级人民法院(以下简称一审法院)(2017)津02民初896号民事判决(以下简称一审判决),向天津市高级人民法院提起上诉。

王忠年上诉请求:依法撤销一审判决,改判支持王忠年全部诉讼请求或将本案发回重审;两审案件受理费由万利公司、吕树虹负担。事实与理由:其一,王忠年与万利集团系买卖合同关系,万利集团应当支付货款1021595.2元。各方当事人均认可的2016年12月26日谈话录音可以证明货物单价为500元/吨,万利公司、吕树虹应当承担货物质量不合格的举证责任。万利公司、吕树虹提出质量问题超过货物交付后两年,不应得到支持。其二,吕树虹应当承担给付货款责任。吕树虹作为万利公司代理人,负有保管货物义务,应对弃货行为承担责任。

吕树虹辩称,万利公司与王忠年未就涉案货物达成任何买卖合同,王忠年存放在万利公司的货物质量极差,缺乏对外销售的可能。一审判决认定万利公司与王忠年成立买卖合同关系,与实际不符。已有发生法律效力的民事判决认

---

① 天津市高级人民法院民事判决书(2020)津民终427号,中国裁判文书网,https://wenshu.court. gov. cn/website/wenshu/181107ANFZ0BXSK4/index. html? docId = 48cf1199797f482bac6dad4e014baac0。

定吕树虹与王忠年之间不存在买卖合同关系,故王忠年诉讼请求与吕树虹无关,请求驳回王忠年全部诉讼请求。

一审法院认为,本案系涉外买卖合同纠纷,万利公司是萨摩亚法人。依照2017年《中华人民共和国民事诉讼法》第265条规定,因合同纠纷或者其他财产权益纠纷,对在中华人民共和国领域内没有住所的被告提起的诉讼,如果合同在中华人民共和国领域内签订或者履行,或者诉讼标的物在中华人民共和国领域内,或者被告在中华人民共和国领域内有可供扣押的财产,或者被告在中华人民共和国领域内设有代表机构,可以由合同签订地、合同履行地、诉讼标的物所在地、可供扣押财产所在地、侵权行为地或者代表机构住所地人民法院管辖。因涉案合同履行地在一审法院辖区,故一审法院对本案具有管辖权。依照《中华人民共和国涉外民事关系法律适用法》第41条规定,当事人可以协议选择合同适用的法律。当事人没有选择的,适用履行义务最能体现该合同特征的一方当事人经常居所地法律或者其他与该合同有最密切联系的法律。本案当事人未约定处理合同争议适用的法律,王忠年交付货物地点在中华人民共和国境内,故本案应适用中华人民共和国的相关法律规定。

吕树虹于2012年8月代表万利公司接收王忠年涉案货物,存放于万利公司租赁的场地,对此事实吕树虹无异议,且有生效民事判决书、笔录、情况说明、谈话录音等予以证明。王忠年主张其与万利公司存在买卖合同关系,吕树虹主张万利公司与王忠年之间系仓储合同关系,由于万利公司并无经营仓储的资质,亦未提供相应证据证明与王忠年之间为仓储关系,且与支付运费的行为相矛盾,故应当认定王忠年与万利公司之间存在买卖合同法律关系。

王忠年与万利公司之间并无书面合同,王忠年无法就其提供的货物质量符合双方约定予以证明,吕树虹对王忠年提交的到货统计、费用明细表的真实性也不予认可,关于货物质量,双方唯一无争议的证据系王忠年与吕树虹的谈话录音,但在该录音中,吕树虹对王忠年交付的货物存在质量争议,以涉案货物的质量不符合约定为由拒付货款,要求王忠年将涉案货物自行运走,对王忠年"不合格的货物每吨扣掉50元"的主张未表示同意。故王忠年不能证明其交付的货物符合双方约定,对其给付货款的主张不予支持。另,吕树虹就涉案货物的法律责任问题已经生效判决确认,本案对此不再审理。

综上所述,王忠年的诉讼请求不能成立。一审法院依照《中华人民共和国涉外民事关系法律适用法》第41条、《中华人民共和国合同法》第148条、《中华人民共和国民事诉讼法》第 144 条、第 265 条规定,判决:驳回王忠年的诉讼请求。

【本案争点与法律问题】＞＞＞

1. 何谓涉外民商事纠纷？判断的依据是什么？
2. 涉外民商事案件准据法如何确定？

【评析研判】＞＞＞

一、准据法的意义

准据法是指冲突规范的指引,法院审理涉外民商法律案件所依据的、确定或处理当事人权利义务的实体法。由此可知,准据法通常是涉外民商法事件中所应适用的实体法律。严格而言,准据法本身并不属于国际私法所研究探讨的范畴;但在法院处理涉外民商案件时,又不得不在确定实体法时,找出准据法作为依据或确定这一必要过程。

准据法是国际私法所特有的概念。它是指经冲突规范指定援用来确定国际民事关系当事人具体权利和义务的特定的实体法。由于冲突规范是一种间接调整规范。因此,在运用冲突规范调整某一国际民事关系时,必须根据冲突规范系属的规定,并结合具体情况选择出某个特定的实体法,才能依该实体法确定当事人的具体权利和义务。这个根据冲突规范的指定而被适用的实体法,便是该国际民事关系的准据法。

准据法与冲突规范是两个既有联系,又有区别的概念。一方面,冲突规范本身不能直接规定国际民事关系,它必须与其指定的准据法结合起来,才能最终实现对国际民事关系的调整。另一方面,准据法必须依冲突规范中的系属并结合有关国际民事案件的具体情况才能确定,如果没有冲突规范,就不可能确定国际民事关系的准据法。

二、准据法的特点

涉外民商法律关系的准据法,主要具有以下三个特点:(1)准据法是根据冲突规范的指定而援引的任何一个法律,只有经冲突规范的指定而适用于某一具体的国际民事关系时,才能被视为该国际民事关系的准据法,如果未经冲突规范指引而直接适用于国际民事关系,则不能称为准据法。自 1950 年产生和发展起来的直接适用的法律,无须经冲突规范指定就可以直接适用于国际民事关系,这种法律就不能称为准据法。此外,国际条约和国际惯例如果未经冲突规范指定而直接适用于有关的国际民事关系,也不能称为准据法。(2)准据法是实体法。由于准据法是经冲突规范的指定援引来确定当事人实体权利义务的法律,因此,准据法必须是实体法,而不能是冲突规范或程序法。具体实践中,经冲突规范的指定而成为准据法的实体法,在大多数情况下是有关国家的国内实体法,但在某些国际民事关系中,统一实体法(包括规定实体规范的国际条约和国际惯例)经冲突规范的指定,也可以成为准据法。例如,根据契约合同适用当事人选择的法律这一冲突规范调整国际合同关系时,如果当事人选择的法律是某一国际条约或者国际惯例,则该国际条约或国际惯例便被援引为国际合同的准据法。(3)准据法是确定当事人具体权利和义务的依据。某个实体法一旦经冲突规范的指定而成为国际民事关系的准据法,该国际民事关系中当事人各方的具体权利和义务便依该实体法来确定。因此,在适用冲突规范调整国际民事关系时,如果选择不同的实体法作为准据法,当事人享有的权利和承担的义务也就可能不同。

本案为买卖合同纠纷,万利公司系在中华人民共和国领域外注册的企业,依照《最高人民法院关于适用〈中华人民共和国民事诉讼法〉的解释》第522条规定,本案为涉外民事案件。《中华人民共和国涉外民事关系法律适用法》第41条规定:"当事人可以协议选择合同适用的法律。当事人没有选择的,适用履行义务最能体现该合同特征的一方当事人经常居所地法律或者其他与该合同有最密切联系的法律。"本案当事人未协议选择合同适用的法律,王忠年主张其合同义务为交付货物,万利公司合同义务为支付货款,故王忠年须履行的合同义务更为复杂,属于特征履行一方,应当适用其经常居住地法律,即中华人民共和国法律作为审理本案的准据法。

【延展训练】 > > >

孙任霈与陈祖仪所有权确认纠纷案①

上诉人孙任霈因与被上诉人陈祖仪所有权确认纠纷一案,不服上海市第一

中级人民法院(2018)沪01民初1044号民事判决,向上海市高级人民法院提起上诉。

孙任需与陈祖仪于2003年6月27日在我国台湾地区登记结婚。2013年11月4日案外人李某(甲方)与陈祖仪(乙方)签订了《上海市房地产买卖合同》,甲、乙双方在合同中约定,甲方以499万元(人民币,以下币种除注明外均同)的房地产转让价款将涉案房屋转让给乙方,双方就付款方式、房地产交付时间及违约责任等均进行了约定。2013年11月5日,双方就该房地产买卖合同在上海市静安公证处进行公证。2014年1月27日,涉案房屋核准登记于陈祖仪一人名下。

2017年6月,孙任需以陈祖仪为被告,提起离婚诉讼,诉请为:1. 准双方离婚;2. 陈祖仪应给付孙任需新台币19521000元整,及自民事变更声明状送达陈祖仪之翌日起至清偿日止,按年息百分之五计算之利息;3. 两造所生之女孙可芹之权利义务由孙任需行使及负担;4. 诉讼费用由陈祖仪负担。该案于2018年7月16日由双方和解结案。和解成立内容为:"一、两造同意离婚;二、离婚部分诉讼费用各自负担。"

孙任需上诉请求:撤销原判,发回重审,或者查清事实后改判确认上海市宋园路×××弄×××号×××室房屋(以下简称涉案房屋)归其与被上诉人共有,被上诉人协助办理产权变更登记手续。

事实及理由:1. 本案属于离婚后的财产纠纷,根据《中华人民共和国涉外民事关系法律适用法》(以下简称《涉外民事关系适用法》)第2条第1款的规定,其他法律对涉外民事关系法律适用另有特别规定的,依照其规定。根据2012年《最高人民法院关于适用〈中华人民共和国涉外民事关系法律适用法〉若干问题的解释(一)》第15条的规定,以系争房屋登记于陈祖仪名下之时点确认双方的经常居所地,该时间节点双方的共同经常居所地为上海,本案应适用大陆法律。2. 涉案房产系上诉人出资购买,因当时限购政策而只登记陈祖仪一人名字,上诉人系实际产权人,根据我国台湾地区"民法"第1017条第1项之规定,上诉人已证明自己是实际产权人,属于该条款"不能证明为夫或妻所有之财产"的情形,应认定为夫妻共有。且一审法院也遗漏了上诉人提出的我国台湾地区"民法"1030-1条的法律依据,该条规定适用到本案,即双方离婚,法定财产制消灭,涉案房产属于婚后财产,因登记在一方名下,对上诉人显失公平,应当按此规定平均分配。

陈祖仪辩称，不同意孙任需的上诉请求。双方结婚时，孙任需曾承诺赠与被上诉人上海市淮海西路房屋及我国台湾地区房屋，淮海西路房屋办理过户后又出售，我国台湾地区房屋未按约过户登记。购买涉案房屋的款项系出售淮海西路房屋的房款和贷款支付，实际是之前赠与房屋的转化，登记于被上诉人一人名下，贷款也由被上诉人在偿还。故该房屋系被上诉人个人财产，双方不存在共同共有基础。关于法律适用问题，上诉人一审中一再确认双方没有共同经常居所地，因此一审法院认定事实清楚，适用法律正确，请求驳回上诉。

上海市第一中级人民法院认为，孙任需与陈祖仪均系我国台湾地区居民，根据《最高人民法院关于适用〈中华人民共和国涉外民事关系法律适用法〉若干问题的解释（一）》第1条之规定，本案纠纷应为涉外民事关系范畴，属《涉外民事关系适用法》的调整范围。就本案准据法的认定，孙任需主张适用《中华人民共和国婚姻法》等相关大陆法律，涉案房屋应属夫妻共同财产。陈祖仪主张本案应适用我国台湾地区法律，涉案房屋登记在其名下，为其一人所有。本案系属涉外民事法律关系范畴，应先确定《涉外民事关系适用法》中适用的冲突规范，进而由此指引本案纠纷应适用的实体法律，最后根据实体法律的相关规定确定涉案房屋的权属。

双方就涉案房屋权属产生的争议，从现有的法律规定看，若基于双方的特定身份关系，则落入《涉外民事关系适用法》第24条调整的夫妻财产关系纠纷范围，若基于标的物的属类，则又落入《涉外民事关系适用法》第36条调整的不动产物权纠纷范畴。本案从形式上看，是对不动产权属的确认之诉，但孙任需提起本案确权之诉的基础在于其与陈祖仪之间的婚姻关系，孙任需系基于涉案房屋在双方婚姻关系存续期间取得而主张对房屋共有，本案纠纷的实质是因婚姻关系所产生的财产争议，其请求权基础显然具有较强的身份属性，故在选择冲突规范时，应选择与身份特征更具密切联系的连结点。因此，本案应属夫妻财产关系纠纷，而非形式上的不动产物权纠纷，应落入《涉外民事关系适用法》第24条之规定的调整范围，而非第36条之规定。

就实体法律的选择适用，根据《涉外民事关系适用法》第24条之规定的指引，本案中，双方并未协议选择适用实体法，也未能就此协商一致，且双方一致确认没有共同经常居所地，故本案在实体法的选择上，应适用我国台湾地区法律。

上海市高级人民法院认为，双方当事人系我国台湾地区居民，台湾地区与我国大陆属一国之内的不同法域,存在区际司法冲突,故根据《最高人民法院关于审理涉台民商事案件法律适用问题的规定》,应适用《涉外民事关系适用法》来指引本案纠纷应适用的实体法律,进而依据实体法律的相关规定来确定涉案房屋的权属。现双方的主要争议在于准据法的认定,孙任需认为依据《涉外民事关系适用法》第 36 条的规定,应适用不动产所在地法律,或者根据《涉外民事关系适用法》第 2 条第 1 款的规定,其他法律对涉外民事关系法律适用另有特别规定的依其规定,故主张适用我国大陆法律。陈祖仪则主张本案应适用《涉外民事关系适用法》第 24 条,因双方无协商一致选择适用的实体法,亦无共同经常居所地,故应适用台湾地区法律。本案双方就涉案房屋产权归属发生的纠纷,从形式上看是对不动产权属的确认之诉,但孙任需是基于与陈祖仪的婚姻关系而要求确认涉案房屋权属归两人共有,其实质是因婚姻关系所产生的财产争议。双方争议的法律行为发生时,当事人之间具有合法的婚姻关系,因而该争议具有更强的身份特征或属人特性。在处理夫妻财产关系的法律冲突时,遵循国际私法的基本原则,宜首先尊重当事人的意思自治,允许夫妻双方协议选择调整夫妻财产关系的法律,夫妻双方未选择的,应选择与身份特征更具密切联系的连结点。因此,就本案争议之冲突规范的适用,应优先选择适用《涉外民事关系适用法》第 24 条之规定。

本案中,双方未协议选择适用的法律,故根据上述规定应先适用共同经常居所地法律。孙任需援引 2012 年《最高人民法院关于适用〈中华人民共和国涉外民事关系法律适用法〉若干问题的解释(一)》第 15 条的规定,主张在涉外民事关系产生或者变更、终止时,双方的共同经常居所地为上海,但其未能提供充分的证据予以证明,不予采信。同时,双方在一审中一致确认没有共同经常居所地。故一审法院认定本案在实体法的选择上,应适用台湾地区法律,并无不当。

综上所述,孙任需的上诉请求不能成立,应予驳回。

问题与思考:

1. 如何选择适用相应的冲突规范来确定调整本案法律关系的准据法?

2. 根据所适用的实体法,涉案房屋是否属于孙任需与陈祖仪的夫妻共同财产?

第二节　最密切联系法律选择方法

广州轩意网络科技有限公司、智美网络科技有限公司计算机软件著作权权属纠纷、计算机软件著作权许可使用合同纠纷案①

【案件回顾】> > >

上诉人广州轩意网络科技有限公司（以下简称轩意公司）因与被上诉人智美网络科技有限公司（以下简称智美公司）计算机软件著作权许可使用合同纠纷一案，不服广州知识产权法院（以下简称原审法院）于 2020 年 12 月 11 日作出的（2019）粤 73 知民初 1271 号民事判决，向最高人民法院提起上诉。

本案事实如下：

2014 年 12 月 19 日，智美公司与轩意公司签订案涉协议，约定：标的物是指由轩意公司自主研发的可应用于 Android 和 IOS 操作系统的移动网络游戏《兵临城下》繁体中文版及对其的更新；轩意公司同意智美公司在授权区域发行、运营推广标的物时，可将标的物的名称进行变更；授权区域，指智美公司有权根据该协议使用标的物的区域，该协议项下的许可区域为我国香港、澳门特区，我国台湾地区等；授权期间为该协议的合作期限，自 2014 年 12 月 19 日起至 2017 年 12 月 18 日止；授权方式为"独家"；轩意公司授权智美公司在授权区域授权期间内发行、运营标的物，并可将标的物转授权第三方运营，智美公司根据该协议的约定就标的物向轩意公司支付分成收益；轩意公司应在 2015 年 4 月 25 日前向智美公司提交满足智美公司测试标准及其他智美公司要求的标的物，以便智美公司能按其计划，将标的物上线开展测试，若轩意公司无故拖延标的物交付达 10 个工作日，智美公司有权解除该协议，轩意公司须返还全部已收取的费用；因智美公司在授权期间及授权区域独家运营标的物，智美公司同意支付给

① 案例来源：最高人民法院关于广州轩意网络科技有限公司、智美网络科技有限公司计算机软件著作权权属纠纷、计算机软件著作权许可使用合同纠纷民事二审民事判决书，(2021)最高法知民终 368 号，中国裁判文书网，https://wenshu.court.gov.cn/website/wenshu/181107ANFZ0BXSK4/ index.html? do-cId = 5fa6960c3a1442f1b14bad880107ee72。

轩意公司授权费 20 万美元、预付分成款 40 万美元及标的物运营所产生的充值收入分成;授权费及预付分成款合同总额为 60 万美元,智美公司在该协议签约生效后且收到轩意公司开具的等额有效的发票后 10 个工作日内,支付总额费用的三分之一,即 20 万美元,标的物任一系统版本(安卓或 IOS)封测通过后且收到轩意公司开具发票后 10 个工作日内支付总额费用的三分之一即 20 万美元,标的物任意语言版本在授权地区商业化运营后且收到轩意公司开具发票后 10 个工作日内支付余下三分之一的总额费用即 20 万美元;智美公司所支付预付分成金,用于抵扣智美公司应支付轩意公司的充值收入分成;预付分成金于该协议终止后仍未抵扣完毕的,轩意公司应无息返还剩余的预付分成金予智美公司;因该协议所产生的以及因履行该协议而产生的任何争议,双方均应本着友好协商的原则加以解决;双方协商解决未果,有权向原告所在地法院提起诉讼。2015 年 1 月 5 日,智美公司向轩意公司支付了 20 万美元。

广州知识产权法院认为:

案涉协议虽然约定游戏安装包的最后交付期限为 2015 年 4 月 25 日,但案涉协议项下的债务并非一次性履行完毕,双方就涉案游戏的授权合作及分成,约定了分期履行的方式,且充值收入的分成按游戏运行当月实际产生的收入结算,故其分成款的结算贯穿整个合同约定的授权期间,即从 2014 年 12 月 19 日起至 2017 年 12 月 18 日止。涉案游戏分成款的最后履行期限为授权期间的最后一日即 2017 年 12 月 18 日,故本案诉讼时效期间应当从最后一期履行期限届满之日(即从 2017 年 12 月 19 日)起计算三年,至 2020 年 12 月 18 日届满。智美公司于 2019 年 9 月 12 日提起本案诉讼,并未超过诉讼时效期间。

在案证据相互印证,已形成完整证据链,证实了智美公司收取轩意公司发送的游戏安装包的事实。轩意公司已于 2015 年 1 月 16 日、2015 年 3 月 27 日将涉案游戏安装包发送给智美公司,符合案涉协议关于交付期限的约定。在轩意公司已将涉案游戏包发送给智美公司的情况下,智美公司应对游戏包不符合测试标准承担举证责任,智美公司并未举证证实涉案游戏存在不符合合同约定的情况,应承担举证不能的责任。并且,本案没有证据显示智美公司自案涉协议签订至本案起诉长达近 5 年的时间内,对轩意公司提交的游戏不符合合同约定提出过异议;智美公司虽然声称其在此期间就解除合同一事与轩意公司进行沟通,但亦未提交证据予以证实。故在没有相反证据的情况下,原审法院认定轩意公司提交的游戏软件符合案涉协议约定,已经履行了交付义务。智美公司要求全额返还 20 万美元的主张,缺乏依据。但在涉案游戏未上线运行的情况下,轩意公司应返还预付分成款。

【本案争点与法律问题】> > >

1. 涉外民事案件,当事人未约定准据法时,如何确定其准据法?
2. 用最密切联系原则确定准据法时,主要考虑哪些因素?

【评析研判】> > >

最密切联系原则(Theory of the Closest Connection)是英美法系国际私法的最新发展,又称"最重要关系理论"(Theory of the Most Significant Relationship)、"最强牵连关系理论"(Theory of the Strongest Connection)或"最真实牵连关系理论"(Theory of the Most Real Connection)。它主要产生于美国有关司法判例,主要含义是在选择某一法律关系的准据法时,要综合分析与该法律关系有关的各种因素,从质与量这二角度将主客观联系因素进行权衡,寻找或确定何一国家或法域与案件之事实和当事人有最密切联系,即法律关系的"重力中心地",该中心地所属的法律为法律关系的准据法。

20 世纪中期美国冲突法理论与实践中出现抨击传统冲突法律适用原则的浪潮,各种改良法律适用原则、理论纷纷出现。最密切联系原则是 20 世纪最富有创意、最有价值和最实用的国际私法理论,其独特之处在于不是某一个学者的学术或法官的观点与思想,而是数代国际私法学者学术思想和智慧的集合体,故是理论与实践不断融合的结晶。

最密切联系原则具有下列优缺点:

第一,可依个别案件选择妥当的法律作为准据法:因涉外案件通常均较复杂与棘手,若一味采用机械性的联系因素作为选法的依据,往往无法达到个案公正性的判决结果;而若采用最密切联系原则作为选法的准据时,则可赋予法官较大与弹性的选法空间,可就个别不同的案件,选出妥当的法律作为准据法。

第二,可以实现判决一致与法治正常化:若各国均以最密切联系原则作为选法的依据,则对于相同或类似的案件所选出的准据法应大致相同,如此可达到判决一致结果。同时,在传统机械性选法理论架构下,当根据抽象预设的联系因素所选出的准据法与个案公正性有所违背时,法官往往运用定性与公序良俗条款规避之,以拒绝适用该法律。而若采用最密切联系原则作为选法的依据时,则法官可运用其弹性选法的优点以选择最密切的法律作为准据法;换言之,无须运用规避法律技巧,即可达成公平的判决。

但亦有学者认为最密切联系原则亦有下列两个缺点:一是破坏法律的安定性、确定性及可预测性;二是过分坚持属地主义。这样的认定最密切联系原则似乎有些牵强及过于理论上的要求。针对第一个缺点,笔者认为只要能够符合法院审理案件所追求的公平正义,其余均是细枝末节;第二个缺点认为过分坚持属地主义,这也是本位主义的观点,只要在审理案件时能有效运用即可,不必拘泥于属人主义及属地主义的区分。

总之,最密切联系原则的运用改变了传统过于僵化、机械的选法方式,而提供了法官较大弹性的选法空间,对于国际私法选法理论与方式的改革,实有重大贡献,此亦为世界上大多数国家采用的主要原因。

就本案而言,最高人民法院判决认为:本案为计算机软件著作权许可使用合同纠纷。案涉协议一方当事人智美公司系在英属维尔京群岛设立的公司,本案具有涉外因素。案涉协议约定的游戏许可区域为我国香港、澳门特区,我国台湾地区等,但双方均确认案涉游戏并未在我国香港、澳门特区,我国台湾地区上线运营,本案争议所涉主要法律事实发生于中华人民共和国内地,且轩意公司作为案涉协议中负有开发、提供计算机软件义务的一方当事人,其履行义务最能体现该协议特征,中华人民共和国内地的法律系与案涉协议有最密切联系的法律,原审法院在本案中适用中华人民共和国内地民商事法律,符合《中华人民共和国涉外民事关系法律适用法》第41条关于"当事人没有选择的,适用履行义务最能体现该合同特征的一方当事人经常居所地法律或者其他与该合同有最密切联系的法律"的规定。

【延展训练】> > >

汇力货运有限公司与常州沃圆纺织有限公司、深圳市汇力货运代理有限公司上海分公司海上货物运输合同纠纷案①

上诉人汇力货运有限公司(以下简称汇力公司)因与被上诉人常州沃圆纺

---

① 案例来源:上海市高级人民法院民事判决书(2017)沪民终 271 号,中国裁判文书网,https://wenshu. court. gov. cn/website/wenshu/181107ANFZ0BXSK4/index. html? docId = 06e20033ce45413b9ea7a85b01030082。

织有限公司(以下简称沃圆公司)、一审被告深圳市汇力货运代理有限公司上海分公司(以下简称深圳汇力上海公司)海上货物运输合同纠纷一案,不服上海海事法院(2016)沪72民初3193号民事判决,向上海高级人民法院提起上诉。

沃圆公司一审诉称:2016年9月,沃圆公司委托深圳汇力上海公司办理一批货物从中国上海港至美国洛杉矶港的海运事宜,货物价值63807.53美元。2016年9月27日,货物上船出运,深圳汇力上海公司向沃圆公司出具抬头为"COHESIONFreightWorldwide",编号为SHA609××××的提单。该提单样式与汇力公司在交通部备案的相一致。沃圆公司持有该全套正本提单,但发现涉案货物在2016年10月9日已被放行。沃圆公司认为,汇力公司、深圳汇力上海公司在未获沃圆公司指示情况下擅自放货致使沃圆公司遭受货款损失,故请求判令:1. 汇力公司、深圳汇力上海公司连带赔偿沃圆公司货款损失63807.53美元及利息(自2017年12月7日起,按中国银行美元同期活期存款利率,计算至本判决生效之日止);2. 深圳汇力上海公司返还沃圆公司货运代理费人民币3590元。

上海海事法院查明:2016年9月,沃圆公司为履行与案外人的出口贸易合同,需要从中国上海港运输一批纺织品至美国纽约,为此,沃圆公司委托深圳汇力上海公司代为订舱、报关。深圳汇力上海公司完成了相应代理事宜,并代表汇力公司签发了编号为SHA609××××的提单。提单载明:托运人为沃圆公司,收货人为FABRICAVENUE,起运港为中国上海,目的港为美国洛杉矶,船名航次为YMVANCOUVER98E,货物名称为棉涤弹力贡缎,总重量9789千克,体积32.640立方米,集装箱箱号:YMMU40×××××,交货方式为堆场至堆场整箱交接(CY-CY),运费支付方式为到付。该提单抬头为COHESIONFreightWorldwide,提单样式与汇力公司在交通部备案的提单样式一致。2016年9月27日,深圳汇力上海公司作为代理签发了该提单。其后,该票货物由阳明海运实际承运。根据集装箱货物动态记录显示,涉案货物于2016年10月19日被提走。

上海海事法院认为:本案系海上货物运输合同纠纷,因汇力公司的住所地属我国香港特别行政区,且涉案货运目的港在境外,本案具有涉外因素。根据法律规定,合同当事人经协商一致可以选择解决涉外合同纠纷的准据法。沃圆公司在诉讼中明确选择适用中国内地法律处理本案纠纷,汇力公司、深圳汇力上海公司则主张应根据提单背面条款的记载而适用美国法。可见各方当事人就涉案法律的适用未达成一致意见。一审法院认为,涉案提单背面条款虽有法律适用内容,但该条款系承运人事先单方印制的格式条款,不能据此证明该条款内容系托运人与承运人协商一致的真实意思表示,该法律适用条款不能约束沃圆公司,故一审法院就汇力公司、深圳汇力上海公司主张适用目的港美国法律的意见不予采纳。涉案货物从中国上海港出运,沃圆公司与深圳汇力上海公司均在中国境内,可以认为中国内地与本案纠纷具有最密切联系,因此应以中国内地法律作为审理本案纠纷的准据法。

上海高级人民法院认为:关于本案的法律适用,汇力公司主张,根据最密切联系原则,本案应适用美国法律。根据最密切联系原则确定的是合同准据法,该法律应当适用于合同从订立到履行的整个过程,而并非仅适用于其中的某一个环节。我国法律规定,当事人可以协议选择合同适用的法律。当事人没有选择的,应适用履行义务最能体现该合同特征的一方当事人经常居所地法律或者其他与该合同有最密切联系的法律。涉案合同为海上货物运输合同,承运人汇力公司履行运输义务为特征性履行,其住所地在中国,再综合合同签订地、运输始发地、当事人营业地等因素考虑,中国内地法律是与涉案合同有最密切联系的法律。虽然涉案交货行为发生在美国,但该事实并不能证明美国法是与涉案合同整体有最密切联系的法律,汇力公司关于本案根据最密切联系原则应适用美国当地法律的主张,本院不予支持。

问题与思考:

1. 最密切联系原则与特征性履行之间有什么样的联系和区别?
2. 特征性履行是否有僵化法律关系的可能?

PART 4

第四章

国际私法关系的主体

第一节　自　然　人

弗莱泽海姆求偿案①

【案件回顾】> > >

艾伯特·弗莱泽海姆于 1890 年生于德国符腾堡,其父塞缪尔·弗莱泽海姆 1848 年生于德国巴登,1864 年移居美国,1873 年加入美国国籍。1874 年回德国,1894 年与儿子一起在符腾堡重新取得了德国国籍。艾伯特·弗莱泽海姆于 1937 年离开了德国之后去了加拿大,1939 年到美国重新申请加入美国国籍。德国知悉后,于 1940 年 4 月 29 日剥夺了艾伯特·弗莱泽海姆的德国公民资格。1941 年 3 月 8 日,艾伯特·弗莱泽海姆在纽约将一家意大利公司总值 227800 美元的股票卖给另一家意大利公司,而这笔股票其实际价值为四五百万美元。1952 年美国司法部颁发了国籍证书。

"二战"结束后,根据《对意和约》第 78 条的规定,意大利有义务赔偿"联合国家国民"在战争期间的损失。艾伯特·弗莱泽海姆认为其低价出卖股票是因为害怕受到意大利反犹太立法的影响,是迫于无奈的,因此他以"联合国家国民"的身份向意大利求偿。但是意大利政府以艾伯特·弗莱泽海姆不是"联合国家国民"为由,拒绝了他的请求。后艾伯特·弗莱泽海姆通过美国,将争议提交给了"美一意调解委员会",调解委员会对艾伯特·弗莱泽海姆的国籍问题进行审理,得出的结论是:"一个由于其父亲归化德国而丧失了其原来的美国国籍

---

① 案例来源:*International Law Reports*,*Volume* 30,1966,*pp.* 532-537,网址:
https://www.cambridge.org/core/journals/international-law-reports/article/abs/flegenheimer-claim/0F461EB9097E702289E5B63321733E6C#access-block。

的人,其德国国籍被剥夺后又没有保持美国国籍的人,他的求偿是不能被接受的。"最终,调解委员会于 1958 年 9 月 20 日作出裁定,认定艾伯特·弗莱泽海姆没有美国国籍,驳回了他的求偿要求。

【本案争点与法律问题】 > > >

艾伯特·弗莱泽海姆是否具有美国国籍?

【评析研判】 > > >

一个人具有某个国家的国籍,便享有该国法律所赋予的权利,承担该国法律所规定的义务。规定具备什么条件的人才取得本国国籍,完全是国家主权范围内的事。世界各国都各有其规定国籍事项的立法,立法例也不完全一样。国籍法是国内法,由各国自行制定。通常各国规定取得国籍的方式有两种:一种是生来取得;一种是传来取得。由于各国对取得与丧失国籍采取的原则不同,在国际交往中,国籍冲突的现象时常发生。国籍的冲突表现为两种形式:第一,国籍的积极冲突,即一个人同时具有两个或两个以上国家的国籍——双重国籍或多重国籍;第二,国籍的消极冲突,即一个人不具有任何国家的国籍——无国籍。例如,因出生而取得国籍,有的国家采取血统主义(其中又有只采父系血统主义和兼采双系血统主义之分),因此,如果一对采取血统主义国家的男女在采取出生地主义的国家生下子女,则该子女一出生便同时取得两国国籍。又如,因结婚而变更国籍,有的国家规定,外国女子与内国人结婚,即取得内国国籍。如果该女子本国法规定,她与外国人结婚并不当然丧失其本国国籍,则她与外国男子结婚后便同时具有两个国家的国籍。反之,如果某些国女子,依其本国法,因与外国人结婚即丧失其本国国籍,而依其外国丈夫的国家的法律,外国女子与内国公民结婚并不当然取得内国国籍,则该女子一结婚便成为一无国籍人。可见,为了处理涉外民事法律问题,往往需要首先认定当事人的国籍,而当事人国籍的冲突又为认定国籍带来了障碍。此时,解决国籍的法律冲突就成为处理涉外民事法律问题的先决条件。

国籍的确定在国际私法上具有重要意义,首先,国籍是指引准据法的重要的连结点;其次,国籍是一个国家行使诉讼管辖权的依据;再次,是否具有外国国籍是判断某个民事关系是否具有涉外因素的依据。

本案中,对于艾伯特·弗莱泽海姆的国籍的确定,一方面,虽然其在加入美国国籍时没有在美国定居的意思表示,根据美国后来的国籍法规定,没有定居美国意图的人将丧失其美国公民资格,但是这个规定没有溯及力,所以对艾伯特·弗莱泽海姆不适用;另一方面,艾伯特·弗莱泽海姆出生时,因其父亲具有美国国籍而取得了美国国籍,但依据1868年《班克罗夫特专约》,艾伯特·弗莱泽海姆在1894年重新加入德国国籍时,就自动丧失了美国国籍,调解委员会认为,虽然后来的美国立法规定出生时为美国公民者,成年后若在美国有住所,仍可以选择美国国籍,但是由于此规定也没有溯及力,所以对于艾伯特·弗莱泽海姆也不适用。所以该案中,艾伯特·弗莱泽海姆实际上是在取得了美国国籍之后,又丧失了美国国籍。

对于国籍消极冲突的解决,各国一般主张以无国籍人住所地国为其国籍国,并以住所地法作为其本国法;无住所或住所不能确定时,以居住地法为其本国法;在无国籍人居所地也无法确定时,各国通常是以法院地法或要求当事人归化法院地国国籍。而对于国籍的积极冲突解决,在当事人既有内国国籍又有外国国籍的情况下,各国通常只承认内国国籍,不承认外国国籍,以内国法作为当事人的本国法,1930年《关于国籍法冲突的若干问题的公约》第3条肯定了这一原则。在当事人的多重国籍均为外国国籍的情形下,一般有以取得在先的国籍优先、最后取得的国籍优先、以当事人惯常居所或住所地国籍优先、与当事人联系最密切的国籍优先四种学说,其中最密切联系说是当今较有影响的学说,为不少国家立法所采纳。我国国籍法确立了不承认双重国籍原则。

本案中,艾伯特·弗莱泽海姆虽然1939年再次申请了美国国籍,但实际取得美国国籍时间在1952年,所以1941年在艾伯特·弗莱泽海姆转卖股票时,他实际上是德国人。所以,行为发生时,弗莱泽海姆并不具有双重国籍。并且,在德国1940年剥夺了他的德国国籍后,事实上艾伯特·弗莱泽海姆成了无国籍人,而不是美国人。所以该案中,艾伯特·弗莱泽海姆不是联合国家国民。

本案调解委员会认为,艾伯特·弗莱泽海姆不具有美国国籍,从而驳回其求偿要求的裁定是有法律依据的。

【延展训练】> > >

福尔斯遗属继承案[①]

立遗嘱人于1883年出生在罗德岛,他的父亲福尔斯先生出生的时候,居住

---

① 案例来源:Fuld's Estate,Re(No3)[1968]P.675.

在罗德岛。1885年,立遗嘱人的母亲去世了。两年后,福尔斯先生带着他的孩子们来到英格兰,1899年福尔斯先生和他的孩子搬到由他的妻子的家族信托基金建造的一所房屋。立遗嘱人年满21岁时,房子被卖,其后福尔斯先生不再在英格兰拥有任何住所。福尔斯先生在1913年在纽约去世。同时立遗嘱人在英国完成他的教育后,于1907年在纽约的一家公司找到工作,1913年娶了一个在纽约出生和长大的女孩,并留在美国。直到1916年,他离开美国,在"一战"中为英国军队效力。在同一年(1916年),他的妻子在纽约购买了一栋房子(松树屋)。1920年,立遗嘱人一转业就回到美国。从那时起直到1923年,他受聘于一家在纽约的公司。1923年,立遗嘱人与他的妻子和他幸存的孩子一起来到英格兰。一年后,他的妻子在英格兰西霍斯莱买了一个约250亩的农场,立遗嘱人在那里度过余生。自此之后,立遗嘱人和他的妻子时常考虑他们是否应该返回美国生活。他们设想住在纽约的松树屋或买一个在马里兰州或弗吉尼亚州的农场。在20世纪40年代末,他们去马里兰州视察物业。然而,几年后,立遗嘱人放弃了在美国寻找物业。此后,有证据表明,立遗嘱人最终决定不回美国,只要他能够在西霍斯莱的农场生活舒适。1963年,立遗嘱人在英国去世,享年80岁。作为遗嘱的执行者,原告向法院申请,要求确认立遗嘱人死亡时的住所是纽约州还在英国,以最终确定在何地缴纳遗产税。

问题与思考:

1. 判断住所的标准是什么?

2. 本案中,应如何确定立遗嘱人死亡时的住所?

重点提示:

在英美法上,住所是在主观上有居住的意思,在客观上有居住的行为的场所。在英美法上,住所可以分为以下类型:1. 原始住所:是人生来而具有的住所,故又被称为"生来住所"。2. 选择住所:指独立的个人根据其居住的意思所取得的住所。选择住所必须具有三个条件:其一,人必须具有选择住所的能力,未成年人不能选择住所;其二,必须具有实际居住的行为;其三,必须具有久居的意思,即自然人有不设定期限的在此居住的意思,对原住所有永久放弃的意思。3. 附属住所:附属住所又被称为法定住所,指依附者(16岁以下儿童和精神病者)的住所,它依附于他人的住所。

第二节　法　　人

中国香港特区某石油有限公司与中国内地某市
石油化工集团股份有限公司仲裁案①

【案件回顾】＞＞＞

　　1997 年 12 月、1998 年 2 月、1998 年 3 月,中国香港特区某石油有限公司与中国内地某市石油化工集团股份有限公司先后 5 次签订了 5 份轻柴油售货合同,合同规定由中国香港特区某石油有限公司向中国内地某市石油化工集团股份有限公司提供轻柴油合计 94000 吨,卖方有权增减数量 10％;5 份合同的轻柴油价格从 FOB 每吨 138 美元至 186 美元不等;装运港为中国香港特区;装运日期分别为 1997 年 12 月底和 1998 年 3 月 20 日、3 月底、4 月 20 日、4 月底之前分批装运;付款方式为卖方须在提单日起 60 天内(提单日计第一天)收到买方汇出的全部货款,若买方延期付款,卖方将向买方自付款截止日(即提单日的第 60 天)起,按照美国万国宝通(银行)最优惠利率加 2％ 收取利息。中国香港特区某石油有限公司称,上述 5 份合同签订后,中国香港特区某石油有限公司已全面履行了合同项下包括交货在内的一切义务,先后分 8 批交中国内地某市石油化工集团股份有限公司轻柴油 90712.59 吨,按合同总货款应为 13650937.57 美元。中国内地某市石油化工集团股份有限公司收到上述货物后仅支付货款 4478240.71 美元,余款 9172696.86 美元至今未付。为此,中国香港特区某石油有限公司提请仲裁,请求被申请人偿还拖欠申请人的货款及其利息。

　　中国内地某市石油化工集团股份有限公司对中国香港特区某石油有限公司的仲裁申请进行了答辩,答辩要点主要有:申请人不能证明其已按合同规定向被申请人履行了交货义务。首先,作为申请人交货主要依据的提单,收货人或通知人均非被申请人,而且申请人也没有提供被申请人签收上述提单的证

---

① 案例来源:参见赵相林主编:《国际私法教学案例评析》,中信出版社 2006 年版,第 94 页。

据。申请人提交的邮寄文件的特快专递底单,收件人是被申请人公司魏玲小姐,并非被申请人;而且所寄送的文件是否是提单,申请人也没有有效证据。因此,申请人既不能证明其已将货物交给被申请人,也不能证明其已将作为物权凭证的提单交给被申请人,不能说已经履行了交货义务。其次,申请人出具的发票虽有被申请人的名称,但这是申请人单方制作的文件,不能作为申请人已交货的证据。再次,申请人提交的提货通知,签发人是某石化油库有限公司,不是被申请人,不能证明被申请人派船提货。最后,申请人发出的装船通知,并未发给被申请人,也没有被申请人的签收。

当事人双方同意合同规定按照《1990 年国际贸易术语解释通则》FOB 条款执行,根据 FOB 条款,卖方有几项主要义务:(1)向买方提供符合合同规定的货物和商业发票等;(2)在规定的日期内,按港口习惯的方式在指定装运港将货物交到买方指定船只上;(3)给买方货物已装船的充分通知;(4)自行负担费用向买方提供有关的单证,证明其已按第 2 项规定交付货物,等等。但是,申请人提交的装船证据不能证明装货船是被申请人所租用并派到装货港,某石化油库有限公司向申请人发出的一些文件也不能证明是被申请人操作或实施本案合同的行为,某石化油库有限公司与被申请人是两个不同主体(被申请人只是该公司股东之一,该公司不能当然代表被申请人),申请人也不能证明被申请人已授权某石化油库有限公司执行本案合同。因此,即使申请人向某石化油库有限公司交付了货物,并在单据中引用了本案合同号,也只是向被申请人以外的第三人交货,不能据此推断申请人是向被申请人履行本案合同义务。

实际上,申请人曾与某石化油库有限公司签订过与本案 5 份合同编号和内容相同的 5 份合同,申请人交付给该公司的货物是该双方之间合同项下的货物,而非本案合同项下的货物,所以,被申请人没有收到申请人的货物,也从未向申请人支付过货款,不存在欠付申请人货款的情况。因此,被申请人请求驳回申请人的仲裁请求。

仲裁庭对本案进行了审理,查明案件事实如下:本案合同签订后,申请人根据某石化油库有限公司的书面提货通知,按照本案 5 份合同规定的货物品种、数量和交货地点,先后分 49 批交付轻柴油共计 90712.59 吨,货款总额为 13650937.57 美元。货物提单上的收货人为某石化油库有限公司指定的人,提单上的通知人均为某石化油库有限公司。

仲裁庭查明:

1. 某石化油库有限公司系被申请人控股的子公司,该两公司的主要营业地位于同一地、法定住所和办公场所同在一栋大楼、法定代表人为同一人。在本案 5 份合同中,代表被申请人签字的人既是被申请人的董事,又是某石化油库有限公司的总经理。在被申请人和某石化油库有限公司多次致申请人上级母公司关于支付轻柴油货款的函中,该签字人有时在被申请人所发函中作为被申请人代表签字,有时又在某石化油库有限公司所发函中作为该公司代表签字。这些事实表明,在本案交易中,被申请人和某石化油库有限公司的行为存在相互混同的情况,不是相互独立的。

2. 某石化油库有限公司每次发给申请人的提货通知中注明所提货物的合同编号均为本案 5 份合同的编号。某石化油库有限公司所提货物是申请人与该公司所签合同项下的货物,而非本案合同项下的货物。被申请人为此只向仲裁庭提供了 2 份由申请人与某石化油库有限公司签订的这种合同,该 2 份合同与本案中的 2 份合同编号、签订日期、货物数量和价格均相同。但付款方式不同,本案合同规定的付款方式是卖方须在提单日起 60 天内(提单日计第一日)收到买方汇出的全部货款,而由申请人与某石化油库有限公司签订的 2 份合同规定的付款方式则是:"买方须在提货前开出以卖方为受益人的不可撤销银行信用证,其内容及格式须经卖方确认。"被申请人未提供任何证据,证明某石化油库有限公司在提货前开出任何以申请人为受益人的银行信用证,而本案中申请人收到的货款均不是通过信用证方式支付的。与申请人和某石化油库有限公司签订的 2 份合同编号相同的本案 2 份合同上,盖有"A-MENDMENT"的字样,申请人解释是,在与某石化油库有限公司签订 2 份合同后,因存在信用证开证问题,故改与被申请人签订。仲裁庭据此认定某石化油库有限公司所提货物是本案合同项下的货物。

3. 申请人交付每批货物签发的发票抬头单位均为被申请人,发票注有编号和本案合同编号,申请人称这些发票连同货物提单等合同规定的文件都以特快专递方式寄送给了被申请人。此后,申请人共收到 29 笔付款,共计 4478240.71 美元(其中部分为人民币,双方商定按一定汇率折算成美元结算),其中 3 笔共计 323436.63 美元,是由被申请人支付的,其余为某石化油库有限公司支付。被申请人虽否认收到申请人上述发票等文件,但不能就其和某石化油库有限公司对上述发票下的货物支付货款予以合理解释。因此,仲裁庭有理由认为被申请人已收到申请人上述发票及连同寄发的货物提单等文件,并同意其为付款人,至于其中部分是由某石化油库有限公司所支付的事实,不影响被申请人作为付款义务人的地位,因为在商业实践中指定他人代为付款的情况是常见的。因此,对被申请人辩称的其从未向申请人付过本案合同货款、某石化油库有限公司向申请人付款与其无关的主张,仲裁庭无法采纳。

4. 申请人曾于1998年多次向被申请人致函并抄送某石化油库有限公司,向被申请人索要所欠轻柴油货款,被申请人于1998年8月27日复函申请人的上级集团母公司,承认收到关于索要轻柴油货款的公函,并对支付欠款作出安排;某石化油库有限公司曾于1998年10月3次致函申请人上级集团母公司,承认欠付轻柴油货款,并对还款作出安排,给申请人的这3份函中均加盖公章确认;同年11月1日,被申请人和某石化油库有限公司共同盖章致函申请人上级集团母公司,表示欠该公司大量货款将从1998年12月开始每月支付至少50万美元,直至支付完毕为止。但没有证据证明被申请人、某石化油库有限公司与申请人上级集团母公司之间存在轻柴油买卖合同关系。因此,仲裁庭认定,上述被申请人和某石化油库有限公司致申请人上级集团母公司的函所述欠款,就是本案合同的货款,从而表明被申请人承认欠申请人轻柴油货款。

综上所述,仲裁庭认定,被申请人实际上收到了申请人按合同规定寄送的货物提单、发票等本案合同规定的文件,某石化油库有限公司所提申请人交付的轻柴油为本案合同项下的轻柴油,被申请人和某石化油库有限公司已支付给申请人的款项为本合同项下的货款,某石化油库有限公司的提货和付款行为应视为被申请人的行为。根据《1990年国际贸易术语解释通则》关于FOB术语的规定,可以认定申请人已向被申请人履行了交货的义务,被申请人有义务按合同规定向申请人支付货款。据此,仲裁庭裁决被申请人向申请人支付拖欠货款本金及其相应的银行利息。

【本案争点与法律问题】 > > >

本案的争议焦点在于,申请人认为上述交货行为是对被申请人履行本案5份合同的交货义务,而被申请人则认为申请人向某石化油库有限公司交货不等于向被申请人履行交货义务。仲裁庭认为该争议涉及的是一个事实认定问题,对这一问题需要综合分析有关各方面的事实加以认定。

【评析研判】 > > >

本案仲裁庭通过分析母公司(中国内地某市石油化工集团股份有限公司)

与子公司(某石化油库有限公司)具有同一注册地址和实际办公地均在同一栋大楼等事实情况,认定母子公司存在混同管理或统一管理,从而确立了本案的真实债务人为母公司。

许多国家都主张以法人的住所地法作为法人的属人法。因此,法人住所的确定具有重要意义。法人住所如何确定,国际上并无统一标准,通常由各国国内立法加以规定。在理论上,各国关于法人住所的确定有以下几种主张。

1. 主事务所所在地说(或称管理中心所在地说)。持这种主张的学者认为,法人的住所就是法人的主事务所或管理中心(即董事会或监事会)所在地。采此主张的国家有很多,如日本、法国、德国、意大利、荷兰、比利时和卢森堡等。

2. 营业中心所在地说。持这种主张的学者认为,法人的住所地就是法人实际从事营业活动的所在地。采此主张的只有埃及、叙利亚等少数几个国家。

3. 章程规定说。持这种主张的学者认为,法人的住所地就是法人章程中明确指定的法人所在地,无指定时,才以其他因素如主事务所所在地来确定法人的住所。采此主张的国家有瑞士、葡萄牙等。

4. 综合标准说。持这种主张的学者认为,法人主事务所所在地、营业中心所在地、法人章程规定的住所地,都可以认定为法人的住所地。1971年海牙国际私法会议制定的《国际民商事案件中外国判决的承认和执行公约》采用综合标准确定法人的住所。我国对法人住所的规定兼采管理中心所在地说和营业中心所在地说两种主张,因为主要办事机构所在地既可能是管理中心所在地,也可能是营业中心所在地。我国对法人住所的规定与采用单一标准确定法人住所的主张相比,更具科学性,而且既方便又可行。

本仲裁案中,中国内地某市石油化工集团股份有限公司和某石化油库有限公司在法律上是两个相互独立的法人,但事实上,两公司之间有千丝万缕的联系。被申请人为中国内地某市石油化工集团股份有限公司,某石化油库有限公司既是被申请人绝对控股的子公司(被申请人拥有该公司51%的股份),又是被申请人公司集团内的一个下属公司。该两公司的法定代表人(董事长)为同一人,两公司主要经营地在同一地,两公司的注册地址和实际办公地均在同一栋大楼,被申请人的董事兼任某石化油库有限公司的总经理;本案中,中国内地某市石油化工集团股份有限公司的法定代表人有时代表被申请人对外签署文件,有时又代表某石化油库有限公司对外签署文件,这些事实是母子公司存在混同管理或统一管理的典型情况,仲裁庭因而作出两公司在本案的交易中存在相互混同的情况,不是相互绝对独立的认定,应该说是符合实际的。基于这一认定,结合本案其他相关事实,仲裁庭进一步认定某石化油库有限公司接收申请人货物和向申请人支付部分货款的行为,实际是中国某市石油化工集团股份有限公司的行为。这里,仲裁庭实际上运用了"揭开法人面纱"的理论,确认本案的债务人为中国某市石油化工集团股份有限公司。

本案中,确立法人的住所对于最终确定本案的债务人起到举足轻重的作用。

【延展训练】> > >

美国矿产金属有限公司与厦门联合发展
(集团)有限公司债务纠纷案①

上诉人美国矿产金属有限公司(以下简称美国矿产公司)因与被上诉人厦门联合发展(集团)有限公司(以下简称厦门联发公司)债务纠纷一案,不服福建省高级人民法院(以下简称原审法院)(2003)闽经初字第031号民事判决,向最高人民法院提起上诉。最高人民法院依法组成由审判员王玧担任审判长,代理审判员陈纪忠、周翔参加评议的合议庭进行了审理。本案现已审理终结。

原审查明:1983年9月2日,经福建省人民政府批准,厦门经济特区建设发展公司、中国银行总行信托咨询公司和五家港澳银行(香港集友银行、香港华侨商业银行、香港南洋商业银行、香港宝生银行、澳门南通信托投资有限公司)三方合资设立厦门经济特区联合发展有限公司,福建省工商行政管理局于同年10月18日核准登记,企业类型为中外合资经营企业,注册资本为2.5亿万元人民币,三方的股权比例为:厦门经济特区建设发展公司占51%,中国银行总行信托咨询公司占34%,五家港澳银行占15%。1993年5月14日,原对外贸易经济合作部(以下简称原外经贸部)以外经贸资审字(1993)119号批准证书批准其更名为厦门联发公司并办理了中华人民共和国外商投资企业批准证书,同年5月22日国家工商行政管理局核准其名称变更登记。

1986年6月14日,厦门经济特区联合发展有限公司向福建省厦门市经济

---

① 案例来源:北大法宝数据库,最高人民法院美国矿产金属有限公司与厦门联合发展(集团)有限公司债务纠纷案,案号(2004)民四终字第4号,【法宝引证码】CLI. C. 67386,网址:https://www. pkulaw. com/pfnl/a25051f3312b07f3f7ee42adde3c837e1227946eabec530cbdfb. html? keyword = % E5% 9B% BD% E9% 99% 85% E7% A7% 81% E6% B3% 95% 20% E6% B3% 95% E4% BA% BA% 20。

贸易委员会(以下简称厦门经贸委)提出成立厦门联发进出口贸易公司的申请报告,报告主要内容为:"1984 年 10 月 30 日业经你委厦经贸(1984)097 号文件批准成立厦门联发进出口贸易有限公司以来,1985 年出口创汇 330 万美元。业务开展正常。资金来源虽由联发公司拨款,但没有外资股份参加,为了澄清中外合资企业与全民所有制企业的关系,特申请成立'厦门联发进出口贸易公司',属全民所有制性质,实行独立核算,自负盈亏……"同年 6 月 16 日,厦门经贸委以厦经贸商(1986)625 号批复,同意成立全民所有制性质的"厦门联发进出口贸易公司"。同年 6 月 18 日,经厦门市工商行政管理局核准登记并颁发了营业执照。1992 年 8 月 10 日,原外经贸部批复同意厦门联发进出口贸易公司经营省内外进出口业务。同年 8 月 31 日取得部颁的进出口企业资格证书。1993 年 10 月 12 日,经原外经贸部批复同意,厦门联发进出口贸易公司更名为厦门联发(集团)进出口贸易公司(以下简称联发贸易公司)。1998 年 12 月 13 日,原外经贸部以(1998)外经贸政审函字第 1792 号文撤销联发贸易公司的进出口经营权。2001 年 7 月 5 日,厦门市工商行政管理局以未按规定参加年检为由向联发贸易公司公告送达行政处罚,决定对其予以吊销营业执照的行政处罚。

另查明:1992 年 8、9、10 月间,美国矿产公司与联发贸易公司签订了九份合同,由美国矿产公司向联发贸易公司出售 2,000 吨铝锭和 5,000 吨电解铜,联发贸易公司收到货物后未及时依约付清全部货款,美国矿产公司遂依据合同中的仲裁条款于 1994 年 10 月 6 日向中国国际经济贸易仲裁委员会申请仲裁。1995 年 11 月 6 日,中国国际经济贸易仲裁委员会作出裁决,裁决联发贸易公司应于 1996 年 1 月 30 日前归还美国矿产公司 7,495,343.40 美元,逾期利息按年息 8% 计算。裁决生效后,美国矿产公司即向福建省厦门市中级人民法院申请强制执行,因被执行人经营严重亏损,无可供执行的财产,福建省厦门市中级人民法院于 1998 年 11 月 23 日裁定中止执行。

2003 年 11 月 7 日,美国矿产公司向原审法院提起诉讼,请求厦门联发公司对联发贸易公司所欠的 7,495,343.40 美元以及自 1992 年 2 月 1 日至实际支付日按年息 8% 计算的利息的债务承担连带责任。

原审法院审理认为:本案主要涉及厦门联发公司作为债务承担的主体是否适格的问题,因厦门联发公司为我国境内法人,双方当事人亦无选择适用外国法,因此应适用中华人民共和国法律作为解决本案纠纷的准据法。

依照《中华人民共和国公司法》的有关规定,有限责任公司为企业法人,企业法人是具有民事权利能力和民事行为能力,依法独立享有民事权利承担民事义务的组织。因此,本案被告是否适格,应否为联发贸易公司所欠原告债务承担连带赔偿责任问题,取决于联发贸易公司是否具备企业法人资格。经查厦门市工商行政管理局,1986年6月16日,依被告申请,厦门经贸委批准成立联发贸易公司经营进出口业务,同年6月18日,经厦门市工商行政管理局核准登记为全民所有制性质、独立核算、自负盈亏的企业,并领取企业法人营业执照。此后原外经贸部于1992年8月批复同意该公司经营省内外进出口业务,并颁发进出口企业资格证书。因此,从工商企业档案材料看,联发贸易公司与原告进行国际货物贸易往来时,其已经国家有关部门核准登记,取得企业法人资格,应依法独立对外承担民事责任。至于被告作为中外合资经营企业依当时的法律法规能否申请成立全民所有制性质的进出口公司(联发贸易公司)问题,原告认为被告系合资企业性质,其不能设立全民所有制性质的进出口企业,被告对此采取欺骗的手段骗取主管部门的批文,系非法设立,人民法院应对其法人资格不予认定;被告认为其虽然登记为中外合资经营企业,但因外方投资比例不到法律规定的25%,且以外汇投入,股东全系由中方组成,基于此,主管部门只是将其视为合资企业,享受合资企业待遇,实质上不是合资企业,因此主管部门将联发贸易公司定性为全民所有制企业是合法的,也是符合当时的国家政策的,同时企业性质不影响企业法人责任承担方式。对此,该院认为,对被告企业性质的认定及依当时的法律政策被告能否设立联发贸易公司,应由国家有关行政主管部门依当时法律政策批准核定,原告若对当时主管部门批准设立联发贸易公司的行政行为有异议,可依照行政诉讼程序另案解决。本案中作为被告的厦门联发公司在申请设立联发贸易公司过程中,并无证据表明存在隐瞒真实情况,欺骗主管部门的情形,也不存在注册资金不实及日后抽逃资本等可予否认其法人人格的情况,因此被告厦门联发公司在申请设立联发贸易公司的过程中并无过错,依法不应为联发贸易公司的行为承担民事责任。

综上所述,联发贸易公司系经主管部门核准登记的企业法人,依法应独立对外承担民事责任。厦门联发公司与联发贸易公司系两个独立的法人实体,其在设立联发贸易公司的过程中亦无过错,依法不应为联发贸易公司的债务承担连带赔偿责任。美国矿产公司的诉求无证据支持,依法应予驳回。该院依照原《中华人民共和国民法通则》第三十六条第一款、《中华人民共和国公司法》第三条、《中华人民共和国民事诉讼法》第六十四条第一款之规定,判决:驳回美国矿产公司的诉讼请求。案件受理费 320,317.22 元人民币,由美国矿产公司负担。

美国矿产公司不服原审判决,向最高人民法院提起上诉称:一、原审判决认定事实错误。1. 原审判决认定被上诉人在“设立联发贸易公司的过程中无过错”,而事实上被上诉人在设立联发贸易公司过程中的过错十分明显。(1)依据中国三资企业法的有关规定,全民所有制企业与三资企业在企业性质、设立的主体、财产来源和性质以及设立的条件上是截然不同的,三资企业不可能作为国家或代表国家投资设立全民所有制企业,其再投资设立的全资子公司只能是三资企业性质,而作为中外合资经营企业的被上诉人竟然设立了“全民所有制性质”的联发贸易公司,显然违反了原《中华人民共和国民法通则》第三十七条关于法人应当“依法成立”的规定。(2)被上诉人在向主管机关申请设立联发贸易公司时谎称“没有外资股份”,骗取了主管机关的审核批准,属于采用欺诈手段设立企业,是严重的违法行为。(3)被上诉人违反我国有关规定、非法设立联发贸易公司经营进出口贸易侵害了我国的外贸管理制度和外资管理制度,被上诉人设立联发贸易公司的目的严重违法。(4)原外经贸部 1998 年专门下文,明确指出根据我国现行的有关外资法规,厦门联发公司不能下设进出口贸易子公司,并撤销了联发贸易公司的外贸进出口业务经营权,说明厦门经贸委同意设立联发贸易公司的批文是错误的,而被上诉人实质是通过欺诈手段骗取了主管部门的批文,随后又以主管部门已批准为由来否认其自身行为的违法性和推卸应承担的责任。2. 原审判决认定被上诉人对联发贸易公司“不存在注册资金不实”的情形是错误的。在联发贸易公司的工商登记材料中,先后有三份材料证明联发贸易公司的注册资金到位情况,即厦门经贸委于 1986 年 6 月 17 日出具的《资信证明》证实联发贸易公司注册资金为 500 万元人民币;厦门会计师事务所于 1989 年 5 月 9 日出具的《注册资金验证报告》,证明联发贸易公司注册资本为 100 万元人民币;被上诉人于 1987 年 5 月 16 日以流动资金拨入、厦门市财政局于 1990 年 10 月向厦门市工商行政管理局出具的便函称联发贸易公司实有资金为 100 万元人民币。可见,联发贸易公司对其注册资金来源的表述是前后矛盾的,不能以上述三份材料为据来认定被上诉人对联发贸易公司的注册资金是到位的。如被上诉人不能出具银行原始凭证予以证实,应认定被上诉人对联发贸易公司实际上并无注册资金投入。根据最高人民法院法复(1994)4 号文之规定,被上诉人应对本案债务承担全部责任。二、原审判决适用法律错误。1. 联发贸易公司系违法设立,不具备独立法人的条件、不能独立对外承担责任。2. 被上诉人违法设立联发贸易公司的行为自始无效,依法应当对上诉人承担全部责任。3. 被上诉人基于非法目的、通过非法手段设立联发贸易公司的行为违反了中国公共利益和社会经济秩序,被上诉人设立联发贸易公司的行为自始无效,依法应对本案债务承担全部责任。三、在上诉人申请执行仲裁裁决时,福建省厦门市中级人民法院委托厦门敬贤联合会计师事务所对联发贸易公司的货款收回情况进行了审计,该会计师事务所于 2003 年 2 月 11 日出具的厦贤会(2003)审字第 01723 号《专项审计报告》表明,联发贸易公司已收回涉案业务项下的绝大部分货款,但并未对已收回的货款去向作任何说明。被上诉人的董事副总经理兼任联发贸易公司的法定代表人,从而被上诉人对联发贸易公司存在事实上的控制,而联发贸易公司已被吊销营业执照,在被上诉人不能对已收回的货款去向作出合理说明的情况下,上诉人认为收回的货款已被被上诉人非法转移。此外,上诉人现在无法得知被上诉人与联发贸易公司间是否存在财产、帐户混同的其他情形。故上诉人请求二审法院对联发贸易公司重新进行财务审计。请求:1. 撤销原审判决;2. 依法判令被上诉人向上诉人支付7495343.40 美元及该款从 1996 年 2 月 1 日起至实际支付日止按年利率 8% 计算的利息;3. 由被上诉人承担一、二审诉讼费用、审计费用和其他费用。

厦门联发公司答辩称:一、联发贸易公司的成立符合法律程序,依法应当独立对外承担民事责任。联发贸易公司成立后,其经营权及随后的更名,均由原外经贸部确认,上诉人与联发贸易公司之间发生的债权债务应由该两公司享受和承担,与其他公司无关。联发贸易公司的设立,亦不违反最高人民法院《关于企业开办的其他企业被撤销或者歇业后民事责任承担问题的批复》(现已失效)的精神。二、厦门联发公司与联发贸易公司系两个独立的企业法人实体,厦门联发公司在设立联发贸易公司的过程中并无过错,依法不应为联发贸易公司的债务承担连带赔偿责任。而且,上诉人主张厦门联发公司有过错并无任何证据证明。即使原外经贸部作出撤销联发贸易公司的经营权,也未否定联发贸易公司的企业法人资格,只要公司未依法注销,企业法人资格依然存在,并不影响其民事责任的承担。请求:驳回上诉,维持原判。

上诉人美国矿产公司对于原审判决查明的事实并无实质性的异议,只是对如何适用法律提出了异议。因此,最高人民法院确认原审判决查明的事实。

最高人民法院经审理认为:

一、关于本案纠纷的法律适用问题

本案双方当事人之间并不存在直接的法律关系,美国五矿公司是依据其与联发贸易公司之间的债权债务关系以及联发贸易公司是由厦门联发公司设立的事实对厦门联发公司提起了本案债务纠纷诉讼。根据国际私法的最密切联系原则,由于厦门联发公司是中国法人,因此本案债务纠纷应适用中华人民共和国法律进行处理。双方当事人对此无异议。

二、关于厦门联发公司应否就联发贸易公司对美国矿产公司的债务承担连带责任问题

美国矿产公司提起本案诉讼的债权产生于其与联发贸易公司之间的购销合同,该合同纠纷已经经过仲裁裁决。美国矿产公司与厦门联发公司之间并没有直接的合同关系(债权债务关系),美国矿产公司提起本案诉讼的主要理由是厦门联发公司违法设立了联发贸易公司。

我国原《中华人民共和国民法通则》第三十六条第一款规定:法人是具有民事权利和民事行为能力,依法独立享有民事权利和承担民事义务的组织。《中华人民共和国公司法》第三条第二款规定:有限责任公司的股东以其认缴的出资额为限对公司承担责任;股份有限公司的股东以其认购的股份为限对公司承担责任。美国矿产公司提起本案诉讼的实质是要否认联发贸易公司的公司人格。股东滥用公司人格、利用有限责任的面纱侵犯公司及其债权人利益的实质,包括转移财产、逃避债务并以其财产成立新公司,或者新公司成立后抽逃资本,或者将公司财产与股东财产混同,或者股东任意干预公司的事务使公司的经营自主权名存实亡,等等。在对公司登记的管理体制上,中国主要是通过工商行政管理部门的企业登记来确定有限责任的适用范围。凡登记为法人的企业,其设立者或者投资人只对企业的债务负有限责任。从公司管理角度看,工商行政管理部门在进行企业法人登记时,无法对所有被申请设立的企业是否具备法人条件进行实质的、严格的审查。防止有限责任被滥用,仅凭形式要件是不够的,还需要具备实质要件。从本案的实际情况看,联发贸易公司的设立过程以及注册资本的变更均经过了政府主管部门的批准,美国矿产公司并没有证据证明厦门联发公司转移财产恶意逃债的事实存在,也没有证据证明厦门联发公司有抽逃资本的事实存在。况且,美国矿产公司是在联发贸易公司成立六年后与联发贸易公司进行的贸易行为。因此,否认联发贸易公司的公司人格缺乏事实依据。

关于最高人民法院法复〔1994〕4号《关于企业开办的其他企业被撤销或者

歇业后民事责任承担问题的批复》(现已失效)的问题,该批复第一条第二项规定"企业开办的其他企业已经领取了企业法人营业执照,其实际投入的自有资金虽与注册资金不符,但达到了《中华人民共和国企业法人登记管理条例实施细则》第十五条第(七)项或者其他有关法规规定的数额,并且具备了企业法人其他条件的,应当认定其具备法人资格,以其财产独立承担民事责任。但如果该企业被撤销或者歇业后,其财产不足以清偿债务的,开办企业应当在该企业实际投入的自有资金与注册资金差额范围内承担民事责任";第一条第三项规定"企业开办的其他企业虽然领取了企业法人营业执照,但实际没有投入自有资金,或者投入的自有资金达不到《中华人民共和国企业法人登记管理条例施行细则》第十五条第(七)项或其他有关法规规定的数额,或者不具备企业法人的其他条件的,应当认定其不具备法人资格,其民事责任由开办该企业的企业法人承担"。究其实质,只有在开办该企业的企业法人注资不足或没有注资时,开办该企业的企业法人才在注资不足的范围内承担民事责任或承担全部民事责任。而本案并不符合上述规定的情形。

关于美国矿产公司请求对联发贸易公司进行财务审计的问题。美国矿产公司依据其主观推测要求对并非本案纠纷当事人的联发贸易公司进行财务审计没有事实和法律依据,最高人民法院亦不予支持。

综上所述,即使联发贸易公司在设立过程中存在某些瑕疵,但美国矿产公司不能提供足够的证据否认联发贸易公司的公司人格。美国矿产公司关于厦门联发公司应对联发贸易公司的债务承担连带赔偿责任的诉讼请求缺乏事实和法律依据,最高人民法院不予支持。原审判决认定事实清楚,判决结果正确,应予维持。最高人民法院依照《中华人民共和国民事诉讼法》第一百五十三第一款第一项之规定,判决如下:

驳回上诉,维持原判。

二审案件受理费320317.22元人民币,由美国五矿公司承担。

本判决为终审判决。

问题与思考:

1. 本案中星花公司的主体资格如何确认?

2. 本案中星花公司与杭州金马公司的债权债务纠纷,星花公司与未来世界公司的担保纠纷分别应适用什么法律加以解决?

重点提示:

本案涉及法人主体的资格问题。对于这一问题,要依法人的属人法加以解决。需要明确的是,究竟是以法人设立地法作为法人的属人法,还是以法人主要事务所所在地法或法人主要营业所所在地法作为法人的属人法。原《最高人民法院关于贯彻执行〈中华人民共和国民法通则〉若干问题的意见(试行)》第184条第1款规定:"外国法人以其注册登记地国家的法律为其本国法,法人的民事行为能力依其本国法确定。"由此来看,该条采取的是法人设立地主义,以法人登记注册地国家的法律作为法人的属人法。但是《中华人民共和国涉外民事关系法律适用法》第14条第2款规定:"法人的主营业地与登记地不一致的,可以适用主营业地法律。法人的经常居所地,为其主营业地。"即在法人主营业的与法人登记地不一致时,"可以"而非"必须"适用主营业地法。该规则采取的是法人设立地主义和法人主要营业所所在地主义相结合的立法模式,但是在二者不一致时到底适用哪一个法律并不明确,有待今后司法实践确认。

PART 5

第五章

法律行为与代理

第一节 民事权力能力

大拇指环保科技集团(福建)有限公司
与中华环保科技集团有限公司股东出资纠纷案①

【案件回顾】 > > >

大拇指环保科技集团(福建)有限公司(以下简称大拇指公司)是住所地位于我国福建省福州市的一家科技公司。大拇指公司于 2004 年经福建省人民政府商外资字(2004)0009 号文件批准,取得了《中华人民共和国外商投资企业批准证书》,企业类型为外国法人独资的有限责任公司。该公司自成立始,公司的名称、住所、法定代表人、股东名称、投资总额与注册资本等进行了数次变更。

2005 年 9 月起至今,该公司股东为中华环保科技集团有限公司(以下简称环保科技公司)。环保科技公司于 2001 年在新加坡注册成立,公司类别为有限股份上市公司。2008 年 6 月 30 日,福建省对外贸易经济合作厅作出闽外经贸资〔2008〕251 号《关于大拇指环保科技集团(福建)有限公司增加投资的批复》,同意大拇指公司投资总额由 2.3 亿元增至 5 亿元,注册资本由 1.3 亿元增至 3.8 亿元,增资部分应按公司修订章程规定的期限到资,并核准了大拇指公司就上述变更事项签订的《补充章程》。《补充章程》就增资款及缴纳时间载明:增资部分全部由环保科技公司以等值外汇现金投入,首期缴付不低于 20% 的新增

---

① 案例来源 . 北大法宝数据库,法宝引证码:CLI. 3. 251004。网址:https://www. pkulaw. com/chl/a661160fc8909da5bdfb. html? tiao = 1&keyword = % E5% A4% A7% E6% 8B% 87% E6% 8C% 87% E7% 8E% AF% E4% BF% 9D% E7% A7% 91% E6% 8A% 80% E9% 9B% 86% E5% 9B% A2。

注册资本,余额在变更营业执照签发之日起两年内缴清。

2008年7月16日,环保科技公司向大拇指公司缴纳了首期增资款50560381元;2009年5月19日,环保科技公司向大拇指公司缴纳了第二期增资款4660940元,至此,大拇指公司实收注册资本为185221300元。

2010年6月4日,应环保科技公司的申请,新加坡高等法院作出法庭命令,裁定环保科技公司进入司法管理程序,委任Se-shadri Raiogpalan先生和余明缘(Ee Meng Yen Angela)女士为环保科技公司的共同及个别司法管理人,主管公司的日常事务、业务及财产,以便对公司进行整顿或者保留其全部或部分业务以便公司可持续经营,及(或)取得比解散企业更有利的企业资产变现等。

2010年8月18日,大拇指公司向福州中级人民法院提起另案诉讼,请求判令环保科技公司先行支付增资款4900万元,福州中级人民法院判决支持了大拇指公司的诉讼请求,环保科技公司不服提起上诉后,福建高级人民法院于2011年8月31日作出(2011)闽民终字第446号(以下简称446号案)民事判决,驳回上诉,维持原判。环保科技公司于2011年10月31日按照生效判决支付了增资款49395110.4元。环保科技公司在446号案提供的新加坡腾福律师事务所对新加坡公司法所规定的司法管理制度的《法律意见》表明:1. 新加坡公司法所规定的司法管理程序系有关人士向新加坡高等法院提出申请以将一家公司置于司法管理程序。设计司法管理制度是为了使那些无法按时偿还到期债务的公司获得一定的喘息空间,以便其在该制度的监管下获得一定的机会以重新恢复其财务实力或者更好地实现其资产的价值,而不是直接被置于清盘情形。2. 如果新加坡高等法院认为公司确实已经或者将要无法偿还到期债务,且发布有关法庭命令将有机会使得如下三个目的中的一个或者多个得到实现,那么高等法院会针对有关公司发布司法管理命令,使公司存续,或者使公司的部分或全部业务持续经营;根据新加坡公司法而许可有关公司与其债权人达成妥协方案;或与清盘相比较,有关公司资产的价值能够得到更好的实现。3. 当法庭发布司法管理的命令且在该命令持续有效的期间,不得通过决议或者命令的方式使得公司进行清盘。

2012年3月1日,新加坡高等法院作出法庭命令,根据环保科技公司的司法管理人Seshadri Raiogpalan和余明缘的申请,裁定将2010年6月4日作出的司法管理命令延期至2012年5月2日,批准Se-shadri Rajogpalan和余明缘辞任环保科技公司的司法管理人之职,并委任Hamish Alexander Christie自本命令之日起担任环保科技公司的司法管理人,其中包含了继续进行由前司法管理人在原诉传票中提起的任何诉讼或法律程序等。

2012 年 3 月 12 日,大拇指公司办理了营业执照变更登记,变更后,大拇指公司的注册资本为 3.8 亿元,实收资本 234616431.4 元。

2012 年 5 月 31 日,福州中级人民法院根据大拇指公司的申请,作出(2012)榕民初字第 252-1 号民事裁定,对环保科技公司的银行存款 4500 万元进行了保全。2012 年 12 月 18 日,大拇指公司的法定代表人变更登记为洪臻。至 2013 年 7 月 25 日,环保科技公司对大拇指公司尚有 145383568.6 元的出资款未到位。2013 年 11 月 22 日,福建高级人民法院应大拇指公司的请求,作出(2013)闽民初字第 43-1 号民事裁定,继续保全环保科技公司名下总价值不超过 4500 万元的财产。

2012 年 5 月 16 日,环保科技公司向福州中级人民法院起诉大拇指公司、田垣、陈斌和潘成土与公司有关的纠纷,提出了确认环保科技公司任免大拇指公司董事、监事、法定代表人的决议合法有效等诉讼请求。福州中级人民法院就该案已于 2013 年 9 月 17 日作出(2012)榕民初字第 268 号(以下简称 268 号案)一审判决:"一、确认环保科技公司于 2012 年 3 月 30 日作出的《书面决议》和《任免书》有效;二、大拇指公司应于判决生效之日起十日内办理法定代表人、董事长、董事的变更登记和备案手续,将大拇指公司的法定代表人、董事长变更为保国武(Cosimo Borrelli),董事变更为保国武、徐丽雯、宋宽;三、驳回环保科技公司的其他诉讼请求。"

2013 年 5 月 7 日,环保科技公司向福州市鼓楼区人民法院(以下简称鼓楼区法院)起诉福建省工商行政管理局和大拇指公司,请求撤销大拇指公司法定代表人由田垣变更为洪臻的行为及相关行政登记,案号为(2013)鼓行初字第 167 号(以下简称 167 号案)。鼓楼区法院于 2014 年 3 月 20 日裁定中止诉讼,理由是该案须以(2012)榕民初字第 268 号案的审理结果为依据。

2013 年 6 月 26 日,环保科技公司向福州中级人民法院起诉孙江榕、洪臻,请求判令两人就擅自将大拇指公司法定代表人由田垣变更为洪臻等行为停止侵权、赔礼道歉、消除影响和赔偿损失,案号为(2013)榕民初字第 753 号(以下简称 753 号案)。

2012 年 11 月 28 日和 2013 年 7 月 10 日,保国武以环保科技公司法定代表人名义分别向福建省工商行政管理局、福州市鼓楼区对外贸易经济合作局递交《关于大拇指环保科技集团(福建)有限公司减资事宜的申请》。

【本案争点与法律问题】> > >

外国公司的司法管理人及清盘人在中国境内的民事权利能力和行为能力应如何认定？大拇指公司法定代表人是否适格？

【评析研判】> > >

法人是指除了自然人以外,由法律所创设的,可以作为权利与义务主体的团体,外国法人也属于外国人的一种。与自然人不同的是,无论出于法律的拟制还是对于既存的团体的社会机能的承认,在自然人判别毫无困难的国籍标准,对于法人而言都会因为其不具有生理上的感情或者意思,对国家而言,法人没有政治权利,国家对于法人的控制不在于人身的直接支配,表面上国籍对于法人并没有特殊的意义。但是在某些情况下,内国法律上或者国际间的条约或者协定对于当事国的法人会有互惠性的经济措施,比如税收减免、进出口补贴等。有时法人也必须依照国际公法,寻求其本国行使外交保护。

关于法人国籍的判定标准,可谓众说纷纭,有观点认为法人应该统一认定其国籍,有观点则坚决否认法人国籍的存在,还有观点认为应该依照其法律关系的性质,进行个别认定。① 纵观各种有关法人国籍的主要理论,不难发现其与法人本质的理论颇有相通之处。控制说主张依据实际控制法人的运营的自然人的国籍,决定法人的国籍,与法人否定说认为法人只是假设的主体,实际上并不存在的见解表里相依。设立准据法说认为法人的国籍,应该属于制定其所据以创设的法律,即其设立准据法的国家,这一说法与法人拟制说认为法人系国家以特许的方式,赋予权利能力的拟制的人,它是依据法律的规定而成立的实体机构。就法人的住所,以其设立地为准者,也是源自法人拟制说。住所地说主张,法人的国籍应当依照其本身的住所地,即主要经营机构所在地(营业中心或主营业地)或者主事务所所在地决定,这与法人实在说承认法人是社会现象中的独立实体,法律地位与自然人相仿的见解,在观念上是一致的。

以上各种学说中,设立准据法说虽然更容易判别,但是因为法人的发起人之所以依据某国的法律设立法人,往往只是为了规避其他对其不利之国家的法律,故而从法人的资金、营业中心等实质因素观之,该国未必具有赋予其国籍的真实

① 相关学术观点的讨论,请参见刘铁铮、陈荣传:《国际私法论》(第三版),中国台湾地区三民书局2004年版,第279页。

关联关系。控制说在战争时期可借由股东、董事或其他实际控制法人运营者的国籍,决定是否为敌国法人,在和平时期也以此为判断内、外国法人的标准,以便决定给予何种待遇,乃是比较有利于内国的标准,但其须要"揭开法人的人格面纱"(Piercing the veil or penetrating the screen of legal personality),直指幕后出资之人,无异于否认法人的人格,故而该学说的实用价值有限。住所地说重在发现法人客观的所在地,所以主张应该以章程已经记载,而不易掩盖的董事会与股东大会所在地,或法人的主要业务的经营地为其住所地,来确认法人具有该地所属国的国籍,但是法人如果变更住所,其国籍随之变更,似乎与国籍的本质相违背。

由于各国的国情不同,有关法人国籍的认定标准,也没有统一,所以从国际私法的角度而言,并无必要规定全世界都公认的标准。因此,关于法人的国籍的立法原则,犹如自然人国籍基本上有出生地主义(Ius soli)和血统主义(Ius sanguinis)的区别一般,不必强求其一致。当然,在立法上如何斟酌实际需要,不拘泥于某一理论,设计一个妥当的认定标准,仍是重要的课题。例如,以法人的设立准据地或者住所地为标准的,附加该二地均须在其本国境内的条件,或者以关系最密切的国家为法人的本国,或者将与内国具有密切关系的外国法人视为"假外国人"(Pseudo-foreign corporation),并与内国法人适用同一法律,均可发挥一定的修正作用。

值得注意的是,法人的国籍与自然人的国籍类似,均由各国自行认定,且各国均只能依法认定法人是否有该国的国籍而已,不能就他国国籍的认定越俎代庖。因此,法人的国籍也有积极冲突与消极冲突的现象。例如,法国关于法人的国籍,采用住所地主义,英国采用设立准据法主义,假设有某法人依照法国法设立,在英国有住所,则其既不是法国法人,也不是英国法人;如果该法人系依英国法设立,在法国有住所,那么其同时具有英国和法国的国籍。

《中华人民共和国涉外民事关系法律适用法》第14条规定:"法人及其分支机构的民事权利能力、民事行为能力、组织机构、股东权利义务等事项,适用登记地法律。法人的主营业地与登记地不一致的,可以适用主营业地法律。法人的经常居所地,为其主营业地。"从这条规定来看,我国虽然没有名文规定"外国法人"的概念,但是关于外国法人的民事权利能力、行为能力等内容均属于判断其基本民事权利的范围,在解释上可以认为,我国法律对于外国法人国籍的认定采用的是设立准据法主义为主,住所地主义为辅的立法模式。

回归到本案中,案件为涉外股东出资纠纷,其中的股东是外国法人,并且还关系到公司破产清算等问题,情形较为复杂。首先需要判断外国法人及其代表人的权利能力、行为能力等问题,由于我国民法并没有明文规定外国法人的国籍,故应当参照《中华人民共和国涉外民事关系法律适用法》第 14 条第 1 款关于"法人及其分支机构的民事权利能力、民事行为能力、组织机构、股东权利义务等事项,适用登记地法律"的规定,认定环保科技公司的司法管理人和清盘人的民事权利能力及民事行为能力等事项,应当适用环保科技公司的登记地即新加坡法律;而大拇指公司提起本案诉讼的意思表示是否真实以及股东出资义务等事项,应当适用中国法律。根据新加坡公司法的规定,在司法管理期间,公司董事基于公司法及公司章程而获得的权力及职责均由司法管理人行使及履行。因此新加坡环保公司司法管理人作出的变更大拇指公司董事及法定代表人的任免决议有效。由于大拇指公司董事会未执行唯一股东环保公司的决议,造成了工商登记的法定代表人与股东任命的法定代表人不一致的情形,进而引发了争议。根据《中华人民共和国公司法》的规定,工商登记的法定代表人对外具有公示效力,如涉及公司以外的第三人因公司代表权而产生的外部争议,应以工商登记为准;而对于公司与股东之间因法定代表人任免产生的内部争议,则应以有效的股东会任免决议为准,并在公司内部产生法定代表人变更的法律效果。

【延展训练】>>>

原告仕丰科技有限公司诉被告富钧新型复合材料(太仓)有限公司、第三人永利集团有限公司解散纠纷案[①]

永利集团有限公司(WINNING GROUP LIMITED)(以下简称永利公司)是住所地位于萨摩亚国的公司。2002 年 11 月 27 日,萨摩亚 PEREZ LIMITED 有限公司发起设立外商独资企业贝克莱新型复合材料(太仓)有限公司(以下简称贝克莱公司),注册资本 105 万美元。2004 年 4 月 28 日,贝克莱公司因股东资本金没有到位,通过董事会决议决定将该公司所有股份转让给永利公司,并接纳仕丰科技

① 案例来源:北大法宝数据库,法宝引证码 CLI. C. 3673112,网址:https://www. pkulaw. com/pfnl/a25051f3312b07f3fb1c53124b4f5c088bd12cef78c353f7bdfb. html? tiao = 1&keyword = % E9% 87% 8D% E6% 96% B0% E4% BB% BB% E5% 91% BD% E9% BB% 84% E5% B4% 87% E8% 83% 9C% E4% B8% BA% E8% B4% 9D% E5% 85% 8B% E8% 8E% B1% E5% 85% AC% E5% 8F% B8% E8% 91% A3% E4% BA% 8B% E9% 95% BF% 20。

有限公司(以下简称仕丰公司)作为贝克莱公司投资者并追加投资;重新任命黄崇胜为贝克莱公司董事长,郑素兰、张博钦为贝克莱公司董事;同时要求进行章程变更并经投资方确认通过后,报原审批部门审批登记。

贝克莱公司工商登记中 2004 年 4 月 28 日的公司章程载明:永利公司与仕丰公司共同投资贝克莱公司并追加投资。追加投资后公司注册资本 1000 万美元,其中永利公司出资额 400 万美元(现汇 40 万美元,机器设备折价 360 万美元),占 40%的出资比例,仕丰公司出资额 600 万美元(现汇 60 万美元,机器设备折价 540 万美元),占 60%的出资比例。章程第 17 条规定,公司设立董事会,董事会是公司的最高权力机构。第 21 条规定,董事会由三名董事组成,仕丰公司委派两名,永利公司委派一名,董事长由永利公司委派。第 23 条规定,董事会实行例行会议及临时会议制度,例行会议在年度结束以内举行,临时会议在认为必要的时候举行。第 24 条规定,董事会会议由董事长召集并主持,当董事长缺席时可由其委托人主持。第 25 条规定,董事会会议必须由全体董事出席。董事因故不能出席董事会会议,可以书面委托代理人出席。第 26 条规定,董事会会议每年召开一次,经三分之一董事提议可召开临时会议。董事会书面决议和董事会的议事记录由出席会议的董事全体签名,并由公司保存。第 27 条规定,公司设经营管理机构,下设生产、技术、销售、财务、行政等部门,并设总经理一名,由仕丰公司推荐。总经理执行董事会的各项决议,行使公司日常经营管理业务。时任仕丰公司法定代表人郑素兰在章程上签字并加盖印章,永利公司法定代表人黄崇胜在章程上签字。

2004 年 5 月 12 日,太仓市对外贸易经济合作局批复同意贝克莱公司股东变更、增资、董事会变更和章程变更。贝克莱公司办理了相应的工商变更登记手续,黄崇胜担任贝克莱公司董事长,郑素兰、张博钦担任董事,聘请张博钦担任总经理。

贝克莱公司工商登记手续变更后,张博钦担任总经理并负责贝克莱公司的筹建和生产经营。2004 年 8 月 1 日,怡球金属(太仓)有限公司(以下简称怡球公司)与贝克莱公司签署厂房租赁合同一份,约定贝克莱公司租赁怡球公司厂房 4700 平方米,每月租金人民币 79900 元。同日签订的补充协议约定,贝克莱公司分五年每季度向怡球公司支付电力开户增容费人民币 6 万元,共计支付人民币 120 万元。2004 年 10 月,贝克莱公司正式投产运营,并经董事会决议,报太仓市对外贸易经济合作局批复同意后,于 2004 年 11 月 23 日经工商机关变更名称,贝克莱公司更名为富钧公司。

2005 年 4 月 7 日,仕丰公司和永利公司因对富钧公司治理结构、专利技术归属、关联交易等方面发生争议,总经理张博钦离开富钧公司,此后富钧公司由董事长黄崇胜进行经营管理至今。富钧公司总经理张博钦离职后,为了解决富钧公司经营管理问题,仕丰公司和永利公司及富钧公司通过各自律师进行大量函件往来,沟通召开董事会事宜,最终于2006年3月31日召开了富钧公司第一次临时董事会,黄崇胜、张博钦(同时代理郑素兰)参加会议,但董事会未形成决议。此后仕丰公司和永利公司对富钧公司的治理等问题进行书面函件交流,但未能达成一致意见,董事会也未能再次召开。

仕丰公司认为,富钧公司股东间的利益冲突和矛盾,使得富钧公司的运行机制完全失灵,作为权力机构的董事会无法对富钧公司的任何事项作出决议,公司运行陷于僵局,经营管理发生严重困难,导致富钧公司及大股东合法利益受到严重侵害,请求判令解散富钧公司并由富钧公司承担案件受理费。

问题与思考:

本案属于什么性质的纠纷?应适用哪国法律?

重点提示:

《中华人民共和国涉外民事关系法律适用法》第14条第1款规定,法人及其分支机构的民事权利能力、民事行为能力、组织机构、股东权利义务等事项,适用登记地法律。

第二节 民事行为能力

19岁丹麦人与中国某纺织品进出口公司
纺织品原料购销合同案①

【案件回顾】 > > >

丹麦人巴比特(19岁)与中国某纺织品进出口公司在杭州签订一份纺织品原料购销合同,由巴比特向中国公司销售纺织品原料。购销合同签订后,纺织品原料在国际市场上价格暴涨。巴比特认为依约履行合同对己方不利,便拒绝

---

① 改编自国际法经典案例题。参见 https://www.docin.com/p-2456054069.html。

交付纺织品原料。中国某纺织品进出口公司遂向中国法院对巴比特提起违约之诉,要求其赔偿因不依约交付纺织品原料所导致的经济损失。巴比特辩称,根据丹麦国法律之规定,年满21周岁的公民为完全民事行为能力人,由于其签订合同时未满21周岁,不具有完全民事行为能力,不是涉外民事合同的适格主体,因此主张其与中国某纺织品进出口公司所签订的纺织品原料购销合同无效,拒绝承担合同违约责任。

【本案争点与法律问题】>>>

1. 本案应适用何种法律判断巴比特是否具有民事行为能力?
2. 巴比特是否应当承担违约责任?

【评析研判】>>>

涉外民事行为能力,是指具有涉外因素的民事主体所具备的民事行为能力。当本国的民事主体在国外从事民事活动或者国外的民事主体在本国从事民事活动时,即可认为民事主体具有了涉外因素。自然人是否具有行为能力与其年龄、智力发育的程度以及精神状况密切相关,为了保证当事人的利益和社会法律关系的稳定,各国都根据本国的国情对自然人的民事行为能力作了不尽相同的规定。因此,在涉外民事关系中,就不可避免地产生自然人民事行为能力方面的法律冲突。这种冲突的解决有赖于选择适用某一国法律来确定民事主体的行为能力。根据我国法律的规定,涉外民事主体民事行为能力的法律适用依照以下原则来确定:定居国外的我国公民的民事行为能力,如其行为是在我国境内所为,适用我国法律;在定居国所为,可以适用其定居国法律。外国公民如果是定居在我国的,在我国境内从事民事活动,其行为能力适用我国法律。外国人在我国领域内从事民事活动,如依其本国法律为无民事行为能力,而依我国法律为有民事行为能力,应当认定为有民事行为能力。无国籍人的民事行为能力,一般适用其定居国法律;如未定居的,适用其住所地国法律。有双重或者多重国籍的外国人,以其有住所或者与其有最密切联系的国家的法律为其本国法。当事人的住所不明或者不能确定的,以其经常居住地为住所。当事人有几个住所的,以与产生纠纷的民事关系有最密切联系的住所为住所。外国法人以其注册登记地国家的法律为其本国法,法人的民事行为能力依其本国法确定。外国法人在我国领域内从事的民事活动,必须符合我国的法律规定。当事人有两个以上营业所的,应以与产生纠纷的民事关系有最密切联系的营业所为准;当事人没有营业所的,以其住所或者经常居住地为准。

回归到本案中,应适用中国法确定丹麦人巴比特的民事行为能力。根据中国民法典和《中华人民共和国涉外民事关系法律适用法》的规定,巴比特具有完全民事行为能力,其与中国某纺织品进出口公司缔结的民事合同有效,应当承担违约责任。在本案中,判断丹麦人巴比特是否应当对其违约行为承担责任的关键在于确认其是否具有完全民事行为能力。由于中国法与丹麦法对完全民事行为能力的年龄标准有不同规定,受理案件的中国法院必须首先确定应适用何国法律确定合同双方当事人的缔约能力问题。自然人行为能力的判断适用属人法,即当事人本国的法律,这是国际上普遍认可的法律适用规则。但是,为了保护涉外民事关系各方当事人的交易安全和维护民事法律关系的稳定,在上述规则的基础上,还存在一种例外情况,即当事人的本国法认为无民事行为能力,而行为国法律认为有民事行为能力的,依照行为地法律的规定,认定当事人具有民事行为能力。中国的立法就采取这种立场。根据《中华人民共和国涉外民事关系法律适用法》第 12 条的规定:"自然人的民事行为能力,适用经常居所地法律。自然人从事民事活动,依照经常居所地法律为无民事行为能力,依照行为地法律为有民事行为能力的,适用行为地法律,但涉及婚姻家庭、继承的除外。"由于巴比特与中国某纺织品进出口公司在中国杭州签订了买卖合同,其行为地在中国且并不涉及婚姻家庭与继承问题,因此,本案应适用中国法判定该丹麦人巴比特具备完全民事行为能力,本案中的购销合同有效,巴比特应依法承担违约责任。

【延展训练】>>>

中化国际(新加坡)有限公司诉蒂森克虏伯冶金产品有限责任公司国际货物买卖合同纠纷案①

2008 年 4 月 11 日,中化国际(新加坡)有限公司(以下简称中化新加坡公

---

① 案例来源:北大法宝数据库,最高法指导案例 107 号:中化国际(新加坡)有限公司诉蒂森克虏伯冶金产品有限责任公司国际货物买卖合同纠纷案。【法宝引证码】CLI. C. 68719817,网址:https://www. pkulaw. com/gac/f4b18d978bc0d1c75aa725a4ccf3f52aa762e6a0ed600eb5bdfb. html? keyword = % E4% B8% AD% E5% 8C% 96% E5% 9B% BD% E9% 99% 85% EF% BC% 88% E6% 96% B0% E5% 8A% A0% E5% 9D% A1% EF% BC% 89% E6% 9C% 89% E9% 99% 90% E5% 85% AC% E5% 8F% B8% E8% AF% 89% E8% 92% 82% E6% A3% AE% E5% 85% 8B% E8% 99% 8F% E4% BC% AF% E5% 86% B6% E9% 87% 91% E4% BA% A7% E5% 93% 81% E6% 9C% 89% E9% 99% 90% E8% B4% A3% E4% BB% BB% E5% 85% AC% E5% 8F% B8% E5% 9B% BD% E9% 99% 85% E8% B4% A7% E7% 89% A9% E4% B9% B0% E5% 8D% 96% E5% 90% 88% E5% 90% 8C% E7% BA% A0% E7% BA% B7% E6% A1% 88。

司）与德国蒂森克虏伯冶金产品有限责任公司（以下简称德国克虏伯公司）签订了购买石油焦的《采购合同》，约定本合同应当根据美国纽约州当时有效的法律订立、管辖和解释。中化新加坡公司按约支付了全部货款，但德国克虏伯公司交付的石油焦 HGI 指数仅为 32，与合同中约定的 HGI 指数典型值为 36-46 之间不符。中化新加坡公司认为德国克虏伯公司构成根本违约，请求判令解除合同，要求德国克虏伯公司返还货款并赔偿损失。

江苏省高级人民法院一审认为，根据《联合国国际货物销售合同公约》的有关规定，德国克虏伯公司提供的石油焦 HGI 指数远低于合同约定标准，导致石油焦难以在国内市场销售，签订买卖合同时的预期目的无法实现，故德国克虏伯公司的行为构成根本违约。江苏省高级人民法院于 2012 年 12 月 19 日作出（2009）苏民三初字第 0004 号民事判决：一、宣告德国克虏伯公司与中化新加坡公司于 2008 年 4 月 11 日签订的《采购合同》无效。二、德国克虏伯公司于本判决生效之日起 30 日内返还中化新加坡公司货款 2684302.9 美元并支付自 2008 年 9 月 25 日至本判决确定的给付之日的利息。三、德国克虏伯公司于本判决生效之日起 30 日内赔偿中化新加坡公司损失 520339.77 美元。

宣判后，德国克虏伯公司不服一审判决，向最高人民法院提起上诉，认为一审判决对本案适用法律认定错误。最高人民法院认为，一审判决认定事实基本清楚，但部分法律适用错误，责任认定不当，应当予以纠正。最高人民法院于 2014 年 6 月 30 日作出（2013）民四终字第 35 号民事判决：一、撤销江苏省高级人民法院（2009）苏民三初字第 0004 号民事判决第一项。二、变更江苏省高级人民法院（2009）苏民三初字第 0004 号民事判决第二项为：德国克虏伯冶金产品有限责任公司于本判决生效之日起 30 日内，赔偿中化国际（新加坡）有限公司货款损失 1610581.74 美元，并支付自 2008 年 9 月 25 日至本判决确定的给付之日的利息。三、变更江苏省高级人民法院（2009）苏民三初字第 0004 号民事判决第三项为：德国克虏伯冶金产品有限责任公司于本判决生效之日起 30 日内，赔偿中化国际（新加坡）有限公司堆存费损失 98442.79 美元。四、驳回中化国际（新加坡）有限公司的其他诉讼请求。

问题与思考：

1. 涉外合同中当事人的意思自治受到哪些限制？

2. 涉外民事法律关系中如何判断一方行为涉嫌根本违约？

重点提示:

《联合国国际货物销售合同公约》的根本违约制度。

第三节　代理行为

中国秦发集团有限公司、神池县神达能源投资有限公司合同纠纷案[①]

【案件回顾】＞＞＞

中国秦发集团有限公司(以下简称秦发集团)是在开曼群岛注册的公司,徐吉华为秦发集团董事会主席。2010年9月10日,山西省忻州市神池县人民政府与秦发集团签订《山西神池县煤矿项目合作框架协议》,拟通过秦发集团在山西的煤矿整合主体整合收购神池境内的五座煤矿。该协议双方盖章,秦发集团一方的签署者为徐吉华。随后秦发集团的全资子公司神达公司(甲方)与华美奥公司(乙方)签订《委托协议》,甲方委托乙方华美奥公司作为整合主体,整合神池县境内煤矿资源,以乙方名义上报重组整合方案。该协议双方盖章,神达公司一方的签署为徐吉华。其后,徐吉华又以秦发集团全资子公司广发公司的名义与华美奥公司股东汇永公司、关某、靳某、索某前后签署了两份《股权转让协议》《股权转让协议之补充协议》《股权转让协议之债务负担补充协议》;以神达公司名义与华美奥公司签订煤炭企业整合《委托书》及《合作投资经营协议》。2016年,秦发集团公告,徐吉华于2016年12月8日辞任秦发集团董事会主席,徐达接任秦发集团董事会主席。

据广发公司企业登记信息,广发公司注册成立于2010年9月1日,该公司的法定代表人为徐达,2014年12月22日,该公司法定代表人变更为马保峰。2016

[①]　案例来源:北大法宝数据库,法宝引证码 CLI. C. 318354480,网址:https://www.pkulaw.com/pfnl/c05aeed05a57db0a50188111ef306eeaa884c93eaaeba05cbdfb.html? keyword = % E5% B1% B1% E8% A5% BF% E7% 9C% 81% E5% BF% BB% E5% B7% 9E% E5% B8% 82% E7% A5% 9E% E6% B1% A0% E5% 8E% BF% E4% BA% BA% E6% B0% 91% E6% 94% BF% E5% BA% 9C% E4% B8% 8E% E7% A7% A6% E5% 8F% 91% E9% 9B% 86% E5% 9B% A2% 20。

年9月18日,该公司法定代表人又变更为徐达。徐吉华与徐达系父子关系。

据神达公司企业登记信息,神达公司注册成立于2010年9月1日,该公司的法定代表人为徐达。2014年10月21日,该公司法定代表人变更为戴东武。

据华美奥公司董事会决议,2012年11月27日,免去马志富公司董事长、法定代表人职务,选举马保峰为公司董事长、法定代表人。据华美奥公司工商登记信息,2016年该公司法定代表人变更为郭艾东,2018年该公司法定代表人变更为马吉海。

2018年,广发公司作为申请人以汇永公司等为被申请人向北京仲裁委员会提出仲裁申请,请求被申请人共同向申请人支付煤矿建设费及资金占用费。汇永公司等以申请人广发公司不是煤矿建设费的适格请求主体为由,鉴于相关费用是由华美奥公司及其下属公司支出,且相关合同权利义务也归属于华美奥公司,申请追加华美奥公司作为该案当事人。案件审理过程中,汇永公司认为,基于徐吉华在《山西神池县煤矿项目合作框架协议》、《股权转让协议之债务负担补充协议》、《委托书》及《合作投资经营协议》等四份协议上的签字代表了神达公司和秦发集团,而且秦发集团的附属公司广发公司已经收购了华美奥公司80%的股份而成为最大股东,结合2013年3月13日的《会议纪要》,徐吉华在《承诺书》中所述的"我方"是三方,即秦发集团、神达公司和华美奥公司,而不是徐吉华的个人行为。

秦发集团、华美奥公司、神达公司认为,秦发集团系注册在开曼群岛的我国香港上市公司,无法定代表人职位,董事会主席并非法定代表人,其仅是公司内部管理架构中一名管理人员职位,任何个人代表公司签字均应当取得公司授权。徐吉华仅作为神达公司授权代表在《委托合同》和《合作投资经营协议》中签字,《委托合同》及《合作投资经营协议》仅约束当事人神达公司和华美奥公司,秦发集团并非合同当事人。秦发集团并未向徐吉华授权出具《承诺书》,《承诺书》对秦发集团没有法律效力。

【本案争点与法律问题】 > > >

徐吉华涉及神池项目的有关行为是否获得了秦发集团的授权?

【评析研判】 > > >

代理是当代私法中不可或缺的一项制度。由于罗马法上并无代理的制度基础,后世各国在缺乏"共同法"洗礼下发展出来的代理制度,在理念与技术上存在较大差异。当前,代理实体法大致呈现出罗马法系、德意志法系与普通法系三足鼎立之势。随着代理渗透到生活的各方面,私主体在跨境民商事交往中面临此种"法律冲突"的可能性较大。我国《涉外民事关系法律适用法》第16条对代理问题作了规定。该条第1款规定:"代理适用代理行为地法律,但被代理人与代理人的民事关系,适用代理关系发生地法律。"第2款规定:"当事人可以协议选择委托代理适用的法律。"第16条第1款前段的"代理"应如何解释,我国学者持两种见解:多数学者认为,从立法表述来看,第1款与第2款在连结对象上有所区别,第2款为"委托代理",而第1款采用的是其上位概念"代理",依我国原民法通则第64条第1款之规定,可以认为"代理"涵盖了委托代理、法定代理与指定代理。也就是说,多数说认为第16条第1款的"代理"应依民法来解释。应予注意的是,原民法通则对代理所作的法定分类值得商榷,民法典取代民法通则后第163条规定:"代理包括委托代理和法定代理。委托代理人按照被代理人的委托行使代理权。法定代理人依照法律的规定行使代理权。"将原来的"指定代理"删去。按照学理上的分类,民法上的代理还被划分为意定代理(即委托代理)、法定代理与机关代理。

用以描述冲突规则连结对象的概念在学理上称作"体系概念",从国际私法体系概念的形成原理分析,将有助于说明相同的概念在民法与国际私法中所指涉的实体内容有何异同。在国际私法中,冲突规则一方面需要确定本国私法规则在何种情况下应予适用,另一方面需要确定何种情况下应适用外国私法规则。为了形成一个无漏洞的冲突规则体系,最为直接的方式是将本国民法的体系性概念移植入国际私法中。大致围绕着本国民法体系的总则、物、债、继承、婚姻家庭等几大类法律关系设置对应的冲突规则,能够至少保证本国民法中既有的法律关系可以在冲突法中找到归类,也使得国际私法的法典化得以可能。这是冲突规则的体系概念与本国民法概念保持内涵一致的主要益处。但是,国际私法的体系概念所指涉的法律关系或实体类型又不能完全依本国民法来认定,而是必须依照自身的规范目的保持一定的自主性。因此,本国民法只是解释国际私法"体系概念"的起点,二者所指涉的实体内容并不完全相同。国际私法的"体系概念"需要依照自身的规范目的,在民法概念的基础上作必要的扩张和限缩解释,从而容纳或者排除特定实体法律关系。由此,直接依照民法典解释《涉外民事关系法律适用法》第16条中的"代理",并不具有绝对的说服力。

对"体系概念"作不同于民法概念的扩张或者限缩解释以容纳或者排除特定实体关系的过程,在国际私法学中被理解为"识别"(即特定法律关系能否涵摄入某一冲突规则的体系概念中)的过程。"体系概念"的解释与法律关系的"识别"实际上是同一过程的两个面向,共同决定着冲突规则的适用范围。跳出国内民法概念的桎梏,可以运用功能识别以及目的识别的原理,检视作为体系概念的"代理"能否理解成法定代理、意定代理以及机关代理的上位概念。无论是多数说还是少数说,对于《涉外民事法律关系适用法》第16条应当适用于意定代理这一点存在共识。事实上,多数国家都只针对意定代理(委托代理)设置准据法。我国国际私法学者大多认为第16条第1款的结构较为清晰:第1款但书的连结对象是代理人与被代理人的民事关系,即代理的内部关系;由但书可以反推出第1款前段的"代理"是指代理的其他关系及问题,也可以说是代理的外部关系,具体包括被代理人与第三人之间的关系以及代理人与第三人之间的关系。

依我国民法学说来审视,笼统地把代理关系界分为内、外两个部分,经不起推敲。第一,民法上被代理人与代理人之间的关系为基础关系,通常为委托、劳动、承揽等合同关系,那么被代理人与代理人之间的此种合同关系应当适用对应的合同冲突规则,还是适用但书的规定? 我国民法承认授权行为的独立性,所以从理论上说,基础关系就不应当被视为代理关系的一部分,那么所谓的"被代理人与代理人之间的民事关系"又是指什么? 第二,同样有疑问的是,代理权有效行使之后,被代理人与第三人之间通常形成的也是合同关系(下文简称主合同),对此究竟是适用对应的合同冲突规则,还是适用第1款前段的规定? 第三,现有观点不能很好地解答意定代理权的法律适用问题。例如,被代理人主张代理人逾越代理权、代理行为无效,而第三人主张构成表见代理、代理行为有效。面对此种争议,究竟是适用内部关系准据法还是外部关系准据法来裁判? 前述分析表明,我国冲突法理论与实体法理论在代理关系的界分上存在着一定的分歧,进而带来第16条适用上的困惑,司法实践已现端倪,对此需要予以深刻剖析。若是从实体法着眼,我国代理实体法体系与德国法具有一定的亲缘性,那么德国在代理冲突法中是如何界定连结对象的? 若是从冲突法着眼,则会想到《代理法律适用公约》(也是目前法国的立场)与英国冲突法,它们都分别针对代理的内部和外部关系确定准据法。并且,内部关系适用"代理关系发生地法"曾是英国冲突法的做法,其他国家并不采取此种连结方式。而第16条在代理外部关系上又不完全效仿英国法,其所采取的依代理行为地确定准据法是《代理法律适用公约》中的重要连结方式(见公约第11条)。综合来看,第16条更像是混合继受二者的产物。

当今世界主要法系在界定代理冲突规则的连结对象以及确定代理关系准据法时,不同程度上受到了代理实体法体系构造的影响。既然我国代理实体法继受了德国法的授权行为独立性理论,冲突法上继受德国的意定代理权独立连结理论,更合乎逻辑。目前来看,第16条第1款但书中关于代理内部关系的规定多余且有害,通过解释论的方法也无法为但书的存在提供正当化依据。司法机关可援引《涉外民事关系法律适用法》第六章债权的一般合同(第41条)、消费者合同(第42条)、劳动合同(第43条)的冲突规则确定代理内部关系准据法,虚化但书的适用。另外,还应考虑继受德国意定代理权独立连结理论,将第16条理解为一条纯粹的意定代理权冲突规则。解释论上可考虑将第1款前段的连结对象"代理"与第2款的"委托代理"均进一步限缩性解释为"意定代理权",或者如瑞士《国际私法》第126条第2款所示,直白地理解为"代理人行为使被代理人对第三人产生义务的条件"。由此,基础关系和主合同适用对应的合同冲突规则确定准据法,而意定代理权有无的判断是一体的,无须内外有别。当然,德国和瑞士的立法表述都过于抽象,第16条作为意定代理权的冲突规则,其适用范围还有必要予以进一步澄清。

笔者认为,第16条可以适用于以下事项:第一,意定代理权是否存在的问题,具体包括意定代理权的授予、撤销、消灭等。其中,德国学者认为,代理权的授予作为法律行为,应当如其他法律行为一样,在形式上放宽要求,符合行为地法或者法律行为自身的准据法的形式要求即可。《涉外民事关系法律适用法》并没有针对法律行为拟定统一的冲突规则,部分学者认为属明智之举。但是,在商事交往领域,对法律行为的形式放宽要求,承认符合行为地法形式要求的法律行为之效力,才能更便利交易。将来可以考虑针对法律行为的形式拟定特别冲突规则,填补现行立法的漏洞。第二,意定代理权的范围与行使方式,包括是否可以转代理、多方代理中的代理权如何行使等问题。第三,表见代理与无权代理。有权代理、表见代理与无权代理在判断上相互牵连,适用相同的准据法进行裁判,可避免因适用不同准据法而产生矛盾裁判。意定代理权独立连结说并非完全没有弊端,特定问题究竟应当适用主合同准据法还是代理权准据法予以裁判,学者间常有分歧,如代理效果的归属是否以显名为必要条件、特定交易或行为是否容许代理（常与可否自我代理、一般授权的权限等问题交织在一起）、追认的效力等，有待今后的研究加以进一步澄清。

第 16 条有两个可用的连结点：第 1 款前段的客观连结点"代理行为地"与第 2 款的主观连结点。早在《代理法律适用公约》制定过程中，起草者就已经意识到"代理行为地"作为连结点的弊端，现实中单独运用"代理行为地"这一客观连结点的立法例较少。代理权的授予及行使直接关系到三方的利益，应当如何运用主观连结点指向的意思自治，也需要探讨。拉贝尔在 20 世纪中叶指出，"代理行为地"的正当性基础在于，第三人能够较为便捷地查明准据法，同时各方当事人的意向也增强了其正当性，因为被代理人明确地表达出了代理应当在何处展开，并且第三方知悉被代理人的意愿。适用代理行为地法，对于各方当事人而言既客观又便捷。在交通和通信尚不发达的 20 世纪早期，该观点有一定的说服力，因为代理关系中的各方在国际贸易中均不会冒失地选择代理行为地，代理行为地也多与代理中的一方或者双方住所地保持一致，甚至代理行为地法还是基础关系或主合同的准据法。但是，在通信与交通便捷的当代，"代理行为地"作为客观连结点的妥当性在减弱。第一，事前可能无法特定代理行为地。在市场全球化的当代，被代理人不明确指示代理行为地或者授权代理人在多国甚至全世界范围内从事代理行为的情形并不少见。在个案发生之前，对于被代理人来说，"代理行为地"几乎无从特定。第二，事中的实际代理行为地可能并非约定的代理行为地。当代理人违背被代理人指示，在约定的代理行为地之外行使代理权时，适用实际代理行为地法根本不是被代理人的本意，第三人又未必知悉约定的代理行为地，此时即面临着约定代理行为地与实际代理行为地的抉择难题。第三，事后代理行为地亦可能难以确定。代理人与第三人之间完全可能就特定交易历时多年在多国进行谈判，利用电子通信不断沟通，最后偶然地选择在某国机场就近缔约，甚至在网上缔结电子合同。"代理行为地"面临事后也无法确定的难题。立法者在这些问题上保持了沉默，而回答每一个问题都需要进行价值判断。例如，在代理行为地出现复数可能的时候，是依个案确定代理行为地，还是需要照顾到商事代理的特殊性，总括地认定一个代理行为的中心地？约定代理行为地与实际代理行为地相冲突时，要不要考虑被代理人的利益适用约定的代理行为地法？"代理行为地"无法确定时，优先保护谁的利益？这些都是"代理行为地"这个客观连结点在运用中的难题。

立法者在制定冲突规则时，决定特定类型的涉外民事案件是适用此法还是彼法的过程,体现了国际私法的评价过程,所依赖的评价基准是国际私法上的利益,而非实体法上的利益。前者只关注法律适用本身,而后者关注的是具体规则的适用所产生的实体结果对哪一方更为有利。在涉外意定代理案件中,三方当事人对于法律适用均有自己的利益诉求,这种利益体现为希望准据法的确定过程能具有可预见性、确定性,以及在此基础上,能便捷地查明准据法。适用不同的法律,背后体现的保护倾向便不同。学者在 19 世纪的学术讨论中就已经意识到了此点。例如,斯托里与冯·巴尔便认为应当优先保护被代理人,适用被代理人住所地法,即使第三人可能因此难以知悉代理人的代理权限如何。当代已很少有学者持这种观点。我国学者在解释为何适用代理行为地法时认为,这有利于第三人预见交易行为的法律后果,便于第三人了解代理准据法。但是,如果认为第三人应当得到优先保护,适用第三人的住所地法才是最为直截了当的做法,并且这种利益评价基准值得商榷,对现行法也不具有足够的解释力。

笔者主张进行有层次的利益分析。首先应考虑兼顾代理关系中三方当事人的法律适用利益,因为私法的重要品质之一就是平等地对待当事人。意定代理权的行使直接影响三方当事人的实体利益,事前便捷地确定代理准据法,对于三方而言都至关重要。过分注重保护第三人,或过度注重保护被代理人,都可能对法律交往中的另一相对方的法律适用利益造成损害。理想的客观连结点应当能兼顾各方当事人的利益,便于各方尽速便捷地在交易开始前查明准据法。拉贝尔在分析"代理行为地"的正当性时,也隐含了这一评价基准,即各方都知悉"代理行为地"所在。当被代理人无法事前确定"代理行为地"或者约定的与实际的"代理行为地"不一致时,也应尽可能地寻找利益平衡的解释方案。在无法兼顾各方法律适用利益的情形,被代理人的利益应作出让步,优先保护善意第三人的利益。实践中不可避免地会产生无法兼顾各方法律适用利益的情形,如电子通信环境中,"代理行为地"根本无法确定,此时必须决定谁的利益值得优先保护。牺牲被代理人利益而保护善意第三人利益的理由是:首先,被代理人是代理制度的直接受益者,被代理人借助代理拓展了经济活动空间,享受利益的同时承受在此过程中可能出现的法律风险,并无不当。其次,法律适用的风险很大程度上是由被代理人自身造成的。被代理人完全可以提前指定代理行为在何处展开,并且在授权书中明确载明代理事宜,避免代理权事前无法确定。因选任代理人不当而产生的代理人在约定代理行为地之外行事,被代理人应当自负选任不当的责任。最后,后文将会指出,被代理人还可以通过意思自治的方式选择准据法,冲突法上也尽可能地作了利益平衡的考量并为其提供了规避风险的可能。在穷尽保护可能的情形下,牺牲被代理人利益而保护善意第三人的利益无可厚非。基于前述评价基准,笔者主张通过"代理行为地"的推定规则、"代理行为地"的拟制规则、约定与实际"代理行为地"不一致时的选择规则和"代理行为地"的补漏规则克服"代理行为地"的运用困境。①

　　本案涉及秦发集团是否对徐吉华授权进行神池项目的有关行为,属于代理关系问题,依据《中华人民共和国涉外民事关系法律适用法》第 16 条规定"代理适用代理行为地法律,但被代理人与代理人的民事关系,适用代理关系发生地法律。"本案应适用中华人民共和国法律。依据《中华人民共和国涉外民事关系法律适用法》第 14 条第 1 款"法人及其分支机构的民事权利能力、民事行为能力、组织机构、股东权利义务等事项,适用登记地法律",秦发集团注册设立于开曼群岛,其作为法人的行为能力应适用登记地法。开曼群岛属于英美法系,该院认可秦发集团陈述,该公司无法定代表人职位,任何人代表公司均应当获得公司授权。故徐吉华的行为须获得公司授权方可视为对秦发集团的代理行为,代理的后果归于秦发集团。徐吉华是否获得授权,属于对徐吉华与秦发集团是否在神池项目上形成代理关系的判断,应适用中华人民共和国法律。原《中华人民共和国民法总则》第 135 条规定"民事法律行为可以采取书面形式、口头形式或者其他形式;法律、行政法规规定或者当事人约定采用特定形式的,应当采用特定形式。"秦发集团是神池项目的发起者、主导者、最终的利益享有者,徐吉华分别代表秦发集团、神达公司、广发公司签署了本案所涉的神池项目的全部文件,在以上有关协议的履行过程中秦发集团实现了对汇永公司等持有的华美奥公司 80% 股份的受让,实现了对神池县煤矿企业的重组整合。秦发集团相关年报、业务报表、公告中对以上协议所涉的收购行为均予以披露和认可。以上事实可以认定秦发集团授权其董事会主席徐吉华作为秦发集团及其子公司神池项目的代表,对其代理行为也是认可的。秦发集团全资子公司神达公司、广发公司为主体的神池项目合同由徐吉华签署,神达公司和广发公司认可并履行前述合同,亦表明神达公司和广发公司授权徐吉华作为神池项目代表。

---

　　① 详细讨论参见林强:《涉外代理关系准据法的确定》,载《法学研究》2020 年第 6 期。

国泰航空有限公司与河南西联速递有限
公司航空货物运输合同纠纷案①

　　2013 年 4 月 1 日,国泰航空有限公司(以下简称国泰航空)与河南西联速递有限公司(以下简称西联速递)签订《国泰航空货运销售代理人任命协议》,约定国泰航空任命西联速递为协议附表 1 所列的国家里的国泰航空货运销售代理人,任期自 2013 年 4 月 1 日起,西联速递接受该任命,并须根据协议附表 2 所列遵守应予国泰航空款项的结算程序,除另有明确约定外,西联速递应负责向国泰航空全额支付全部款项,以用于根据本协议订立或安排的航空货运或货物运输。

　　协议签订后,国泰航空先后于 2013 年 4 月 28 日、5 月 1 日、5 月 3 日、5 月 5 日在国泰航空公司的航班上,将西联速递下单委托运输的 26643 公斤的货物(26.643 吨)安全运到美国的纽约、洛杉矶、芝加哥等目的地。根据上述空运提单及国泰航空财务结算系统显示,国泰航空应收取的声明价值附加费总额为 1903828.23 元,其他杂费总额 408373.6 元,扣除佣金和折扣后最终费用为 852263.34 元。按双方协议附表 2 约定,西联速递应当在每个销售期结束后 20 天内,将应付的货物运费汇到国泰航空指定的银行账户内,但西联速递一直未按约定履行,2013 年 10 月 15 日,国泰航空将西联速递在签约时,按照合同规定交纳人民币 50 万元的担保金直接扣抵拖欠的运费。

　　一审法院认为,关于本案的准据法问题,本案属于货运代理合同纠纷,根据《中华人民共和国涉外民事关系法律适用法》第 16 条第 1 款之规定,代理适用代理行为地法律,但被代理人与代理人的民事关系,适用代理关系发生地法律。案涉《国泰航空货运销售代理人任命协议》签订于郑州市,代理关系发生地和代理行为地均为郑州,故应当适用中华人民共和国法律。

---

　　①　案例来源:北大法宝数据库,【法宝引证码】CLI. C. 118773092,网址:https://www. pkulaw. com/pfnl/a6bdb3332ec0adc43bd3dd94f723f6a1aa43bd8889012769bdfb. html? tiao ＝ 1&keyword ＝ ％ E5％ 9B％ BD％ E6％ B3％ B0％ E8％ 88％ AA％ E7％ A9％ BA％ E4％ B8％ 8E％ E8％ A5％ BF％ E8％ 81％ 94％ E9％ 80％ 9F％ E9％ 80％ 92％ E7％ AD％ BE％ E8％ AE％ A2％ E3％ 80％ 8A％ E5％ 9B％ BD％ E6％ B3％ B0％ E8％ 88％ AA％ E7％ A9％ BA％ E8％ B4％ A7％ E8％ BF％ 90％ E9％ 94％ 80％ E5％ 94％ AE％ E4％ BB％ A3％ E7％ 90％ 86％ E4％ BA％ BA％ E4％ BB％ BB％ E5％ 91％ BD％ E5％ 8D％ 8F％ E8％ AE％ AE％ E3％ 80％ 8B％20。

《国泰航空货运销售代理人任命协议》是双方当事人真实意思的表示,内容也不违背法律、行政法规的强制性规定,为有效协议,双方均应按该协议的约定履行各自的义务。国泰航空在协议签订后将西联速递下单委托运输的 26643 公斤的货物(26.643 吨)安全运到美国的纽约、洛杉矶、芝加哥等目的地,西联速递应按约定向国泰航空支付运费及相关服务费用。

西联速递不服一审判决,提起上诉,请求法院改判驳回国泰航空的诉讼请求。西联速递认为,其系国泰航空的货运销售代理人,依照国泰航空的授权为其揽货、议价,国泰航空承运的货物并非西联速递的货物,涉案空运单显示下单人系鸿霖国际货运代理(上海)有限公司郑州分公司,也并非西联速递。故本案实际付款人应为发货人鸿霖国际货运代理(上海)有限公司郑州分公司,西联速递只有与国泰航空进行代理结算的义务,并无支付运费的约定。且西联速递作为销售代理人承揽货物的权限仅为 50 万元,西联速递也从未因作为国泰航空的销售代理人而收到过价值 2312101.95 元的运费。一审判决西联速递支付相关运费及利息没有事实依据。

国泰航空辩称,西联速递不仅是国泰航空的代理人,还是鸿霖国际货运代理(上海)有限公司郑州分公司的货物运输订舱代理人,涉案空运单上所显示的货物就是西联速递揽货并指定国泰航空运输,一审认定西联速递下单委托运输并无不当。涉案《国泰航空货运销售代理人任命协议》对双方结算周期、付款时间、收款账户等进行了明确约定,西联速递负有向国泰航空支付运费的合同义务。西联速递称作为代理人仅在提交保证金范围内揽货说明其缺乏基本的航空运输代理知识。根据中国民航局发布的《航空货运销售代理人服务规范》第5.1.5 条"与承运人签订销售代理协议的货运销售代理人,以自己的名义与货主签订运输合同,并以集运货物的方式交付给承运人时,被视为托运人,享有托运人的权利、承担托运人的义务和责任"的规定,西联速递应被视为托运人,承担托运人的相关义务,且西联速递在一审中已经认可了基本运费为 44.3 万元,其他杂费数额在航空运单上早已确定,且相关价格具有合理性,一审法院运费及相关违约金计算并无不当。

法院查明,案件中,双方签署了《国泰航空货运销售代理人任命协议》,约定"无论在何地缔结或执行本协议,其都应由香港特别行政区的法律进行各方面的解读"。国泰航空在起诉时称根据原《中华人民共和国合同法》追究西联速递违约责任,西联速递在一审答辩时也要求使用中国内地法律。在一审法院审理阶段,国泰航空、西联速递均援引了中国内地法律。

问题与思考：

1. 本案准据法应适用中国内地法律还是香港特区法律?

2. 本案当事人属于什么类型的代理关系,其关于法律适用的选择能否意思自治?

PART 6

第六章

物　权

第一节　物之所在地法

日本中根公司诉山东海丰船舶工程有限公司
船舶买卖欠款纠纷案①

【案件回顾】> > >

　　1994年底,日本中根公司作为买方,从另一日本公司购买了一艘船舶"西方公主号",买卖双方约定在中国上海港交货。该船抵达上海港后,由上海中舟拆船公司办理进口手续并缴纳了有关关税,至于中根公司是否与中舟拆船公司存在委托法律关系,并没有相关证据。1995年6月14日,中舟拆船公司与喜多来公司签订了一份交接协议,协议称:根据双方签订的合同,"西方公主号"油轮的一切事宜均由喜多来公司负责。1995年7月28日,中根公司(甲方)与喜多来公司(乙方)签订了一份修船协议,约定:中根公司现有一艘2000吨旧油轮"西方公主号"在青岛港委托喜多来公司修理;修理完毕后由喜多来公司办理船舶保险和注册登记,费用暂由喜多来公司垫付。1995年9月8日,双方又签订了一份有关该船的"船舶买卖协议",约定买卖价格为40万美元,喜多来公司支付30%的款项作为定金,该船到达青岛港双方交接验收后3天内,喜多来公司将全部款项付清。1996年3月28日,喜多来公司将该船更名为"华龙港2号"并申请办理了中华人民共和国船籍证书。后来,喜多来公司没有按买卖协议的约定付清其余70%款项。1997年10月,喜多来公司被山东海丰船舶工程有限公

_____
① 参见赵相林主编:《国际私法教学案例评析》,中信出版社2006年版。

司（以下简称海丰公司）兼并，海丰公司于 1998 年 7 月 29 日向中根公司书面承诺，原喜多来公司所欠债务由海丰公司负责处理。中根公司于 2000 年 6 月 7 日向法院起诉，要求法院判决海丰公司清偿剩余价款。审理法院认为：本案应适用中国法律，中国法院具有管辖权。中根公司不能证明该公司对买卖合同的标的物拥有所有权，无权要求海丰公司返还船舶或返还剩余货款。

【本案争点与法律问题】> > >

1. 本案的准据法如何确定？
2. 如何认识物之所在地法原则的例外？

【评析研判】> > >

本案是一起涉外船舶物权关系的纠纷案件。对于物权的法律冲突，无论是动产物权还是不动产物权的法律冲突，世界各国一般主张适用物之所在地法原则加以解决。依物之所在地法来解决物权，可以说是国际私法领域争论最少的一个问题。但是，由于某些物的特殊性或处于某种特殊状态，或由于物权主体的特殊性，难以对其适用物之所在地法，或者适用起来不合理，故物之所在地法原则不能解决一切涉外物权关系的法律冲突问题。

归结起来，物之所在地法适用的例外主要有如下几个方面：（1）运输途中之物的物权关系。运输途中之物，其所在地不断改变而不易确定，因而对与其有关的物权关系难以适用物之所在地法。（2）船舶、飞行器等运输工具的物权关系。船舶、飞行器等运输工具经常处于运动状态，因而与运输途中之物一样，其物权关系不宜适用物之所在地法。一般主张，有关船舶、飞行器等运输工具的物权关系适用登记注册地法或者船旗国法或标志国法。（3）法人消灭之后的财产关系归属。在这种情况下，一般不适用物之所在地法而是适用该法人的属人法。（4）与身份关系密切的财产关系。本案即属于物之所在地法原则的例外情形。

本案的关键在于解决船舶物权关系，而解决船舶物权关系就不能照搬物之所在地法原则，而要考虑船舶登记国或船旗国的法律。本案双方当事人所签订的合同标的物——"西方公主号"（喜多来公司注册登记该船舶时改为"华龙港2 号"）原先是一条废钢铁船，后经过喜多来公司的修理，成为一艘适航的油轮。随后，喜多来公司在中国境内注册登记该船舶，从而使该船具有中华人民共和国的船籍，换言之，该船旗国为中华人民共和国。根据物之所在地法的例外，该船舶的物权问题应适用该船舶的旗国法,因此,有关因该船舶而导致的所有权纷争应适用中国的实体法律来解决。需要指出的是,虽然该船在中国境内,如果适用物之所在地法也可同样导致适用中国法律的结果,但鉴于船舶这种运输工具本身具有的特殊性,在推理上我们还是应该运用物之所在地法的例外原则来解决本案的法律适用问题。

根据该船由中舟拆船公司进口报关的事实可以推定,该船是由中舟拆船公司以买卖进口的形式向我国有关机关申请审批、报关。该废钢铁船进口后的占有权和所有权应属于中舟拆船公司。喜多来公司与中舟拆船公司而不是与中根公司办理船舶交接手续也可以说明这一点。原告主张该船系中根公司委托中舟拆船公司进口,中舟拆船公司仅是代理人,船舶所有人仍为中根公司,但没有相关证据证明。可以认定,中根公司在与喜多来公司签订合同时并不享有该船的所有权。此外,根据我国交通部《老旧运输船舶管理规定》第 6 条规定,凡已报废的船舶不准再行转卖用于营运。中根公司和喜多来公司明知该船已是报废的旧钢铁船,却合谋采取先修理后转卖的手段,规避我国对废钢铁船管理的有关规定,其买卖行为不仅违反我国有关规章,而且违反我国的社会公共利益。因此,中根公司与喜多来公司签订的合同无效。

【延展训练】> > >

翟玉华、翟玉明、NGUYEN THI HANG
房屋买卖合同纠纷案①

原告翟玉明、NGUYEN THI HANG 诉被告翟玉华及第三人中国银行股份有限公司南宁市西乡塘支行(以下简称中行西乡塘支行)确认房屋所有权纠纷一案,法院于 2017 年 9 月 28 日受理后,依法组成合议庭并公开开庭进行了审理。原告翟玉明及其与原告 NGUYEN THI HANG 的共同委托诉讼代理人王光节、邓小飞均到庭参加诉讼,被告翟玉华及第三人中行西乡塘支行经法院传票传唤无正当理由拒不到庭,本案依法缺席审理。本案现已审理终结。

原告翟玉明、NGUYEN THI HANG 向法院提出诉讼请求:1. 判令确认两原

① 案例来源:中国裁判文书网,https://wenshu.court.gov.cn/,访问时间:2021-11-21。

告为南宁市江南区翠湖新城 C4 栋 2 单元 601 号房屋的所有权人;2. 判令被告、第三人协助办理房屋过户手续;3. 本案诉讼费由被告承担。事实及理由:两原告是夫妻关系,原告翟玉明与被告系兄弟关系。2010 年,由于原告翟玉明与被告的老住房拆迁,原告翟玉明与被告及两人的父母急需房屋居住,原告翟玉明由于信用问题无法以自己的名义申请贷款,原告 NGUYEN THI HANG 由于国籍原因也不具有申请房贷的身份资格。原告翟玉明与被告商议决定,以被告的身份申请贷款并购买房屋,房屋的首付款、过户费以及房贷都由两原告承担,房屋归两原告所有,两原告为该房屋的实际出资人及所有权人,被告为房屋登记所有权人。2012 年 2 月,两原告从刘继蓉处购买价值 68 万元的房产,位于南宁市江南区翠湖新城 C4 栋 2 单元 601 号,面积为 132 平方米,共两层。该房产过户登记到被告名下,首付款 21 万元以及过户手续费 4 万元均为两原告出资,余下 47 万元以被告名义向中国银行贷款。原告翟玉明与被告在 2012 年 12 月 18 日补签了一份《房产协议书》,确认事实如下:1. 两原告以被告的名义办理房产证并办理贷款手续;2. 房产实际产权归两原告所有;3. 购房首付款 21 万元人民币、过户费 4 万元均由两原告支付;4. 房贷由两原告承担;5. 被告享有二层的使用权;6. 在两原告资金困难时,被告有义务帮助还贷。此后房贷还款一直由两原告承担。2016 年原告翟玉明恢复了银行信用,符合了购房贷款资格,于是原告翟玉明与被告协商,要求被告协助原告翟玉明将该房屋变更登记到两原告名下,遭到了被告拒绝。现两原告愿意承担偿还房屋贷款义务,消灭抵押权,望判如所请。

被告翟玉华及第三人中行西乡塘支行经法院依法传唤无正当理由拒不到庭,亦未提交书面答辩状,视为放弃答辩、举证及质证的权利。

原告翟玉明、NGUYEN THI HANG 为证明其主张提交证据如下:证据 1.《结婚证》,证明两原告系夫妻关系;证据 2.《房产协议书》,证明争议房屋真实产权情况;证据 3. 翟玉华身份证,证明被告诉讼主体资格;证据 4. 中国银行存款单据,证明房贷一直由两原告偿还;证据 5. 南宁市西乡塘区人民法院 (2017) 桂 0107 民初 7267 号民事判决书,证明诉争房产曾因拖欠贷款而涉诉,法院判决被告翟玉华偿还所欠贷款并支付利息及罚息等;证据 6. 南宁市西乡塘区人民法院 (2019) 桂 0107 执 1587 号执行案件结案通知书及执行局的《情况说明》,证明原告翟玉明已代被告翟玉华清偿前述判决确定的债务。

经核对两原告提交的证据原件,上述证据形式及来源合法,内容客观真实,与本案有关联,法院予以确认并在卷佐证。

法院经审理查明:两原告为夫妻关系,原告翟玉明与被告翟玉华为兄弟关系。2012 年 12 月 18 日,原告翟玉明与被告翟玉华签订一份《房产协议书》,就标的房产南宁市江南区翠湖新城 C4 栋 2 单元 601 号房屋约定:购房首付款 21 万元及办理过户费 4 万元均由两原告出资,向银行贷款 47 万元,房产证由被告翟玉华提供名字贷款并协助办理相关手续。房产实际产权人为两原告,其子女享有居住权和继承权,被告翟玉华享有二层使用权,其配偶及子女不享有房产权益。在还完贷款的情况下,被告翟玉华必须配合两原告办理过户手续,产权属于两原告所有,二层使用权属于被告翟玉华。

另查明,中国银行股份有限公司南宁市城北支行(以下简称中行城北支行)曾于 2019 年 2 月 18 日变更名称为中行西乡塘支行,即本案第三人。本案房产按揭贷款系以被告翟玉华名义向中行西乡塘支行申请办理,并以涉案房屋提供抵押担保,办理了抵押登记手续。上述贷款由原告翟玉明以向被告翟玉华还款账户转账的方式还款。因该房屋按揭贷款迟延支付,中行西乡塘支行起诉翟玉华,经南宁市西乡塘区人民法院审理,作出(2017)桂 0107 民初 7267 号民事判决:"一、解除中行城北支行与翟玉华签订的《个人住房贷款、抵押、保证合同》(编号:2012 年城明中银零房贷字第××号);二、翟玉华偿还中国银行股份有限公司南宁市城北支行借款本金 437307.16 元;三、翟玉华向中行城北支行支付借款利息、罚息(截至 2017 年 10 月 10 日,利息为 11851.15 元,罚息为 326.62 元;自 2017 年 10 月 11 日起的利息按《个人住房贷款、抵押、保证合同》约定的利息、罚息的计算方法计至本案生效判决规定的履行期限最后一日止);四、翟玉华赔偿中行城北支行律师费 20727 元;五、中行城北支行有权以翟玉华抵押的南宁市江南区翠湖新城 C4 栋 2 单元 6 层 C4-2-601 号房屋折价或者以拍卖、变卖所得的价款优先受偿。案件受理费 8353 元,由翟玉华负担。"后该案进入执行阶段,原告翟玉明代翟玉华履行了生效判决所确定的义务,故执行终结。据原告翟玉明所称,本案涉诉房屋目前仍处于抵押状态。

问题与思考:

本案的准据法如何确定?

重点提示:

《最高人民法院关于适用〈中华人民共和国民事诉讼法〉的解释》第 522 条第 1 项。《中华人民共和国涉外民事关系法律适用法》第 36 条"不动产物权,适用不动产所在地法律"。

第二节　动产的法律适用

温克沃斯诉克利斯缇·曼森和伍兹有限公司及他人案[①]

【案件回顾】> > >

原告温克沃斯在英格兰（他的住所）的某些艺术品被盗，随后被带到意大利。根据在意大利订立并受意大利法律管辖的合同，它们在那里被出售给第二被告克利斯缇·曼森。第二被告将这些艺术品交付给作为拍卖商的第一被告伍兹有限公司在英国出售。原告提起诉讼，另外，原告要求声明艺术品在所有关键时期都是他的财产。第二被告辩称，根据意大利法律，他已获得良好的所有权，并反诉要求声明艺术品是他的财产。

【本案争点与法律问题】> > >

艺术品转让是适用动产转让地法即意大利法，还是适用英国法？

【评析研判】> > >

动产是可以移动的物，其处所具有短暂性和偶然性的特点，不易确定。动产的这种特性给其所在地的确定带来了困难。19 世纪以来，物之所在地法开始被运用到动产物权领域，并逐渐成为动产物权法律适用的主导原则。这时的"物"已泛指所有的物。

本案中，定居英国的原告温克沃斯所拥有的一些艺术品在英国被盗，随后被带到意大利。这些艺术品在意大利被出售，出售合同根据意大利法律订立，并约定适用艺术品出售地法，即意大利法。第二被告克利斯缇·曼森在意大利基于出售合同购买了这些艺术品，然后将这些艺术品带到英国。第二被告克利斯缇·曼森将这些艺术品交付给拍卖公司，即本案的第一被告，在英国通过拍

[①]　案件来源：Chancery Division 5 November 1979 [1977 W. No. 2296] [1980] Ch. 496Slade J. 1979 Oct. 4,5,8;Nov. 5.

卖方式出售这些艺术品。原告为此提出一项动议,宣布这些拍卖的艺术品属于原告所有,是原告的财产。第二被告抗辩称,他购买这些艺术品系根据意大利法律订立的合同并适用意大利法,根据意大利法,他作为善意买主,取得了对这些艺术品的所有权。为此第二被告进行了反诉,宣布艺术品是第二被告的财产。对于本案涉及的国际私法问题,法院认为,作为一项一般规则,动产转让的法律效力适用物之所在地法。如果根据物之所在地法,受让方对动产获得了有效的所有权,则英国法院将承认该项所有权。虽然这项一般规则可能有例外情况,但在英国被盗的动产,如果买方并不知情且在国外依法购买了该被盗的动产,然后将该动产带回英国并将其出售,这种情况仍然不足以将其排除在一般规则之外。为此,法院认定,根据上述事实,本案的动产转让应适用意大利法,应根据意大利法来确定这些被拍卖艺术品的所有权问题。

物之所在地法规则是当今解决涉外物权冲突的最主要方法,且其在追索流失文物的国际诉讼实践中亦被用来确定准据法。机械地适用物之所在地法处理流失文物返还争议,刺激了文物非法贸易与盗掘活动的滋生,恪守该传统的涉外物权冲突规则,体现出现代西方法律制度对文物权属的历史占有,并忽视了文物本身的特殊价值。为此,有学者提出适用文物来源国法律解决被盗文物所有权纠纷,以体现实质正义的价值导向。

要适用物之所在地法来解决物权法律关系问题,就得先确定物之所在地的"所在地"位于何处。一般来说,不动产通常是有固定的场所,且不可移动,因此其所在地比较容易确定。但动产的所在地具有临时性或者偶然性,这种属性给动产"所在地"的确定带来困难。尤其是随着无体动产的出现,这个问题变得愈加复杂。对于一般的动产所在地的变更,各国立法和司法实践通常采取以下两种方法来解决这个问题:其一,对于有体动产而言,通过限定某一确定时间的动产所在地来确定动产物权适用的法律。例如,1982 年《土耳其国际私法和国际诉讼程序法》第 23 条第 3 款规定:"动产场所的变化以及尚未取得的物权,依其最后所在地法律。"1984 年《秘鲁民法典》第 2088 条规定:"有体物权的设立、内容和消灭,适用物权设立时物之所在地法。"其二,相对于无体动产而言,实践中被人为地赋予虚拟的存在场所。英国法学家戴西和莫里斯等人主张,一般情况下无体动产的所在地应是该项无体动产可以被追索或被执行的地方。例如,证券和可通过交付转让的债券的所在地是体现在票据上的现实所在地;公司股票的所在地应是其能进行有效处分的国家。也就是说,若该国法律规定股票只有经登记才能有效转让,那么登记地就是公司股票的所在地,而且是可以决定权利产生且可使其能够有效转让的地方。

动产所在地变更时还会涉及特殊的物权变动,主要有两种情况;一种是动产已经完成甲国的物权变动所需的法律行为,动产所在地变更为乙国,但未能满足乙国法律的相关要求;另一种是动产尚未完成甲国关于物权变动所需的法律行为,动产所在地变更为乙国,但已具有乙国法律的要件。对此,国际上一般认为,若已依原动产所在地法取得该动产物权,而后才变更其所在地,即使未满足新所在地法的要求,也承认处分有效;若依原动产所在地法尚未取得该动产物权,而后变更其所在地,即使满足新所在地法的要求,处分行为也不能被认为有效。

英美法系和大陆法系对动产物权客体种类和范围的规定虽有较大差异,但已呈现出渐趋融合之势,从动产物权客体日渐多样化的角度可以说明国际私法领域对动产物权问题的立法和司法日趋复杂和深入。

动产财产权适用所有权人的属人法(住所地法),也招致许多反对意见。从19世纪末开始,许多国家逐渐在立法和司法实践中抛弃了"动产随人"原则,转而主张动产适用动产交易时所在地的法律。例如,著名的 Cammell v. Sewell 案的判决即适用动产交易时的动产所在地法(挪威法),并形成了所谓的"Cammell v. Sewell 原则"("the Principle of Cammell v. Sewell")。美国《第一次冲突法重述》也采用"动产交易时所在地法"(Law of the Location of Movable at the Time of Transaction)的原则,来处理动产交易的法律适用问题。

但是,也有一些国家的立法不分动产和不动产,凡是财产权关系,一律适用物之所在地法。例如,日本1898年颁布的《法例》第10条规定:"关于动产及不动产的财产权及其他应登记之权利,依其标的物所在地法。"1982年《土耳其国际私法和国际诉讼程序法》第23条规定:"动产和不动产的所有权以及其他财产权适用物之所在地法律。"可以肯定地说,自21世纪以来,物之所在地法也成为解决有关动产财产权法律冲突的基本冲突原则。当今在动产财产权关系的法律适用方面,物之所在地法原则已经取代了传统的属人法原则。

对动产的法律适用问题,我国《海商法》第270条、第271条,《中华人民共和国民用航空法》第185—187条对特殊情况下动产的法律适用作出了规定:就动产物权的种类、内容以及物权的行使,应当适用动产所在地法。这些规定中包括了解决船舶、航空器所有权、抵押权和优先权方面的问题。

烟台睿创微纳技术有限公司与上诉人
INO 二审民事裁定案①

上诉人 INO(National Optics Institute)因管辖权异议不服中华人民共和国山东省烟台市中级人民法院(2014)烟民知初字第 168 号民事裁定,向山东省高级人民法院提起上诉称,该案的合同签订地为加拿大魁北克市,而不是中国烟台市,原审裁定对事实认定错误。被上诉人起诉书中所依据的 2013 年 1 月 11 日的采购订单只是要约,在经过多次反要约后,涉案合同通过被上诉人的一封电子邮件作出承诺并生效,应以上诉人收到承诺的地点魁北克市为合同签订地。采购合同约定在魁北克市指定地点交货,因此合同履行地在加拿大魁北克市。烟台并非合同签订地,也非合同履行地、诉讼标的物所在地、被告可供扣押财产所在地、侵权行为地或被告代表机构所在地,无论从哪个角度讲,原审法院对该案都没有管辖权。请求撤销原审裁定,确认原审法院对该案无管辖权。

山东省高级人民法院经审查查明:烟台睿创微纳技术有限公司起诉称,2011 年 1 月 5 日,该公司与 INO(NationalOpticsInstitute)签订《读出电路晶圆供应协议》,该协议约定 INO(NationalOpticsInstitute)向该公司供应热测辐射计读出电路晶圆。在该公司支付了读出电路晶圆的许可使用授权费及预付款项后,INO(NationalOpticsInstitute)拒不交付该公司采购的物品,不履行合同义务,属于根本性违约。请求判令解除双方的采购合同,由 INO(NationalOpticsInstitute)返还预付款 10 万美元及利息损失,赔偿直接损失 50 万美元及利息、间接损失 30 万美元,并承担诉讼费用。烟台睿创微纳技术有限公司向原审法院提交的涉案《读出电路晶圆供应协议》第 3.2 条约定:"INO 收到采购清单时,应在收到两周内以书面形式接受,向烟台睿创发送采购确认书。在采购确认书接收后,采购订单成为双方之间有约束力的合同。"第 9.1 条约定:"本协议应根据新加坡法律管辖和解释,无国际私法条款";第 9.2 条约定:"双方之间所有与本协议关联

---

① 案例来源:中国裁判文书网,山东省高级人民法院民事裁定书(2016)鲁民辖终 161 号,HTTPS://WENSHU. COURT. GOV. CN/WEBSITE/WENSHU/181107ANFZ0BXSK4/INDEX. HTML? DOCID = 575A573D58B240F09ABB9D45DA34A956。

的纠纷应首先在友好信任的情况下商讨,以寻找到友好的解决方法。如果在向违约方发出通知后的四十五天内,无法找到友好解决纠纷的方法,则将该纠纷呈送新加坡法院。"

山东省高级人民法院认为,该案一方当事人 INO(NationalOpticsInstitute)系在加拿大注册成立的公司,故该案系涉外案件。涉外民事或商事合同应适用的法律是指有关国家或地区的实体法,不包括冲突法和程序法。因此,对涉案《读出电路晶圆供应协议》中管辖条款的认定,应当依据法院地法进行判断。2020年《最高人民法院关于适用〈中华人民共和国民事诉讼法〉的解释》第531条第1款规定,涉外合同或者其他财产权益纠纷的当事人,可以书面协议选择被告住所地、合同履行地、合同签订地、原告住所地、标的物所在地、侵权行为地等与争议有实际联系地点的外国法院管辖。《读出电路晶圆供应协议》虽约定纠纷呈送新加坡法院,但鉴于新加坡法院并非上述法律规定的与该案有实际联系的法院,故涉案合同中的争议管辖约定无效。根据2012年《中华人民共和国民事诉讼法》第265条规定,因合同纠纷或者其他财产权益纠纷,对在中华人民共和国领域内没有住所的被告提起的诉讼,如果合同在中华人民共和国领域内签订或者履行,或者诉讼标的物在中华人民共和国领域内,或者被告在中华人民共和国领域内有可供扣押的财产,或者被告在中华人民共和国领域内设有代表机构,可以由合同签订地、合同履行地、诉讼标的物所在地、可供扣押财产所在地、侵权行为地或者代表机构住所地人民法院管辖。涉案合同并未对合同签订地或履行地作出明确约定。上诉人 INO(NationalOpticsInstitute)通过电子邮件向被上诉人烟台睿创微纳技术有限公司发送报价单,烟台睿创微纳技术有限公司收到报价单另附加采购清单盖公章后予以确认并发送给 INO(National Optics Institute)。本案根据原《最高人民法院关于适用〈中华人民共和国合同法〉若干问题的解释(二)》第4条的规定,应当认定最后签字或者盖章的地点为合同签订地,故烟台睿创微纳技术有限公司所在地应当认定为涉案合同的签订地。上诉人主张以收到承诺的地点作为合同签订地于法无据。原审法院作为涉案合同签订地有管辖权的法院管辖该案并无不当。对上诉人的上诉请求,本院不予支持。依照《中华人民共和国民事诉讼法》第170条第1款第(1)项、第171条、第175条的规定,裁定如下:

驳回上诉,维持原裁定。

本裁定为终审裁定。

问题与思考：

1. 涉外民商事合同，当事人是否可以任意选择合同的准据法？如果不能，原因为何？

2. 法院在认定合同准据法选择无效的情况下，该如何处理？本案的处理是否妥当？

PART 7

第七章

合　同

第一节　当事人意思自治原则

新加坡太空梭世界巡回私人有限公司诉上海沛威实业投资有限公司租赁合同纠纷案①

【案件回顾】＞＞＞

1997 年 10 月,我国台湾泛亚开发有限公司(以下简称泛亚公司)向美国 RINGLING 公司购买了依"发现号"航天飞机实物尺寸复制的"大使号"航模及相关装置。1998 年 7 月,泛亚公司更名为月眉公司;1999 年 3 月,月眉公司将"大使号"及其他宇航模型展品租给新加坡太空梭世界巡回私人有限公司(以下简称巡回公司)的关联公司 EHQ 公司。在新加坡展出期间,因租金、展品的维护等问题,EHQ 公司与月眉公司发生争议。同年 12 月,巡回公司与上海沛威实业投资有限公司(以下简称沛威公司)就航天展展品租赁达成意向;2000 年 1 月,双方签订租赁合同,巡回公司将合同所附清单上的展品出租给沛威公司在上海举办展览,租金 120 万美元,合同所涉事项受新加坡法律管辖和解释。2000 年 7 月,巡回公司向沛威公司交付航天飞机机头一个、充气机身一架及其他展品。在上海展会期间,新加坡《联合早报》就上海展中"发现号"航天飞机展品涉嫌造假事件进行了报道,并称新加坡展承办单位在新加坡展过程中从未宣称上述"发现号"航天飞机系运自美国的实物。

2000 年 5 月,沛威公司向巡回公司支付租金 94 万美元。2001 年 11 月,巡

---

① 案件来源:中国涉外商事海事审判网,http://ccmt.court.gov.cn/,访问时间:2021-07-09。

回公司向上海市第一中级人民法院提起诉讼,要求被告沛威公司归还所有展品,并支付剩余租金 26 万美元。期间,月眉公司申请作为第三人参加诉讼并要求原告归还航天飞机部件。原告同时向法院提交了与争议问题相关的新加坡法律和司法判例。

法院认为,就原、被告之间的争议,双方已在合同中约定适用新加坡法律,原告提供了与合同条款内容解释相关的新加坡法律;但对于其他争议则未提供相应法律,法院依职权进行了查证,但均不能查明,故对原告未提供新加坡法律部分所涉争议,适用中国法;月眉公司与原、被告之间的所有权争议,按物之所在地法,同时也是法院地法的中国法律处理。法院还认为,原、被告之间的租赁合同约定,按合同所附清单确定展品,但双方分别提供了记载内容不同的展品清单,因此,应以合同条款外的事实作为确定当事人缔约意思的重要参考:自开始磋商到租赁合同订立直至交付展品前的整个过程中,原告的言行表明其将交付与新加坡展一致的航天飞机展品,其代理人也证明了这一点,故原告交付充气航天飞机机身的行为明显违反合同,依原《中华人民共和国合同法》(以下简称《合同法》)第 67 条之规定,被告有权拒付剩余租金。另外,月眉公司已证明其将拥有所有权的航天飞机出租给 EHQ 公司进行展览的事实。

综上所述,上海市第一中级人民法院判决被告沛威公司向原告巡回公司返还租赁展品,向第三人月眉公司返还航天飞机组件,驳回原告巡回公司的其他诉讼请求。

【本案争点与法律问题】> > >

1. 本案应适用什么准据法?
2. 外国法如何查明?

【评析研判】> > >

一、本案应适用的准据法

在原告巡回公司对沛威公司提起违约之诉过程中,月眉公司作为第三人对所涉的部分展品提出所有权主张。因此,本案所涉争议有两项:(1)原告巡回公司与被告沛威公司的租赁合同纠纷;(2)原告巡回公司与第三人月眉公司的航天飞机组件所有权纠纷。

按照当事人意思自治原则,涉外合同纠纷的处理,首先适用当事人共同选择的法律。本案中,巡回公司和沛威公司在租赁合同中早已明确约定,"所涉事项受新加坡法律管辖和解释"。本案中,当事人可以协议选择合同准据法;且本案当事人对准据法的选择并没有违反我国的强制性规定,因此当事人在合同中约定适用新加坡法律的行为是有效的,新加坡法律是解决原、被告租赁合同纠纷的准据法。

关于动产物权的法律适用问题,我国现行立法并没有明确规定。不过,国际上普遍的做法是,适用物之所在地法解决有形动产的物权纠纷,特殊情况除外。本案中,争议所涉标的物的航天飞机组件在中国境内,因此,法院将物之所在地法——中国法,作为解决原告巡回公司和第三人月眉公司之间所有权纠纷的准据法,是适当的。

二、本案中的外国法查明

确定准据法之后,法院接下来的任务便是查明准据法的内容。如果准据法是内国法,按照"法官知法"的原则,准据法的内容当然由法官依职权确定、适用。但如果准据法是外国法,外国法是否也应由法官依职权查明?各国的立场不尽相同。

从案件审理中可以看出,原告仅提供了与合同条款内容解释相关的新加坡法律及判例,而对涉及其他问题如违约责任等的相关法律,却未能提供。法院也依职权进行了查证,但均未能查明。在本案中,上海市第一中级人民法院在当事人未能提供部分外国法内容,法院依职权也无法查明的情形下,适用中国法律解决所涉的部分争议是正确的。

【延展训练】> > >

辽宁亿丰达商贸有限公司诉浩泽净水国际控股有限公司等
企业借贷合同纠纷案[①]

原告辽宁亿丰达商贸有限公司诉被告聚慎商务咨询(上海)有限公司、上海浩泽净水科技发展有限公司、陕西浩泽环保科技发展有限公司、浩泽净水国际控股有限公司、XIAOSHU(肖述)企业借贷纠纷一案,法院于 2020 年 9 月 14 日

[①] 案例来源:中国裁判文书网 https://wenshu.court.gov.cn/,访问时间:2021-11-21。

立案。原告辽宁亿丰达商贸有限公司于 2021 年 11 月 15 日申请将原诉讼请求第一项变更为,判令被告聚慎商务咨询(上海)有限公司偿还借款本金人民币10000 元,并于同日向法院提出撤诉申请。

法院认为,《中华人民共和国涉外民事关系法律适用法》第 41 条规定:"当事人可以协议选择合同适用的法律。当事人没有选择的,适用履行义务最能体现该合同特征的一方当事人经常居所地法律或者其他与该合同有最密切联系的法律。"本案中,被告浩泽净水国际控股有限公司的住所地为我国香港特别行政区,被告 XIAOSHU(肖述)系圣基茨和尼维斯国公民,且当事人协议选择适用中华人民共和国法律。

问题与思考:

本案应适用什么准据法?

重点提示:

《中华人民共和国涉外民事关系法律适用法》第 41 条。

第二节　合同履行地

"阿松齐奥尼"号案①

【案件回顾】> > >

意大利轮船"阿松齐奥尼"号依照租船契约从法国敦刻尔克装运小麦到意大利威尼斯。契约由住所在法国的经纪人代表法国托运人和住所在意大利的经纪人代表意大利船主经过谈判在巴黎签订,使用英文表格,同时有法文附加条款规定:运费和过期停泊费应在拿波里用意大利里拉支付。提单用法文书写,由意大利籍船长在敦刻尔克签字,经意大利收货人背书。货物在航行中受损害,租船人以货物短少和损害对船主起诉。初审法院判决应适用意大利法,法国托运人提起上诉。上诉法院认为适用意大利法和法国法都有一些理由。

---

① 案件来源:Court of Appeal 17 December 1953[1954]2 W. L. R. 234[1954] P. 150 Singleton, Birkett and Hodson L. JJ. 1953 Dec 11,14,15,16,17。

契约最后在法国签订;契约虽用英文书写,但有法文附加条款;提单用法文书写,在法国签字;货物在法国装运。根据这些情况,有相当理由适用法国法。另外,轮船悬挂意大利旗帜,船主和船长都是意大利人,运输目的地在意大利,提单经意大利收货人背书,运费和过期停泊费应在意大利用意大利货币支付,原判适用意大利法显然也是有理由的。上诉法院认为:在没有一个对选定准据法具有决定意义的连结因素的情况下,应该衡量和该契约有关的一切因素来决定它的准据法。在本案中,运费和过期停泊费应在意大利用意大利货币支付具有特别重要的意义,从而使适用意大利法更加有道理。因此原判正确,驳回上诉。

【本案争点与法律问题】 > > >

租船契约的准据法应为法国法还是意大利法?

【评析研判】 > > >

合同履行地(Place of Performance),又称债务履行地。合同履行地在实践中通常是合同预定结果的发生地、合同标的物所在地,也是最容易发生争议的地方,许多国家都主张以合同履行地法作为与合同有最密切联系的法律,如"阿松齐奥尼"号案。本案是一个涉及法国商人租用意大利船舶从法国敦刻尔克装运谷物去意大利威尼斯的租船合同争诉案。

本案中,原告租船人是一个法国组织,名为国家谷物行业协会办公室。被告船东是意大利的合伙企业,由两兄弟在意大利的热那亚和那不勒斯开展船舶航运业务。"阿松齐奥尼"号船舶在意大利注册并挂意大利船旗。1949 年 5 月 21 日,意大利政府和法国政府签署了一份食品交换协议。为履行该政府间的食品交换协议,租船人于 1949 年 10 月 7 日在巴黎与"阿松齐奥尼"号船东签订了租船合同,租用"阿松齐奥尼"号船舶,将小麦货物从法国敦刻尔克运往意大利威尼斯。租船合同由在法国巴黎和意大利热那亚的双方经纪人通过电报、电话和信函进行谈判,租船合同用英文书写,合同约定运费和滞期费用以意大利货币(里拉)支付。1949 年 10 月 21 日,在敦刻尔克码头"阿松齐奥尼"号船长签发了两份提单,提单用法文书写。1949 年 12 月 10 日,"阿松齐奥尼"号抵达威尼斯交货。法国租船人因交付的货物短缺和损坏,对"阿松齐奥尼"号船东提起赔偿之诉,要求本案适用法国法处理赔偿事宜。意大利船东反对这项诉求,认为意大利法律是租船合同的准据法。

法院认为,如果双方当事人在租船合同中没有明显的共同意图对合同的准据法作出选择,则由法院推论当事人的意图,以此确定合同应适用的法律。

在诉讼过程中,租船方提出应以合同缔结地法即法国法作为合同准据法,船东则主张应以船旗国法即意大利法作为合同准据法。这一案件与法国和意大利都有密切的联系。合同与法国的联系表现为:合同是在法国巴黎订立的,法国为缔约地;合同的格式是法国式的,合同与货物的补充条款是用法文书写的;作为合同一方当事人的租船人为法国经纪人并代表;合同与意大利的联系主要表现为:船籍为意大利,即船旗国法为意大利法;交货地为威尼斯,即合同履行地为意大利;运费和船舶滞期费用意大利货币支付,且付款地在意大利那不勒斯;提单已背书给意大利受托人;作为合同一方当事人的船主为意大利人,而且在意大利热那亚与那不勒斯经商。在该案中,仅从连结因素的数量来考察,合同与法国和意大利的联系几乎不相上下,两者势均力敌,法院不得不将与合同有关的各种因素综合起来,放到天平秤盘上衡量,看一看究竟哪边的"分量"重一些,以确定合同关系的"重力中心"。法院认为,该船舶是两名意大利人合伙经营的意大利船舶,船舶挂意大利国船旗,船长为意大利人;该租船合同是从法国港口运输到意大利港口的;货物将在意大利港卸货;租船合同约定,运费和滞期费应以意大利货币支付,提单由意大利收货人背书。法官们一致认为租船人在那不勒斯用意大利货币支付运费和滞期费具有决定性的意义。因此,法院判定合同与意大利法律的联系更为密切,应以合同履行地法即意大利法作为合同的准据法。

这一案例表明,从质的角度来分析,在众多的连结因素中,合同履行地的分量最重。一般情况下,合同履行地是比较容易确定的,因为当事人在合同中都有明确的约定。但在合同没有规定履行地点的情况下,如何确定合同履行地呢? 我国民法典在2个条文中作出了相关规定。首先,根据民法典第510条规定,当事人可以协议补充;不能达成补充协议的,按照合同相关条款或交易习惯确定。进而在第511条第3项规定:给付货币的,在接受货币一方所在地履行;交付不动产的,在不动产所在地履行;其他标的,在履行义务一方所在地履行。

在程序法上,我国民事诉讼法第24条规定,因合同纠纷提起的诉讼,由被告住所地或者合同履行地人民法院管辖。然而,在对合同履行地这一概念理解适用时,不同级别和地区的法院存在着截然不同的两种解释方法:一种是严格遵循我国民事诉讼法的规定,同时结合最高人民法院发布的司法解释,对个案中的合同履行地予以确定,简称"特征履行地规则";另一种是根据民法典的条文,直接对个案中的合同履行地加以认定,简称"法定履行地规则"。在司法实践中,上述两种合同履行地规则都有适用。2020年《最高人民法院关于运用〈中华人民共和国民事诉讼法〉的解释》第18条是确定合同案件"履行地"的一般性规定,其第2款规定:"合同对履行地点没有约定或者约定不明确,争议标的为给付货币的,接收货币一方所在地为合同履行地;交付不动产的,不动产所在地为合同履行地;其他标的,履行义务一方所在地为合同履行地。即时结清的合同,交易行为地为合同履行地。"作为一种司法经验的总结,同时以最高人民法院的意见建议或司法解释等作为表现形式,特征履行地规则是各级人民法院确定合同履行地的准则。最高人民法院对相关案件的处理,也表明了原则上以特征履行地规则作为确定各类合同履行地标准的态度。

【延展训练】> > >

王桂生与香港中成集团有限公司、浙江中成实业有限公司等股权转让合同纠纷案①

上诉人王桂生因与被上诉人香港中成集团有限公司(以下简称香港中成公司)、浙江中成实业有限公司(以下简称浙江中成公司)、陈瑞仁及一审第三人香港盈兆控股有限公司(简称香港盈兆公司)股权转让合同纠纷一案,不服浙江省高级人民法院(2014)浙商外初字第1号民事判决,向法院提起上诉。法院依法组成合议庭,公开开庭进行了审理。上诉人王桂生的委托代理人于泷、洪绍泉,被上诉人香港中成公司的委托代理人董建国,被上诉人浙江中成公司的委托代理人冯坚,被上诉人陈瑞仁的委托代理人徐伟奇、乔冬生,一审第三人香港盈兆公司的委托代理人陈雪峰、赵彦广均到庭参加了诉讼。本案现已审理终结。

王桂生向一审法院起诉称:王桂生与陈瑞仁于2011年2月28日在我国香港设立香港盈兆公司,王桂生和陈瑞仁各占股份一股。陈瑞仁未经股东会和董事会同意,以香港盈兆公司名义与香港中成公司签订《浙江盈兆公司股权转让协议》(以下简称《股权转让协议》),将香港盈兆公司持有的浙江盈兆公司100%股权以4000万元人民币的价格转让给香港中成公司。王桂生主张《股权

---

① 案例来源:中国裁判文书网 https://wenshu.court.gov.cn/,访问时间:2021-11-21。

转让协议》及其三份补充协议无效,理由是:"一、报批的董事会决议等文件虚假,违反强制性法律规定。二、根据香港盈兆公司的公司章程,董事代表公司签订协议,须由公司董事会决议授权,陈瑞仁无权以公司名义处置资产。三、转让当时香港盈兆公司已解散,陈瑞仁无权处分。四、受让人香港中成公司在交易时并非善意第三人,且浙江盈兆公司名下财产实际价值至少为24亿元,以4000万元的超低价转让不合常理。五、陈瑞仁和香港中成公司为获取非法利益,恶意串通损害王桂生利益。六、讼争合同名为股权转让,实为土地使用权转让,规避国家税收、行政许可法、外商投资法等规定而无效。"综上所述,请求判令:"一、陈瑞仁与香港中成公司于2007年2月14日签订的《股权转让协议》及相应股权转让无效;二、陈瑞仁与香港中成公司于2007年2月14日签订的《补充协议书一》《补充协议书二》《补充协议书三》均无效;三、浙江中成公司的股权恢复原状至股权转让前的状态;四、香港中成公司赔偿王桂生损失暂计2亿元。"

一审法院查明:香港盈兆公司于2001年2月28日在我国香港特区注册成立,王桂生和陈瑞仁为该公司股东、董事,各占股份1股。2003年8月19日,香港盈兆公司在浙江省嘉兴市独资设立浙江盈兆公司,浙江盈兆公司董事长蔡金花系王桂生母亲,董事王传寿系王桂生胞弟,董事郑依妹(《股权转让协议》签订后亡故)系陈瑞仁母亲。2003年11月28日,浙江盈兆公司与浙江省嘉兴市国土资源局签订《国有土地使用权出让合同》,约定浙江省嘉兴市国土资源局将面积为362760.9平方米的宗地使用权出让给浙江盈兆公司,总价人民币19117.4994万元。同时约定了项目开发建设工期进度以及违约责任。2004年5月,浙江盈兆公司与中成建工集团签订协议书,委托该公司建设施工"嘉兴国际中港城"项目中的"商贸城的建筑工程和酒店式公寓及酒店式住宅的建筑工程"并进行包干销售。2006年,由于浙江盈兆公司开发的国际中港城项目工程进度迟延,商品房无法按时交付,引发大量购房户上访和起诉。2007年1月12日,浙江省嘉兴市国土资源局向嘉兴仲裁委员会提出仲裁申请,以浙江盈兆公司严重违反《国有土地使用权出让合同》约定的开发进度为由,申请解除《国有土地使用权出让合同》及其补充协议,立即收回所涉国有土地使用权,合同定金2000万元不予返还。

2007年2月14日,陈瑞仁以香港盈兆公司法定代表人身份与香港中成公司签订《股权转让协议》并加盖了香港盈兆公司的公章,协议约定:香港盈兆公司同意将其所持有的浙江盈兆公司的100%股权计2800万美元以4000万元人民币的价格转让给香港中成公司；股权转让协议生效之日，股权即交割完毕，香港中成公司应经原审批机关批准并办理工商变更登记之日起 3 个月内，以货币资金支付上述转股款到香港盈兆公司指定的银行账户；香港盈兆公司保证所转让的股权是香港盈兆公司在浙江盈兆公司的真实出资，是其合法拥有的股权，其拥有完全的处分权，香港盈兆公司保证对所转让的股权，没有设置任何抵押、质押或担保，并免遭任何第三人的追索，否则由此引起的所有责任，由香港盈兆公司承担。双方同时签订一份内容完全相同的《股权转让协议》，落款日期倒签为 2006 年 7 月 6 日。同日，陈瑞仁以香港盈兆公司股东身份与香港中成公司签订三份补充协议书，对《股权转让协议》的履行方式、双方权利义务、债务负担、违约责任作出约定。《补充协议书一》确定陈瑞仁系香港盈兆公司股东，持有 100% 的股权，第 5.11 条还约定，该转让成立的前提为"本协议项下股权转让事宜，业经出让方（即香港盈兆公司）董事会决议通过，以及本协议项下股权转让事宜，业经浙江盈兆公司董事会决议通过"；约定股权转让款最迟在 2010 年 2 月 14 日之前分七期支付，其中第一期股权转让款 10 万元在协议签订之日，即出让方与受让方进行财产清点移交之日支付，指定上海盈兆公司为收款人，受让方将等值的中港城商贸城部分房产预售给出让方，以保障出让方应收股权转让款的权利充分实现；如果出让方无故单方解除本协议，或因出让方的过错导致受让方在 2007 年 2 月 26 日前无法受让协议标的（即办理完成股权变更手续），则出让方应向受让方退还已收取的所有款项，一次性支付违约金 500 万元，并赔偿受让方全部实际损失，如受让方在协议已生效之后无故单方解除本协议，则出让方有权要求受让方赔偿全部实际损失，并支付违约金 500 万元；除披露之外的其他债务，均由出让方承担，政府与浙江盈兆公司仲裁案中发生的由浙江盈兆公司承担的一切费用由出让方承担。《补充协议书二》约定在《股权转让协议》有效的前提下，香港中成公司应当向香港盈兆公司股东支付欠款 4140 万元，如股权转让协议无效、未生效或解除，则本条款作废，因本条款确认、商定的债权债务消除，出让方应当向受让方返还款项；香港中成公司自愿承担中成建工集团及董利华欠香港盈兆公司股东的债务 2000 万元（与其他债权相抵，实际应付 1811 万元）。《补充协议三》约定了《补充协议二》项下 4140 万元款项的支付时间，即于 2007 年 2 月 14 日支付 3140 万元，余款 1000 万元在 2007 年 3 月 14 日支付。《股权转让协议》及三份补充协议书均加盖了香港盈兆公司公章。

　　同日，浙江盈兆公司向当地审批机关和工商部门申请办理了股权转让审批及变更登记手续,南湖区外经局作出同意浙江盈兆公司股权变更的批复;香港盈兆公司向香港中成公司移交浙江盈兆公司的土地及权属证书、财务账册、财务凭证及政府批文等全部资料。2007 年 2 月 15 日,浙江盈兆公司投资人变更为香港中成公司,法定代表人变更为董利华,同时补足了公司注册资本 1307.4583 万美元。2007 年 3 月 8 日,浙江盈兆公司变更为"浙江中成实业有限公司"。在审批机关和工商部门的备案材料中留存了香港盈兆公司的《股东会决议》和浙江盈兆公司的《董事会决议》。香港盈兆公司《股东会决议》载明:王桂生放弃公司股份,公司股东为陈瑞仁先生一人,陈瑞仁持有公司 100% 股份。落款有王桂生和陈瑞仁的签名以及香港盈兆公司的公章,时间为 2006 年 6 月 18 日。浙江盈兆公司《董事会决议》载明:经全体董事充分讨论,一致通过如下决议:同意香港盈兆公司将其持有的本公司的 100% 股权计 2800 万美元,以 4000 万元人民币的价格转让给香港中成公司。落款有蔡金花、王传寿、郑依妹的签名,时间为 2007 年 2 月 14 日。

股权转让协议和补充协议签订后,香港中成公司向上海盈兆公司(法定代表人为王桂生之弟王传寿)共计汇入款项 4050 万元(分别为 2007 年 2 月 7 日 200 万元,2 月 14 日 3150 万元,3 月 20 日和 26 日共 700 万元)。2007 年 5 月 21 日,陈瑞仁向香港中成公司出具付款指定书,内容为请将"股权转让协议及补充协议约定的贵公司应付香港盈兆公司股东的股权转让款,付至上海宏顺投资管理有限公司(以下简称上海宏顺公司)"。香港中成公司于是按指示汇入上海宏顺公司共计 1971 万元(分别为 5 月 21 日 160 万元、7 月 9 日 800 万元、13 日 1011 万元)。以上款项共计 6021 万元,分别由上海盈兆公司和上海宏顺公司向香港中成公司出具收据,款项名均为往来款。香港中成公司还于 2007 年 3 月 15 日和 5 月 17 日向嘉兴市仲裁委员会支付仲裁费用 140 万元,上述款项合计为 6161 万元,香港中成公司认为包含了《补充协议一》约定的第一期股权转让款 10 万元。陈瑞仁认为,付至上海盈兆公司的款项 4050 万元是用于偿还《补充协议书二》中确定的中成建工集团和董利华欠陈瑞仁个人的债务;汇入上海宏顺公司的款项人民币 1971 万元是用于偿还欠陈瑞仁个人的债务。2010 年 2 月 12 日,香港中成公司将债务标的股权转让款 3590 万元(扣除第一期 10 万元后,股权转让余款 3990 万元,香港中成公司按协议约定暂扣 400 万元经济损失)提交嘉兴市誉天公证处,以提存方式履行债务。2012 年 1 月 20 日,陈瑞仁代表香港盈兆公司至嘉兴市誉天公证处领取了香港中成公司的股权转让提存款 3590 万元及利息;陈瑞仁在领取该款项时,提供了由香港盈兆公司董事王桂生及陈瑞仁共同签署的董事会决议,该决议称,陈瑞仁有权代表公司全面负责处理与该公司有关的中国内地业务的日常工作,在签署相关文件时,可加盖公司印章(若需要)。2007 年 2 月 14 日,浙江盈兆公司出具《关于国际中港城项目后续开发进度的确认书》,对国际中港城项目后续开发进度作出承诺,中成建工集团作为担保人承担连带责任保证。2007 年 2 月 15 日,仲裁庭进行了第一次开庭审理,浙江盈兆公司缺席。2007 年 5 月 18 日,浙江中成公司与嘉兴市国土资源局进行和解,双方继续履行《国有土地使用权出让合同》,嘉兴市国土资源局免除股权转让前浙江盈兆公司的违约责任,嘉兴仲裁委员会制作调解书予以确认。

一审法院另查明:1. 2006 年 7 月 7 日,香港盈兆公司被香港特别行政区公司注册处从登记册剔除,公司同日予以解散。2009 年 11 月 11 日,香港高等法院原诉法庭颁布命令,将香港盈兆公司的名称登记恢复列入公司注册处之登记册。同年 11 月 12 日,香港公司注册处处长收到上述法院命令。同年 11 月 25 日,香港公司注册处批准将香港盈兆公司名称变更为"盈兆控股有限公司"。2. 香港中成公司系中成建工集团的项目负责人董利华于 2006 年 8 月 2 日在香港特别行政区设立。3. 根据浙江盈兆公司向工商管理部门提交的 2006 年资产负债表,截至 2006 年 12 月 31 日,浙江盈兆公司的净资产为 109532641.86 元。2003 年至 2006 年,中成建工集团及其关联方向香港盈兆公司及其关联公司共计支付款项 2.69 亿元,款项名称为往来款。香港中成公司和浙江中成公司主张该款系股权转让对价的一部分,王桂生、陈瑞仁、盈兆控股公司则认为与本案无关。4. 根据香港生死登记处提供的出生证明,香港居民陈文沁与陈文怡,出生日期分别为 1996 年 9 月 25 日和 2001 年 9 月 30 日,出生证明记载的母亲、父亲均为王桂生、陈瑞仁。王桂生和陈瑞仁多次共同出入境,在内地登记的住址相同。5. 2007 年 9 月 18 日,王桂生向一审法院提起诉讼,请求判令《股权转让协议》及相应《补充协议书》均无效,并恢复香港盈兆公司为浙江中成公司的唯一股东。一审法院于 2009 年 8 月 19 日作出(2007)浙民三初字第 3 号裁定,以香港盈兆公司解散后,依据香港特别行政区法律规定,相应的财产、权利归香港特别行政区政府所有而非由其股东承继为由,裁定驳回其起诉。王桂生上诉后,最高人民法院于 2010 年 7 月 20 日作出(2009)民四终字第 24 号裁定,以香港盈兆公司已在上诉过程中恢复注册为由,裁定指令一审法院立案审理。一审法院立案审理后,王桂生于 2012 年 5 月 2 日申请撤回起诉,一审法院于 2012 年

5月8日作出(2010)浙商外初字第1号裁定,准许其撤回起诉。王桂生又于同年5月向上海市第一中级人民法院提起诉讼,后又于2013年12月9日申请撤回起诉,上海市第一中级人民法院于同日作出(2012)沪一中民四商初字第S18号裁定,准许王桂生撤回起诉。6. 庭审后,王桂生向一审法院提交了上海市第一中级人民法院(2013)沪一中民四(商)终字第286号上海盈兆公司诉浙江中成公司企业借贷纠纷案、(2014)沪一中民二(民)终字第1708号浙江中成公司诉上海盈兆公司企业承包经营合同纠纷案的判决书。其中,上海盈兆公司诉浙江中成公司企业借贷纠纷一案,上海市第一中级人民法院已作出(2013)沪一中民四(商)终字第286号民事判决,判令浙江中成公司返还上海盈兆公司借款本金69508178.08元。该判决业已生效。在该案中法院认定,中成建工集团于2003年12月9日支付浙江中成公司3000万元。2004年2月12日,香港盈兆公司与浙江中成房地产集团有限公司(以下简称中成房产公司)签订一份《承包协议书》,约定:香港盈兆公司与中成建工集团在香港盈兆公司投资浙江盈兆公司嘉兴中港城开发项目中友好合作、诚信经营的基础上,进一步做大做强为发展嘉兴经济建设和中港城总体配套建设,特订立该协议。香港盈兆公司在嘉兴市环南路(中港城)总体规划、开发共计550亩土地,分为A、B、C组团区块进行,香港盈兆公司自行开发完成A组团,中成房产公司开发完成B、C组团约260亩;中成房产公司以定额承包方式进行开发建设,开发占地面积为173420平方米,定额承包总额为30680万元等。2004年11月22日至2005年1月24日,中成建工集团向上海盈兆公司支付8600万元,中成建工集团和中成房产公司均确认上述付款是中成房产公司履行其与香港盈兆公司所欠《承包经营协议书》项下承包金债务,由中成建工集团代中成房产公司支付,根据香港盈兆公司指令付至上海盈兆公司。上海盈兆公司确认由其代为收取,双方还确认中成建工集团于2007年2月7日至同年3月支付至上海盈兆公司账户内的款项4050万元,系中成建工集团代香港中成公司履行2007年2月14日香港盈兆公司与香港中成公司签订的《补充协议一》项下的股权转让款。

问题与思考:

1. 一审法院是否享有管辖权?

2. 关于香港盈兆公司的民事行为能力应当适用什么准据法?

重点提示:

根据《中华人民共和国民事诉讼法》第24条的规定,因合同纠纷提起的诉讼,由被告住所地或者合同履行地人民法院管辖。《中华人民共和国涉外民事关系法律适用法》第3条规定,当事人依照法律规定可以明示选择涉外民事关系适用的法律。《中华人民共和国涉外民事关系法律适用法》第14条规定,法人及其分支机构的民事权利能力、民事行为能力、组织机构、股东权利义务等事项,适用登记地法律。法人的主营业地与登记地不一致的,可以适用主营业地法律。法人的经常居住地,为其主营业地。

第三节　最密切联系原则在合同中的适用

唐何佳佳诉唐江奇民间借贷纠纷案①

【案件回顾】> > >

　　原告唐何佳佳诉称:被告分几次向原告借款500万元用于在江西境内投资,原约定2009年底之前归还借款,但经原告多次催促,被告一直以各种理由不予归还。2010年6月7日,被告在原告的再三要求下立下借据,承诺尽快归还。但一年多之后,被告完全没有归还借款,无还款诚意,却在江西省南昌市红谷滩新区购置了大面积豪宅居住。因被告长期拖欠巨额借款,原告经营的企业缺乏流动资金,遭受巨大损失,同时严重影响了原告的生活质量。故原告诉诸法院,请求判决被告立即归还借款人民币500万元,并赔偿原告各项损失人民币100万元及承担本案各项诉讼费用。

　　被告唐江奇辩称:原告与被告的弟弟系夫妻,原告诉称的500万元中,只有原告夫妻为被告垫付的50万元是借款,其余450万元属于委托投资款。原告诉请被告赔偿损失没有事实和法律依据。如果本案诉争的500万元是借款,则债务人给付的应为法定利息。如果该500万元是委托投资款,原告应在被告从抚州奥华混凝土有限公司(以下简称抚州奥华公司)债权受偿或者得到清算分配之后转付给原告。根据本案性质,依法应当适用奥地利法律。请求法院驳回原告的诉讼请求。

---

　　① 案件来源:《人民法院案例选》2013年第4辑总第86辑,第162—166页。

法院经审理查明：唐江奇先后向唐何佳佳借款共计 500 万元，并于 2010 年 6 月 7 日向唐何佳佳出具借条："我唐江奇向唐何佳佳借伍佰万元人民币，还款时间由双方商定。"唐江奇出具借条后，唐何佳佳多次向唐江奇主张债权，唐江奇至今未归还借款，故唐何佳佳诉至法院，要求唐江奇归还借款 500 万元并赔偿损失 100 万元。另查明，唐何佳佳和唐江航系夫妻。唐江奇自 2010 年 4 月后 10 次转款 44 万元给唐江航。还查明，唐江奇享有南昌市绿地中央广场 B 区 1 号商业公寓楼 1 单元 1402 室的产权。2010 年 6 月 7 日，唐江奇向唐何佳佳出具的 500 万元借条系在抚州奥华公司形成。

江西省南昌市中级人民法院于 2012 年 7 月 10 日作出 (2012) 洪民四初字第 12 号民事判决："一、唐江奇于该判决生效后十日内返还唐何佳佳人民币 500 万元。二、驳回唐何佳佳其他诉讼请求。"宣判后，被告唐江奇提出上诉，并要求追加唐何佳佳的丈夫唐江航系作为"必须进行共同诉讼的当事人"参加诉讼。江西省高级人民法院于 2012 年 12 月 24 日作出 (2012) 赣民四终字第 9 号民事判决：驳回上诉，维持原判。

法院生效裁判认为：当事人唐江奇、唐何佳佳为奥地利籍华人，本案系唐何佳佳诉请唐江奇返还借款之诉，故本案为涉外民间借贷纠纷案件，根据 2007 年《中华人民共和国民事诉讼法》第 241 条之规定，法院对本案依法享有管辖权。

【本案争点与法律问题】 > > >

1. 本案应适用的准据法是奥地利法还是中国法？
2. 本案是否应追加唐江航参加诉讼？
3. 唐江奇向唐何佳佳借款 500 万元的构成是什么，是借款还是部分是委托投资款？

【评析研判】 > > >

一、关于本案应适用的准据法是奥地利法还是中国法的问题

本案当事人唐江奇、唐何佳佳虽均为奥地利籍华人，但本案借款合同系在我国境内签订，合同主要义务的履行地在我国境内，根据《最高人民法院关于审理涉外民事或商事合同纠纷案件法律适用若干问题的规定》（现已失效）第 5 条第 2 款之规定，依照最密切联系原则，相较其他国家法律，中华人民共和国法律与本案联系最为密切，故本案应适用中华人民共和国法律为准据法。唐江奇主张应当适用《最高人民法院关于审理涉外民事或商事合同纠纷案件法律适用若干问题的规定》(现已失效)第 5 条第 3 款第 7 项之规定的理由,不予采纳。

二、关于本案是否应追加唐江航参加诉讼的问题

唐何佳佳与唐江航系夫妻关系,但本案借条的相对方为唐何佳佳与唐江奇,唐江航并非本案借条的相对方。唐江航虽对唐何佳佳的债权享有共同权利义务,但唐何佳佳系作为原告起诉主张权利,唐江奇作为被告亦未对唐江航提起反诉。综上所述,唐江航并非 2007 年《中华人民共和国民事诉讼法》第 53 条所规定的共同诉讼之情形,本案系解决唐何佳佳与唐江奇债权债务关系之诉,唐江奇如与唐江航有其他债权债务关系可在另案中通过诉讼解决。

三、关于唐江奇向唐何佳佳借款 500 万元及其构成问题

唐江奇上诉称 500 万元借款共有三部分:入股抚州奥华公司 300 万元,出借给抚州奥华公司 150 万元,其他借款部分 50 万元,因此对该借款的构成,唐江奇有责任提供证据加以证明。在其提交的证据中,2010 年 3 月 20 日《抚州奥华混凝土有限公司股东名单》仅能证明唐江航、唐江帆、何双烟系抚州奥华公司股东,并不能证明与本案 500 万元借款有直接关联;《其他应付账款》中仅显示"唐江奇 11 月余额 12083637.55 元",唐江奇未能进一步举证证明该 12083637.55 元中含有唐何佳佳、唐江航出借给抚州奥华公司的部分。根据 2001 年《最高人民法院关于民事诉讼证据的若干规定》第 2 条之规定,应由唐江奇对唐何佳佳是否委托其投资入股抚州奥华公司和是否向抚州奥华公司借款承担相应的举证责任,上述证据材料亦不能证明唐江奇向唐何佳佳借款 500 万元的资金情况,唐江奇应依法承担举证不能的法律后果。唐江奇是否已归还借款 44 万元的问题,唐江奇提交的证据:中国建设银行《客户回单》、招商银行《客户回单》,只能证明唐江奇、唐江航的资金往来情况,唐江奇、唐江航的债权债务关系亦可另案解决。

【延展训练】＞＞＞

广州腾汇国际货运代理有限公司、邓华柱诉广州睿盟国际货运代理有限公司合同纠纷案①

上诉人广州腾汇国际货运代理有限公司(以下简称腾汇公司)、邓华柱与被

---

① 案例来源:中国裁判文书网 https://wenshu.court.gov.cn/,访问时间:2021-11-21。

上诉人广州睿盟国际货运代理有限公司(以下简称睿盟公司)合同纠纷一案,不服广东省广州市越秀区人民法院(2020)粤 0104 民初 29408 号民事判决,提起上诉。

上诉人腾汇公司、邓华柱的上诉请求如下:"一、请求依法撤销原审判决改判驳回睿盟公司的全部诉讼请求;二、本案一、二审诉讼费用由睿盟公司承担。"事实和理由如下所述:"我方与睿盟公司签订运输合同后,立即安排车辆运输,并于 2020 年 4 月 25 日到达哈萨克斯坦与俄罗斯边界。至俄罗斯边界时,由于受俄罗斯疫情影响,需要临时对过境车辆和货物进行检查。我方工作人员立即将该情况告知睿盟公司,并将临检现场情况以图片形式发送给睿盟公司。俄罗斯此次对过境车辆和货物的临时检查直接导致运输车辆在上述边界停留 4 天时间,直接导致本案纠纷的产生。在通过俄罗斯检查后,我方尽快将货物运输、交付给睿盟公司指定的收货人。"根据一审庭审时对腾汇公司股东的查册,邓华柱已不再是该公司的唯一股东,不应对腾汇公司的行为承担连带责任。

被上诉人睿盟公司于二审答辩称:"腾汇公司收取超过市场价格 3 倍的运费,并向我方承诺运输时效,最终迟延交货达 6 天之久。腾汇公司没有举证证明存在合同约定或是法律规定的免责事由,根据我方向案外人(托运人)何建平的运输合同及赔付证据,证明我方实际上赔付了 144000 元。在一审诉讼过程中,邓华柱才将股份转给他人,是在恶意逃避债务。"

睿盟公司向原审法院提出如下诉讼请求:1. 判令腾汇公司、邓华柱连带赔偿睿盟公司损失人民币 144000 元及利息(利息自 2020 年 5 月 14 日起,按同期银行贷款利率计算至腾汇公司、邓华柱实际清偿之日止);2. 腾汇公司、邓华柱连带承担睿盟公司合理维权费用人民币 10000 元;3. 本案诉讼费由腾汇公司、邓华柱承担。诉讼过程中,睿盟公司明确利息按中国人民银行授权全国银行间同业拆借中心发布贷款市场报价利率标准计算。事实和理由如下:2020 年 4 月中旬,睿盟公司委托腾汇公司将一票 15 托盘及 12 个纸箱的货物(品名:光纤线,重量约 4000 千克,价值约 8 万美元)自广州陆运,经新疆口岸,并最终运至俄罗斯莫斯科指定地点。因此票货物涉及当地重点电信工程,经充分协商,腾汇公司承诺于 2020 年 4 月 29 日前,将货物运至睿盟公司指定的收货地点。为此双方订立国际运输合同,明确约定交货时间及延迟交货责任。睿盟公司依约于 2020 年 4 月 16 日将货物交至腾汇公司指定的广州仓库,但腾汇公司却迟至 2020 年 5 月 5 日才将货物运送至收货地点。且应腾汇公司的要求,睿盟公司不得不在 5 月 5 日向腾汇公司付清全部运费人民币 133138.39 元。此次业务中，睿盟公司同样是受客户委托运输货物，约定了高达 5000 美元/天的迟延交货违约金，涉案货物迟延交货 6 天，睿盟公司需要向客户支付 30000 美元的赔偿。经多次协商，客户同意睿盟公司仅需要赔偿 20000 美元，折合人民币 144000 元。腾汇公司在订立运输合同时已对货物运输时效重要性有充分认识，虽然其以审批无法通过等理由，最终仅同意在合同中约定 2000 美元/天的迟延交货赔偿，但该约定明显不足以补偿睿盟公司损失，故腾汇公司应赔偿睿盟公司实际损失人民币 144000 元。本次事故发生后，腾汇公司拒不向睿盟公司作出赔偿，为维护自身合法权益，睿盟公司支出合理费用人民币 10000 元，该费用应由腾汇公司承担。腾汇公司为一人有限责任公司，邓华柱为其唯一股东，根据《中华人民共和国公司法》相关规定，如不能证明二者财产独立，需要对腾汇公司债务承担连带责任。

原审法院经审理查明：2020 年 4 月 16 日，睿盟公司、腾汇公司签订的《国际运输合同》载明，睿盟公司（托运方、乙方）将货物委托腾汇公司（承运方、甲方），甲方将货物从中国运抵俄罗斯莫斯科。第 2 条价格及结算约定，价格 4.6 美元/公斤，派送卸货费 300 美元（备注：付款汇率按照中国银行的实时汇率）；甲方在货物到达莫斯科后通知乙方付款，乙方必须在通知的 24 小时内完成付款，甲方即安排送货；品名光纤线，重量约 4000 公斤，件数为 15 托盘、12 个纸箱；运费包含广州至口岸报关费，清关费、关税、至莫斯科仓库及叉车等所有费用，甲方全包。第 3 条甲方的责任和义务约定，运输时间按照路线，4 月 16 日 18 点前乙方交货至甲方，甲方需在 4 月 29 日前货到乙方指定收货地址。第 5 条赔偿约定，本合同甲方的报价包含保险，保险率为货值的全价（60000 美元），如货物在运输途中遗失或产生清关海关扣货的情况，按货值的全额一周内赔偿，如果不能按时到达莫斯科仓库，2020 年 4 月 30 日起按 2000 美元/天赔偿。第 6 条不可抗力约定，如发生一方无法预见、不可避免和不可克服的非常情况（如战争、军事活动、自然灾害、瘟疫疫情等），双方可以解除全部未能履行的合同的义务和责任等。腾汇公司认为合同约定的迟延交货赔偿标准过高，目前运输行业是每天 200 美元左右的赔偿标准。

庭审中，双方确认 2020 年 4 月 15 日，睿盟公司将涉案货物交付腾汇公司。睿盟公司主张 2020 年 5 月 5 日，涉案货物运至收货地点，并提交了相应的微信聊天记录，腾汇公司对此无异议。

为证明因俄罗斯方面临时安排检查导致车辆停留,腾汇公司对货物延迟送达无主观过错,且及时与睿盟公司沟通临时检查的情况,腾汇公司提交了三份微信聊天记录。睿盟公司对腾汇公司与实际运输人员的微信聊天记录真实性、合法性、关联性均不予认可,根据微信聊天内容无法判断是否涉案货物;对睿盟公司、腾汇公司之间的微信聊天记录真实性予以确认,合法性、关联性不予确认,没有海关的证明文件,不足以证明腾汇公司存在免责事由。

为证明睿盟公司已向腾汇公司付清全额运费,睿盟公司提交了招商银行交易详情。交易详情载明,2020 年 5 月 5 日,许雅淇向邓丹奕转账人民币133138.39 元,转账附言为 svofee。睿盟公司主张因腾汇公司要求按 7.2 的汇率以人民币支付双方运费,睿盟公司也是按照该汇率于 2020 年 5 月 14 日向案外人支付违约金,故在本案中也按 7.2 的汇率主张违约金。

为证明睿盟公司受案外人委托办理涉案运输业务,且约定了 5000 美元/天的迟延到货赔偿,实际向案外人赔付人民币 144000 元,睿盟公司提交了运输合同、赔偿协议书及转账凭证。2020 年 4 月 10 日,睿盟公司(承运方、甲方)与何健平(托运方、乙方)签订合同编号为 KELRM20200412 的《俄罗斯运输合同》,第 1 条价格及结算约定,存在市场变动情况,运费价格(包含所有费用)出货前确认;乙方必须在接到通知的 24 小时内完成付款,方可安排送货;品名光纤线等重量约 5000 公斤(以实际为准)。第 2 条甲方的责任和义务约定,运输时间(包括在俄罗斯境内清关时间)按照路线:乙方交货甲方后 12—14 天。第 4 条赔偿约定,如果不能按时到达莫斯科仓库,第 15 天起甲方以 5000 美元/天赔偿,到货物后 5 个工作日赔偿等。2020 年 5 月 11 日,何健平(甲方)与睿盟公司(乙方)签订《延迟交货赔偿协议》,约定甲方于 2020 年 4 月委托乙方将一票货物(品名:光纤线等,数量:17 托盘,货物价值:73498.69 美元),自广州运至俄罗斯,因乙方延迟交货到甲方指定地点,双方就此票货物延迟交货达成赔偿协议;乙方延迟交货达 6 天,按合同须向甲方支付赔偿金 30000 美元,现经协商,甲方同意乙方赔付 20000 美元,作为本次迟延交货事件解决方案,按汇率 7.2 计算,折合为人民币 144000 元;乙方同意在签订本协议之日起三个工作日内向甲方支付上述赔偿(通过法定代表人陈恒毅账户)等。中国银行电子回单载明,2020年 5 月 14 日,陈恒毅向何健平转账人民币 144000 元,附言 KELRM20200412 违约金。腾汇公司、邓华柱对上述证据的真实性、合法性、关联性均不予确认,睿盟公司委托腾汇公司运输涉案货物前,未向腾汇公司披露货物是案外人何健委托睿盟公司运输；睿盟公司、腾汇公司之间的运输合同明确约定了货物的名称光纤线、重量约 4000 公斤、件数 15 托盘、12 个纸箱，货值全价 6 万美元，睿盟公司与案外人何健平签订的运输合同约定货物是光纤线，重量约 5000 公斤，没有约定货物的件数、体积等内容，迟延交货赔偿协议载明货物价值 73498.6 美元，不足以证明睿盟公司委托腾汇公司运输的货物，就是案外人何健平委托腾汇公司运输的货物；2020 年 5 月 11 日，睿盟公司、腾汇公司初步协商按照合同约定进行赔偿，按照每天 2000 美元，迟延 6 天计，总计 12000 美元，折合为人民币约 86400 元，同日睿盟公司与案外人约定向案外人赔偿 144000 元，二者金额相差近 6 万元，如果睿盟公司向案外人赔偿了 144000 元，睿盟公司当天不可能不要求腾汇公司承担，睿盟公司的行为不符合常理，实际是睿盟公司与案外人串通补签相关运输合同、补偿协议，制造转账记录，以此向腾汇公司主张更多赔偿。睿盟公司称双方之间的运输合同与睿盟公司与案外人何健平的运输合同载明的品名均为光纤线，运输时间、交货地、起始地、货物抵达日、迟延交货日期均完全一致；至于重量差异的问题，何健平委托睿盟公司运输时货物没有过磅，所以约定的是约 5000 公斤，以实际为准，后续睿盟公司委托腾汇公司运输时经打包已对货物的重量、体积有了进一步的认识，这是一个正常的业务推进流程；睿盟公司与何健平签订赔偿协议时，进一步载明精确的品名、数量及货物价值，腾汇公司、睿盟公司和合同约定国内报关由腾汇公司办理，货物金额差异不足为奇；睿盟公司在与腾汇公司签约时提到了案外人的违约金标准，在货物迟延运输的聊天记录中也多次提及客户要罚款，只是腾汇公司称每天 5000 美元的违约金标准无法通过公司审核，经再三协商才约定较低的赔偿标准。

为证明支出律师费 9700 元，睿盟公司提交律师费发票。编号为 69891453 的广东增值税普通发票载明，睿盟公司向广东国匠律师事务所购买诉讼代理 + 法律服务（诉讼），支付了 9700 元。

查询时间为 2020 年 5 月 22 日的国家企业信用信息公示系统显示，腾汇公司类型为有限责任公司（自然人独资），核准日期为 2019 年 11 月 13 日，股东名称为邓华柱，变更事项包括章程备案和住所（经营场所）变更。广州市白云区市场监督管理局于 2020 年 7 月 28 日出具的穗云市监内变字【2020】第 11202007230181 号准予变更登记（备案）通知书载明，腾汇公司股东由邓华柱变更为邓丹奕、邓华柱，企业类型由有限责任公司（自然人独资）变更为有限责任公司（自然人投资或控股）。睿盟公司认为涉案纠纷发生在邓华柱担任腾汇公司唯一股东期间,腾汇公司的工商变更登记发生在本案立案后,且邓华柱仅将1%的股权转让给邓丹奕,显然是本案诉讼发生后邓华柱为躲避债务进行的安排。

原审法院认为,涉案货物运输目的地为俄罗斯,本案为涉外合同纠纷,应适用涉外民事诉讼程序审理。根据《中华人民共和国涉外民事关系法律适用法》第41条的规定,当事人可以协议选择合同适用的法律,当事人没有选择的,适用履行义务最能体现该合同特征的一方当事人经常居住地法律或者其他与该合同有最密切联系的法律。睿盟公司、腾汇公司、邓华柱对处理合同争议的适用法律未作选择,根据最密切联系原则,睿盟公司、腾汇公司、邓华柱的住所地、运输始发地均位于我国,原审法院适用中华人民共和国法律作为裁判本案的准据法。

睿盟公司、腾汇公司签订的《国际运输合同》是双方当事人的真实意思表示,其内容没有违反法律及行政法规的强制性规定,依法对缔约双方产生约束力,双方应恪守履行。合同约定腾汇公司应在4月29日前将货物运至指定地址,睿盟公司主张涉案货物2020年5月5日运至指定地址,腾汇公司对此无异议,原审法院予以确认。腾汇公司迟延运输货物至指定地址,睿盟公司主张要求腾汇公司赔偿因迟延交货造成的损失具有事实和法律依据,应予支持。腾汇公司抗辩迟延交货系因俄罗斯临时安排检查导致,但腾汇公司提交的证据不足以证明俄罗斯临时安排检查,即使存在临时检查,亦不足以证明涉案货物迟延交货系因临时安排检查导致,且双方合同也未约定临时安排检查为迟延交货免责事由,故对腾汇公司的上述抗辩不予采信。现货物迟延6天交货,腾汇公司应向睿盟公司支付违约金12000美元(2000美元/天×6天)。睿盟公司主张按照人民币对美元7.2∶1的汇率折算人民币,腾汇公司对此没有异议,原审法院予以照准,故腾汇公司应向睿盟公司支付人民币86400元。睿盟公司提交的证据不足以证实何健平委托睿盟公司运输的货物即为本案货物,睿盟公司向何健平支付的144000元为因涉案货物迟延交货产生的赔偿金。睿盟公司、腾汇公司之间的《国际运输合同》明确约定迟延交货违约责任按2000美元/天计,睿盟公司提交的证据不足以证实腾汇公司订立合同时预见或应当预见睿盟公司向何健平支付的赔偿金损失。故睿盟公司主张腾汇公司应支付迟延交货赔偿金超过人民币86400元的部分,理据不足,原审法院不予支持。腾汇公司抗辩违约金过高,但未提交证据证明约定的违约金过分高于造成的损失,原审法院对其抗辩不予采信。睿盟公司主张自2020年5月14日起按中国人民银行授权的全国银行间同业拆借中心公布的贷款市场报价利率标准计算,合法有理,原审法院予以支持。睿盟公司请求腾汇公司赔偿律师费等维权费用,缺乏事实和法律依据,原审法院对此不予支持。

至于邓华柱的责任问题。《中华人民共和国公司法》第 63 条规定:"一人有限责任公司的股东不能证明公司财产独立于股东自己的财产的,应当对公司债务承担连带责任。"涉案法律事实发生在邓华柱担任腾汇公司唯一股东期间,邓华柱未提交证据证明其个人财产独立于公司财产,睿盟公司主张邓华柱对赔偿货物迟延交货损失承担连带责任于法有据,原审法院予以支持。

综上所述,原审法院依照原《中华人民共和国合同法》第 60 条、第 107 条、第 113 条第 1 款、第 114 条第 2 款、《中华人民共和国公司法》第 63 条之规定,判决如下:"一、自本判决发生法律效力之日起五日内,被告广州腾汇国际货运代理有限公司、邓华柱连带向原告广州睿盟国际货运代理有限公司赔偿迟延交货损失人民币 86400 元及利息(利息以人民币 86400 元为基数,按照中国人民银行授权全国银行间同业拆借中心公布的贷款市场报价利率标准,自 2020 年 5 月 14 日起计至实际清偿之日止);二、驳回原告广州睿盟国际货运代理有限公司的其他诉讼请求。如果未按本判决指定的期限履行给付金钱义务,应当依照《中华人民共和国民事诉讼法》第 253 条之规定,加倍支付迟延履行期间的债务利息。"

问题与思考:

本案应适用什么准据法?

重点提示:

根据《中华人民共和国涉外民事关系法律适用法》第 41 条的规定,当事人可以协议选择合同适用的法律,当事人没有选择的,适用履行义务最能体现该合同特征的一方当事人经常居住地法律或者其他与该合同有最密切联系的法律。《最高人民法院关于适用〈中华人民共和国涉外民事关系法律适用法〉若干问题的解释(一)》第 1 条规定:"民事关系具有下列情形之一的,人民法院可以认定为涉外民事关系:(一)当事人一方或双方是外国公民、外国法人或者其他组织、无国籍人;(二)当事人一方或双方的经常居所地在中华人民共和国领域外;(三)标的物在中华人民共和国领域外;(四)产生、变更或者消灭民事关系的法律事实发生在中华人民共和国领域外;(五)可以认定为涉外民事关系的其他情形。"

PART 8

第八章

侵　权

第一节　侵权行为地与最密切联系原则

贝科克诉杰克逊案①

【案件回顾】>>>

　　1960 年 9 月 16 日,纽约州罗切斯特城(Rochester)居民威廉・杰克逊(William Jackson)夫妇邀请同住该城的乔治亚・贝科克(Georgia Babcock)小姐一起前往加拿大度周末。当杰克逊先生驾驶汽车行至加拿大安大略省境内时,汽车失去控制,冲下高速公路,撞在路边的一堵墙上,同车的贝科克小姐因此身受重伤。回到纽约后,贝科克小姐向纽约州最高法院提起损害赔偿之诉,称杰克逊先生在驾车过程中存在疏忽。杰克逊先生在诉讼开始不久后去世,杰克逊夫人作为其遗嘱执行人,成了本案的被告。事故发生时,安大略省的《高速公路交通法》规定:"除商业性运载的乘客外,非营运性车辆的所有者或驾驶者对乘坐在车内的任何人所受的人身伤害或死亡,不负赔偿责任。"尽管纽约州的侵权实体法并没有类似规定,但杰克逊夫人还是提出动议,要求法院驳回诉讼,理由是:按照纽约州"侵权适用侵权行为地法"的冲突规则,本案应适用加拿大安大略省的法律。初审法院接受被告的抗辩,驳回了贝科克小姐的诉讼请求。贝科克小姐向纽约州最高法院上诉法庭提起上诉。虽然遭到海尔潘(Halpern)法官的强烈反对,上诉法庭还是维持了初审判决。贝科克小姐随后向纽约州上诉法院提出上诉。上诉法院以 5 票赞成、2 票反对,推翻了纽约州最高法院上诉法庭的判决。

---

① 案件来源:12 N. Y. 2d 473.

【本案争点与法律问题】> > >

侵权救济是无一例外地受侵权行为地法支配,抑或法律选择规则也应考虑其他相关因素?

【评析研判】> > >

上诉法院法官富德(Fuld)阐述了判决理由。富德认为,该案的关键在于:侵权救济是无一例外地受侵权行为地法支配,抑或法律选择规则也应考虑其他相关因素?根据《冲突法重述(第一次)》以及当前法院所遵循的传统冲突规则,基于侵权产生的实体权利、义务应由侵权行为地法确定。这一传统规则的理论基础是"既得权说",即涉外侵权的赔偿权来源于损害发生地的法律,该项权利的存在与否及赔偿的范围均由损害发生地法决定。"既得权说"的缺陷在于,从表面看,它是一项解决具体案件法律适用问题的普遍性原则,但未曾考虑案件所涉的实践因素。尤其在侵权领域,该理论忽视了除侵权行为地之外的其他法域在解决一些特定问题上的利益。因此,尽管受到包括比尔(Beale)教授、霍默斯(Holmes)法官在内的大师们支持,尽管具有确定性、适用简单、可预见性强等优点,各界对"既得权说"的质疑由来已久:学者对这一传统规则的批判日渐增多,司法实践也有抛弃或修正该理论之势。

值得注意的是,在合同领域,基于对以"既得权说"为根据的传统冲突规则的不满,法院已不再遵循此类机械、僵硬的规则。根据传统冲突规则,与合同的订立、解释、效力有关的事项均适用合同缔结地法,而与合同履行相关的事项则由合同履行地法支配。但是,在澳汀诉澳汀(Auten v. Auten)案中,纽约州上诉法院抛弃了传统规则,适用了被称为"重力中心"或"关系聚集地"的冲突法理论。按照这一理论,法院并未将当事人的意图或合同签订或履行地作为决定性因素,而是将重心放在了"与争议事项有最密切联系的"地方的法律。"澳汀案"的"重力中心"规则不仅在纽约州法院所审理的其他案件中得到运用,也为其他州的法院所肯定,而且还被《冲突法重述(第二次)》草案所采纳,代替了原先僵硬的合同法律适用规则。

同样,在侵权领域,由于意识到传统冲突规则可能带来的不公平、不正常结果,法院也在积极寻求更令人满意的替代规则。在引起颇多争议的凯尔鲍格诉西北航空(Kilberg v. Northeast Airlines)一案中,对因飞机坠毁引起的人身伤亡赔偿额问题,纽约州上诉法院拒绝适用侵权行为地法。该案的死者是一位纽约州居民,他和被告之间的运输关系产生于纽约。对于传统冲突规则的缺陷,该案的主审法官丹斯蒙(Desmond)的看法一针见血:"当前的规则使得外出旅行的本州居民受其沿途路过的各州法律支配,这既不公平也不正常……从纽约乘飞机出发的旅客在接下来几个小时的飞行中要经过美国境内多个(限制死亡赔偿额的)州。因为恶劣天气或其他不可预料的原因,他乘坐的飞机可能进入一个他原本从未想路过的州,或者飞机的开始下坠点在一州境内,而最后的坠毁地却在另一州。此类情形下,损害的发生纯属偶然。如果可能,我们的法院应当保护本州居民在由这些灾难事件引起的诉讼中免遭不公平和不合时宜的待遇。"该案的立场明白无误:仅仅侵权行为和损害结果偶然发生在马萨诸塞州,并不能使得该州在赔偿数额上的利益,超过纽约州为其居民或交通工具的使用者提供全额的意外致死赔偿所具有的利益。尽管该案并没有明确采纳"重力中心"理论,但它在确定赔偿范围时,对相关法域与案件的联系或利益的衡量,与"重力中心"理论是一致的。

此外,许多涉及工伤赔偿的案件也采取了同样的立场:虽然这些案件本身千差万别,但在两个关键问题上具有共性:首先,它们都拒绝适用与所涉的特定问题没有合理或相关利益联系的侵权行为地法;其次,各受案法院在审查了案件的具体情况后,都适用了其他地方的法律,因为该地方的法律在案件所涉问题上具有压倒性利益。

纽约州上诉法院在合同案件中所采纳的"重力中心"或"关系聚集地"理论,为在关涉多州的侵权案件中考虑各州的"竞争性利益"(Competing Interests)提供了一项适当的方法。正义、公平和最佳的实践结果,能通过给予与侵权事件或当事人有着某种关系或联系,因而对诉讼所涉具体问题有着最重要联系的法域的法律以支配性效力,得到最好的实现。这一方法的优点在于"它给予'与争议有最多联系的地方'对在某一特定事实背景下产生的法律问题以绝对的控制",从而允许法院采纳对这一特定案件结果最为关心的那个地方的政策。实际上,这也是《冲突法重述(第二次)》有关侵权法律适用规则的最近一次修订所采纳的方法:根据《冲突法重述(第二次)》的规定,与事件和当事人有着最密切联系的那一州法律决定事件当事人的权利、义务。各个法域与事件和当事人的关系或联系的重要性,按照争议事项、侵权行为的性质以及所涉侵权规则的相应目的加以评估。

在本案中,针对当事人争议的事项,通过比较纽约州和安大略省与本案的

"联系"和"利益",可以清楚地看出,纽约无疑与案件有着更重要、更直接的联系,而安大略省的利益非常小。本案中,受伤的是纽约州乘客,而这一伤害是由于纽约州的汽车所有者在驾车过程中的疏忽造成的,车辆的停放地、执照的取得和保险的办理均在纽约州,此次周末旅行的起点和终点也是纽约。相比之下,安大略省与该案的唯一联系纯属偶然,即事故发生在那里。

　　纽约州的政策要求侵权者赔偿因其疏忽对乘客造成的伤害,这一点不容置疑。纽约州的立法机关再三拒绝通过成文立法对此类赔偿进行排除或限制的事实,也表明了这一立场。纽约州法院既没有理由,也未得到授权,仅仅因为这起涉及纽约居民、由纽约车辆导致的车祸事件发生在境外,而背离该项政策。反之,拒绝给予一位纽约乘客向其纽约驾驶者提出的,因后者的侵权行为而导致的在安大略省境内发生的伤害以赔偿,对安大略省而言,并无任何利益。安大略省的"乘客规则"的目的在于,防止乘客与驾驶员串通向保险公司提出欺诈性索赔。显然,该法旨在防止安大略省的被告及其保险公司的欺诈性索赔,而非纽约的被告和保险公司。纽约的被告是否被提起诉讼或纽约的保险公司是否受到纽约原告的欺诈,并非安大略省立法所关心的问题。理由很简单,该起事故发生在安大略省和发生在其他地方并无二致。

　　当然,关于事故发生时被告的驾车方式问题,安大略省的利益明显增加。当涉及被告在驾车时是否尽到适当注意时,该不法行为的发生地通常具有重要意义。但是,现在的问题并不是探究被告是否违反了安大略省针对驾车者规定的公路交通规则或其他行为标准,而是确定原告是否因其是被告所驾汽车内的乘客而被剥夺了就所受伤害请求赔偿的权利。对于这个问题,作为当事人的住所地、他们的宾主关系产生地、旅行的起点和终点的纽约,而非事故的偶然发生地安大略省,与其有着更具支配性的联系,在法律适用上也更具优势。尽管被告行为的正当与否或许应由汽车所经过的某一特定地方的法律支配,但由当事人间的宾主关系而衍生出来的权利、义务应当保持稳定,而不应随汽车驶过的地方不同而不同。

　　尽管纽约州上诉法院过去曾依照传统冲突规则,给予作为事故发生地的外法域的"乘客规则"以支配性效力,但应当指出的是,那些案件并未出现本案当事人所争议的问题,也未曾涉及安大略省这样独特的法律。但是,不管怎么样,对僵硬的传统冲突规则的重新审视使人们相信,如果忽视对基本政策和立法目的的考虑,法律适用的结果将是不公平和不正常的。上诉法院曾经适用过的此类规则,应当被抛弃。

总之,源于某一侵权诉求的所有问题都必须由同一法律加以解决,是没有说服力的。涉及行为标准问题时,侵权行为地法通常更具支配力;对于其他问题,则应适用对解决这一问题有着最强利益的地方的法律。因此,最高法院上诉法庭的判决应当被推翻。

【延展训练】 > > >

惠东县创富物流配送服务有限公司、惠东县富禧装饰有限公司诉林某某撤销权纠纷案①

上诉人惠东县创富物流配送服务有限公司(以下简称创富物流公司)、惠东县富禧装饰有限公司(以下简称富禧装饰公司)、胡志禧与被上诉人林某某、原审被告广州市可来宜投资管理有限公司(以下简称可来宜投资公司)、郭运城、原审被告创富商贸广场房产开发(惠州)有限公司(以下简称创富商贸公司)债权人撤销权纠纷一案,不服广东自由贸易区南沙片区人民法院(2020)粤0191民初7724号民事判决,向法院提起上诉。法院依法组成合议庭进行审理。本案现已审理终结。

上诉人创富物流公司上诉请求:1 撤销广东自由贸易区南沙片区人民法院(2020)粤0191民初7724号民事判决。2. 驳回林某某的全部诉讼请求。3. 林某某负担本案的一审、二审案件受理费和诉讼财产保全费等全部诉讼费用。事实和理由:一、一审法院认定事实错误,即在本案存在充分证据证明涉案租赁场地存在长期严重漏水,创富物流公司长期以来通过对外发包补漏及整改工程维护场地安全使用的情况下,一审法院认定涉案工程不存在,属于事实认定错误,依法应予纠正。二、即使本案工程不存在,也不存在创富物流公司无偿转让财产的事实,事实上涉案款项是创富物流公司股东筹措后委托郭运城支付,相关款项并非创富物流公司所有。一审判决一方面否定了涉案工程的真实性,一方面又错误地将郭运城所支付的款项认定为创富物流公司的财产。

上诉人富禧装饰公司上诉请求:1. 撤销广东自由贸易区南沙片区人民法院

---

① 案例来源:中国裁判文书网 https://wenshu.court.gov.cn/,访问时间:2021-11-21。

（2020）粤0191民初7724号民事判决。2. 驳回林某某的全部诉讼请求。3. 林某某负担本案的一审、二审案件受理费和诉讼财产保全费等全部诉讼费用。

事实和理由：1. 一审判决没有认定富禧装饰公司对创富物流公司承租、林某某出租的场地进行了装修、补漏和整改，是错误的。2. 一审判决错误适用原《中华人民共和国合同法》第74条，将工程不存在等同于无偿转让财产，同时又忽视工程款是委托第三方支付的情况，错误判令富禧装饰公司将收到第三方的款项退给工程发包方即创富物流公司，创富物流公司仅仅根据一审判决就可从被法院判决撤销的行为凭空得到巨额财产，这明显错误。3. 一审判决认定富禧装饰公司与股东财产混同是错误的。富禧装饰公司建立了比较完备的财务制度，按照相关规定建立财务账册，每个会计年度出具了财务报告提交工商登记机关备案，工商局对富禧装饰公司2013年至2015年的财务信息在其网络系统公示。

上诉人胡志禧上诉请求：1. 撤销广东自由贸易区南沙片区人民法院（2020）粤0191民初7724号民事判决。2. 驳回林某某的全部诉讼请求。3. 林某某负担本案的一审、二审案件受理费和诉讼财产保全费等全部诉讼费用。

事实和理由：1. 一审判决认定创富物流公司、富禧装饰公司之间的四项工程不存在，是错误的。该四项工程真实存在，并且已经履行完毕，一审判决不符合客观事实，与本案证据矛盾。2. 一审判决认定胡志禧与富禧装饰公司财产混同，从而判令胡志禧对富禧装饰公司返还创富物流公司的全部款项承担连带清偿责任是错误的。胡志禧是富禧装饰公司的股东，公司建立了比较完备的财务制度，按照相关规定建立财务账册，出具财务报告并提交工商登记机关备案及部分公示。胡志禧基于富禧装饰公司的委托收取369万元，一审判决胡志禧对富禧装饰公司应返还的981万元承担连带清偿责任，显失公平。

被上诉人林某某辩称：1. 林某某对创富物流公司享有债权。（1）林某某对创富物流公司的债权已于2021年4月13日获得生效判决，案号为（2020）粤民终1416号；（2）现行法律法规并未规定提起债权人撤销权之诉时，债权人对债务人所享有的债权必须经法院生效判决予以确认。2. 创富物流公司与富禧装饰公司提供的证据不能证明两者之间的工程施工合同关系真实存在。创富物流公司提交的证据缺少结算工程量的具体依据，无法体现工程施工的具体位置。创富物流公司主张的4份工程合同，每份合同的工程造价均在500万元以上。若真实履行，过程中必定会有购买材料凭证、支付报酬凭证及双方来往文件、微信记录等资料。富禧装饰公司作为施工方,根据《中华人民共和国会计法》第 3 条规定,应当保存交易的原始凭证,并记入财务账册。但其提交的公示报告,与其庭审承认工程实际履行存在无规范运作的情况,前后矛盾。3. 创富物流公司无偿转让财产的行为有害于债权的实现。前案生效判决确定创富物流公司对林某某的债务为 5900 多万元,到目前为止,法院执行冻结创富物流公司的银行账户金额为 5350.48 元。在四个工程不存在的情况下,创富物流公司的付款行为无异于无偿转让财产,其行为有损于林某某债权的实现。4. 林某某行使债权人撤销权的范围。前案生效判决确认对于 2016 年 2 月 12 日之后的房屋占有使用费予以支持,故本案林某某行使债权人撤销权的范围限定于创富物流公司在 2016 年 2 月 12 日后的不当行为。即(1)撤销创富物流公司与富禧装饰公司于 2017 年 4 月 13 日签订的《工程施工合同书》以及于 2017 年 8 月 14 日签订的《工程结算及付款协议》,撤销创富物流公司向富禧装饰公司支付工程款661 万元(19 笔)。(2)撤销 2015 年 9 月 20 日签订《补漏及整改工程施工合同书》、2015 年 12 月 20 日签订《工程结算及付款协议》中 2016 年 2 月 12 日之后的付款(7 笔)。5. 创富物流公司提交的相关租赁场地存在漏水情况的证据,无法直接证明该四个工程真实存在。

原审被告创富商贸公司述称,同意富禧装饰公司的意见。

林某某向一审法院起诉请求:1. 撤销创富物流公司与富禧装饰公司于2015 年 9 月 20 日签订的《补漏及整改工程施工合同书》及 2015 年 12 月 20 日签订的《工程结算及付款协议》,撤销创富物流公司向富禧装饰公司支付 570 万元;2. 撤销创富物流公司与富禧装饰公司于 2017 年 4 月 13 日签订的《工程施工合同书》及 2017 年 8 月 14 日签订的《工程结算及付款协议》,撤销创富物流公司向富禧装饰公司支付 661 万元;3. 撤销创富物流公司在 2015 年 4 月 8 日向富禧装饰公司支付 60 万元;4. 撤销创富物流公司在 2015 年 4 月 15 日向富禧装饰公司支付 40 万元;5. 撤销创富物流公司在 2015 年 6 月 4 日向富禧装饰公司支付 30 万元;6. 撤销创富物流公司在 2015 年 6 月 9 日向富禧装饰公司支付 120 万元;7. 撤销创富物流公司在 2015 年 8 月 17 日向富禧装饰公司支付 10 万元;8. 富禧装饰公司立即向创富物流公司返还 1491 万元,可来宜投资公司、郭运城、胡志禧、创富商贸公司就此承担连带责任;9. 创富物流公司、可来宜投资公司、郭运城、富禧装饰公司、胡志禧、创富商贸公司共同向林某某赔偿律师费 12 万元;10. 创富物流公司、可来宜投资公司、郭运城、富禧装饰公司、胡志禧、创富商贸公司共同负担全部诉讼费用。

一审法院认定事实:2010年11月2日,林某某与创富物流公司、案外人何南林、案外人胡伟明(承租方、乙方)签订《租赁合同》,约定:林某某将位于广州市沙东有利国际服装批发城第×层×区进行改建后租赁给创富物流公司、胡伟明、何南林使用。

2011年8月8日,广州市沙东有利国际服装城有限公司向创富物流公司及何南林出具《关于沙东有利服装城五楼A、×区问题解决的复函》,载明"五、关于五楼A、×区部分铺位漏水问题,可在A区贵司未付款的铺位调换解决,有漏水的铺位退回我司进行维修补漏,待可使用的情况下贵司支付装修费后我方移交贵司租用"。2011年8月11日,广州市沙东有利国际服装城有限公司、林某某向何南林出具《商铺调换情况说明》,对12间商铺进行调换。

2013年9月16日,创富物流公司向广州市沙东有利国际服装城有限公司出具《关于我司与沙东有利公司租赁的五楼A、B现就租赁场地证照,空调漏雨、渗水、电梯故障、手扶梯停用等问题的去函》,载明"每到下雨我司承租的楼层就会有多处的商铺、车道仓库漏水、渗水的严重问题发生,导致商铺内的衣服淋湿,墙壁批灰大面积剥落,由此已直接造成的经济损失每次达三十几万元"。同日,创富物流公司通过EMS专递分别向广州市沙东有利国际服装城有限公司位于广州市天河区濂泉路×号北城后座管理处和广州市天河区华美路68号的地址邮寄该去函。但林某某表示没有收到该函件。

2014年5月15日,创富物流公司向广州市沙东有利国际服装城有限公司出具《关于贵司于2014年5月14日在我司办公室门粘贴的事宜的去函》,载明"我司承租的楼层的商铺、车道、仓库多处漏水、渗水的问题的整修,这一问题贵司一直久拖不改,每逢雨天都给我司造成损失,今年2014年3月30日下雨又造成了我司的商铺大面积漏水,致使档主直接经济损失五十多万元,当天我司通知贵司给予解决,贵司仍以我司不交租为由,推卸自身应承担的责任"。同日,创富物流公司通过EMS专递分别向广州市沙东有利国际服装城有限公司位于广州市天河区濂泉路×号和广州市天河区华美路68号的地址邮寄该去函。但林某某表示没有收到该函件。

为证明2014年3月30日因租赁场地漏水造成档口租客货物受损,创富物流公司为此对租客进行的赔偿,创富物流公司提交了刘太平、金云军、黄炳清、陈泽辉等多名租客签字的申诉书、收据以及照片等证据。

为证明创富物流公司在 2016 年前一直对租赁场地进行免租性质的对外租赁，创富物流公司提交了王泽鹏作为出租人与多个承租人签订的《租赁合同》，其中约定出租人承诺免租三年给予承租人。创富物流公司主张王泽鹏是其公司的市场招商负责人。

林某某与创富物流公司、案外人胡伟明、何南林租赁合同纠纷一案，向广州市中级人民法院提起诉讼，案号为（2019）粤 01 民初 290 号。林某某向广州市中级人民法院提出诉讼请求：1. 判令创富物流公司、胡伟明、何南林立即停止侵占行为，向林某某移交位于广州市天河区沙东有利国际服装批发城第×层×区 198 间商铺（建筑面积为 6530 平方米，2012 年 1 月 1 日至 2023 年 1 月 31 日期间的租金为 108820400 元）；2. 判令创富物流公司、胡伟明、何南林承担连带责任，共同向林某某支付截至 2015 年 4 月 20 日的商铺租金 21449000 元（2012 年 1 月 1 日至 2012 年 6 月 30 日期间尚欠租金 1663100 元，2012 年 7 月 1 日至 2015 年 4 月 20 日期间的租金，按每月 90 元/平方米计算，共 6530 平方米，上述合计 21449000 元）；3. 判令创富物流公司、胡伟明、何南林承担连带责任，共同向林某某支付侵占商铺使用费，参照租赁合同约定的租金标准，侵占商铺使用费从 2015 年 4 月 21 日起计至创富物流公司、胡伟明、何南林向林某某移交涉案房屋之日止，暂计至 2018 年 12 月 31 日的占有使用费为 39375900 元（2015 年 4 月 21 日至 2016 年 2 月 29 日，按每月 90 元/平方米计算，从 2016 年 3 月 1 日至实际移交之日止，按每月 150 元/平方米计算，共 6530 平方米）；4. 判令创富物流公司、胡伟明、何南林共同承担本案全部诉讼费用。

创富物流公司为证明其抗辩意见，向广州市中级人民法院提交证据：1.《装修及整改工程施工合同书》、收据 15 份、转账凭证 3 份；2.《工程施工合同书》《工程结算及付款协议》、收据 13 份、转账凭证 13 份；3.《补漏及整改工程施工合同书》、工程结算及付款协议、收据 14 份、转账凭证 12 份；4.《工程施工合同书》《工程结算及付款协议》、收据 17 份、转账凭证 15 份。上述证据拟证明林某某交付的涉案房屋存在严重质量问题，该建筑物为加建的钢筋结构，由于建造的原因，长期漏水、无法正常使用，创富物流公司接收后需要投入大量资金维护才能正常使用，在 2012—2018 年期间投入了 2700 多万元进行维护，林某某从未履行维修责任。

广州市中级人民法院经审理查明，"2010 年 11 月 2 日，林某某（出租方、甲方）与创富物流公司、何南林、胡伟明（承租方、乙方）签订《租赁合同》，约定：林某某将位于广州市沙东有利国际服装批发城第×层×区进行改建后租赁给创富物流公司、胡伟明、何南林使用,租赁期限从2011年2月1日起至2023年1月30日止……""2012年7月19日,林某某(甲方)与创富物流公司(乙方、代表何南林)签订《补充协议》,就租赁广州市沙东有利国际服务批发城第×层×区商铺有关事宜达成如下补充协议:一、……双方确认面积为6530平方米,每平方米租金150元,每月租金合计979500元,租赁期限12年,即从2011年2月1日至2023年1月31日止……""惠东县富禧装饰有限公司的法定代表人及股东是胡志禧,胡伟明确认其与胡志禧是父子关系"。广州市中级人民法院认为,"涉案《租赁合同》及其补充协议均应属无效""三、创富物流公司抗辩称涉案房屋长期存在严重的质量问题,原合同约定的租金标准不合理,应调整至不高于40元/平方米。根据现有证据显示,涉案房屋大部分已在2011年3月6日交付给创富物流公司,并经创富物流公司验收合格,有何南林签名确认的《五楼×区铺位验收表》予以佐证,而随后创富物流公司在2011年11月21日及2012年7月19日签订的《补充协议》,何南林亦未对已交付的房屋质量问题提出异议。虽然创富物流公司提供了大量其与惠东县富禧装饰有限公司签订的工程施工合同书、工程结算及付款协议、收据、转账凭证等证据以证明其花费巨额资金对涉案房屋进行装修维护,但是该合同均发生于创富物流公司与富禧装饰公司之间,而富禧装饰公司的法定代表人胡志禧与胡伟明为父子关系,有一定的利害关系;创富物流公司主张的工程款数额较大,对应的银行流水主要发生在创富物流公司的法定代表人郭运城与胡志禧之间、可来宜投资公司与创富商贸公司之间,与合同约定的主体不一致,且该转账记录与工程结算及付款协议记载的支付时间、金额亦非一一对应。反而,林某某为了证明其对涉案房屋进行装修、改造,提供了与不同的公司或个人签订的相关工程合同、结算单、收据、付款记录等,该证据从合同的签订主体、内容、金额等来看,更符合一般的交易习惯,且能相互印证,故广州市中级人民法院认定该证据较创富物流公司提交的证据的证明力更大。据此,广州市中级人民法院对于创富物流公司关于涉案房屋具有严重质量问题、其花费巨额资金对涉案房屋进行装修的抗辩理由不予采纳""林某某主张的2016年2月12日之前的房屋占用使用费已经超过三年诉讼时效,广州市中级人民法院依法不予支持……""至于创富物流公司、何南林、胡伟明因涉案合同无效而依法享有的相关权利,可另寻法律途径解决"。2020年3月20日,广州市中级人民法院作出(2019)粤01民初290号民事判决,判决如下:

"一、惠东县创富物流配送服务有限公司、胡伟明、何南林自本判决发生法律效力之日起十日内,将位于广州市天河区沙东有利国际服装批发城第六层(自编5层×区)建筑面积6530平方米的房屋交还林某某;二、惠东县创富物流配送服务有限公司、胡伟明、何南林自本判决发生法律效力之日起十日内,共同向林某某支付上述房屋自2016年2月12日起至房屋实际交还之日止的房屋占用使用费(其中自2016年2月12日起至2016年2月29日止,按每月587700元计算;自2016年3月1日起至上述房屋实际交还之日止,按每月979500元计算);三、驳回林某某的其他诉讼请求。"创富物流公司不服一审判决,向广东省高级人民法院提起上诉。

问题与思考:

1. 一审法院如何确定管辖权?

2. 本案应适用什么准据法?

重点提示:

《中华人民共和国涉外民事关系法律适用法》第44条规定:"侵权责任,适用侵权行为地法律,但当事人有共同经常居所地的,适用共同经常居所地法律。侵权行为发生后,当事人协议选择适用法律的,按照其协议。"

第二节　侵权行为地法与不方便法院原则

德国致同会计师事务所股份有限公司、富昇(天津)融资租赁有限公司侵权责任纠纷案[①]

【案件回顾】> > >

上诉人德国致同会计师事务所股份有限公司(以下简称致同公司)因与被上诉人富昇(天津)融资租赁有限公司[原华胜天成(中国)融资租赁有限公司,

---

① 案件来源:中华人民共和国最高人民法院民事裁定书,(2019)最高法民辖终389号,https://wenshu. court. gov. cn/website/wenshu/181107ANFZ0BXSK4/index. html? docId = c44772f9397e4b138a3cab170113e1a1。

以下简称富昇公司]侵权责任纠纷管辖权异议一案,不服天津市高级人民法院(2018)津民初 27 号民事裁定,向最高人民法院提出上诉。

富昇公司向天津市高级人民法院起诉称:富昇公司与案外人中宇建材集团有限公司(以下简称中宇建材公司)开展融资租赁业务。富昇公司了解到,以中宇建材公司为核心的中宇卫浴(德国)股份有限公司(以下简称中宇德国公司)于 2010 年 3 月在德国法兰克福证券交易所上市。富昇公司决定与中宇建材公司进行融资租赁业务,系信赖致同公司为中宇德国公司出具无保留意见的不实审计报告所致,富昇公司因此遭受损失。故致同公司应当就其出具不实审计报告的过错行为,向富昇公司赔偿债权不能完全受偿的损失。请求法院判令:1. 致同公司赔偿富昇公司损失人民币 100509108.57 元;2. 致同公司承担本案全部诉讼费用。

致同公司在提交答辩状期间,对管辖权提出异议认为,富昇公司主张的致同公司出具审计报告的侵权行为发生于德国。依照《中华人民共和国涉外民事关系法律适用法》第 44 条的规定,本案应当适用德国法律审理,应当由对本案有管辖权且对德国法律适用更为了解及方便审理的德国法院管辖。请求依法驳回富昇公司的起诉。

天津市高级人民法院依照 2012 年《中华人民共和国民事诉讼法》第 127 条第 1 款的规定,裁定:驳回致同公司提出的管辖权异议。

致同公司不服一审裁定,向最高人民法院上诉称:

1. 本案侵权行为实施地和侵权结果发生地均为德国,应由德国法院管辖。富昇公司主张致同公司出具审计报告的行为为本案的侵权行为,而该行为在德国实施,因此本案侵权行为的实施地应为德国。审计报告系针对中宇德国公司的财务情况出具,而且审计结果在德国公示使用,因此侵权结果亦应发生于德国。

2. 本案应当适用德国法律。根据《中华人民共和国涉外民事关系法律适用法》第 44 条的规定,侵权行为应适用侵权行为地法律。致同公司出具审计报告是否构成侵权应依据德国法判断。由对本案具有管辖权且对德国法更为熟悉的德国法院管辖本案更为方便。

3. 致同公司出具审计报告的行为与富昇公司遭受的损害结果之间没有因果关系。富昇公司遭受的损害为其向中宇建材公司提供的融资损失,该损失是由于中宇建材公司经营不善而破产所致,属于富昇公司的常规商业风险。中宇德国公司与中宇建材公司均为独立的法人主体,审计报告反映的是中宇德国公司的财务状况,不涉及对中宇建材公司的审计意见。

4. 本案在中国法院审理,对致同公司极为不公。致同公司系接受德国主体的委托,在德国提供审计服务并出具审计报告,与富昇公司没有任何约定或法定的联系。富昇公司因其合作对象破产导致的债权未能足额受偿起诉致同公司,并迫使致同公司在中国法院应诉,将造成致同公司在中国境内担负高昂的诉讼成本。致同公司请求:(1)撤销原审裁定,驳回富昇公司的起诉;(2)本案一、二审诉讼费用由富昇公司承担。

富昇公司答辩称:

1. 本案侵权行为的实施地在德国和中国福建省南安市,侵权结果发生地在天津,天津市高级人民法院对本案具有管辖权。富昇公司向中宇建材公司支付融资款项的地点是天津,接收中宇建材公司还款的地点是天津,富昇公司融资款项未能全部收回的损失发生地是天津,因此,天津是本案侵权结果发生地。致同公司虽然在德国法兰克福证券交易所发布中宇德国公司的审计报告,但其审计活动主要是在中国福建省南安市中宇建材公司等数个实体企业所在地进行,因此,本案侵权行为实施地既包括德国,也包括中国福建省南安市。

2. 是否适用德国法律以及致同公司出具审计报告与富昇公司损失之间是否存在因果关系,是案件审理中需要认定的问题,不能在管辖权案件中认定。

3. 本案涉及中华人民共和国法人或者其他组织的利益,不存在不方便管辖的法定情形。

4. 由于中国律师案件代理费用通常小于德国律师案件代理费用,致同公司主张"在中国境内担负高昂的诉讼成本"没有事实根据。综上所述,富昇公司请求驳回上诉,维持原裁定。

最高人民法院认为:致同公司为在德意志联邦共和国注册成立的公司,本案为涉外侵权责任纠纷管辖权异议案件。2012年《中华人民共和国民事诉讼法》第4条规定:"凡在中华人民共和国领域内进行民事诉讼,必须遵守本法。"本案管辖权的确定应当适用《中华人民共和国民事诉讼法》的相关规定。

2012年《中华人民共和国民事诉讼法》第265条规定:"因合同纠纷或者其他财产权益纠纷,对在中华人民共和国领域内没有住所的被告提起的诉讼,如果合同在中华人民共和国领域内签订或者履行,或者诉讼标的物在中华人民共和国领域内,或者被告在中华人民共和国领域内有可供扣押的财产,或者被告在中华人民共和国领域内设有代表机构,可以由合同签订地、合同履行地、诉讼标的物所在地、可供扣押财产所在地、侵权行为地或者代表机构住所地人民法院管辖。"本案为侵权责任纠纷,可以由侵权行为地人民法院管辖。根据2020年《最高人民法院关于适用〈中华人民共和国民事诉讼法〉的解释》第24条的规定,民事诉讼法第28条规定的侵权行为地,包括侵权行为实施地、侵权结果发生地。富昇公司主张遭受的损害为因信赖致同公司出具的不实审计报告而与中宇建材公司发生融资租赁业务,并因中宇建材公司破产导致债权不能完全受偿的损失。富昇公司作为融资款项的受偿主体,因融资款项不能完全受偿而遭受损害,其所在地可理解为融资款项未能全部收回的侵权结果发生地。富昇公司系在天津市设立的企业法人,天津市为侵权结果发生地。天津市高级人民法院作为侵权行为地法院对本案具有管辖权。致同公司关于审计报告系针对中宇德国公司的财务情况出具,且审计结果在德国公示使用,侵权结果发生于德国的上诉理由不能成立,本院不予支持。

关于本案是否适用不方便法院原则问题。本案中,富昇公司是在中华人民共和国登记设立的企业法人。富昇公司以致同公司就其出具不实审计报告的过错为由,请求其赔偿损失。本案的审理涉及中华人民共和国法人的利益,本案情形不符合《最高人民法院关于适用〈中华人民共和国民事诉讼法〉的解释》第532条规定的条件。致同公司关于本案应适用不方便法院原则的上诉理由不能成立,本院不予支持。

《中华人民共和国涉外民事关系法律适用法》第44条关于侵权行为应适用侵权行为地法的规定,属于实体争议准据法的规定,管辖权作为程序问题,应当依据法院地法进行审理。致同公司关于适用德国法律解决本案管辖权争议的上诉理由不能成立,不予支持。至于富昇公司向中宇建材公司提供的融资损失属于正常商业风险还是因信赖致同公司出具的不实审计报告造成,应当通过实体审理确定,不应在管辖权异议程序中进行审理。

综上所述,致同公司的上诉请求不能成立,本院不予支持。本院依据《中华人民共和国民事诉讼法》第170条第1款第1项、第171条之规定,裁定如下:驳回上诉,维持原裁定。

【本案争点与法律问题】 > > >

1. 侵权行为地的认定标准是什么?

2. 不方便法院原则的适用需要考虑哪些因素?

【评析研判】> > >

我国目前立法中有明确规定:"中华人民共和国法律不认为在中华人民共和国领域外发生的行为是侵权行为的,不作为侵权行为处理。"该规范被国内学者普遍认为是一条重叠性冲突规范,即侵权行为的认定必须同时满足两个条件:第一,按照我国法律该行为是侵权行为;第二,按照行为地法律该行为也是侵权行为。只不过,该条规定仅涉及发生在我国域外的行为的认定问题,即该域外行为依据该行为地国法律为侵权行为,但依据我国法律并非侵权的,我国也不会将其作为侵权行为处理。通常情况下,重叠性冲突规范的立法侧重于国家对某些国际民事关系从严掌握,常要求重叠适用法院地法,英国早期关于侵权的法律适用原则——Phillips v. Eyre 案中确定的"双重可诉原则"就是以此为基础,英国法律委员会 1984 年工作报告将其概括为:"1. 在国外发生的侵权,在英国提起诉讼,当事人的权利和义务由法院地法确定,也就是英国的国内法……2. 英国法的适用受原告在英国诉讼的资格限制,原告在英国诉讼的胜诉只取决于,依据侵权行为地法,在同一当事人之间也导致了民事责任的产生。"所以,英国理论界对该原则究竟是管辖权原则还是法律适用原则始终抱有疑问,因此,英国法律委员会在 1990 年报告中主张废除双重可诉原则,而采用侵权行为地法和侵权的"最重要构成要素"发生地法为基本原则,例外时适用最密切联系原则。这一主张后被 1995 年《国际私法(杂项规定)法》采纳。

虽然从立法形式上,重叠适用规范存在或以行为地法为主,法院地法为辅;或以法院地法为主,行为地法为辅的立法(技术上的)差异,也能将两者兼顾的立法用意突出表现出来,但是,如此规定显然更有利于保护法院地国家的公共秩序。这一点可从德国国际私法的规定上得到印证,其 1896 年《民法施行法》第 12 条规定"基于在国外发生的侵权行为针对德国人所提出的诉讼请求不能超出德国法律的规定"。1998 年修订的《民法施行法》第 40 条第 3 款规定:"(受害人)不得提出受其他国家法律支配的诉讼请求,只要该请求(1)根本上远远超出了受害者所需要的适当赔偿,(2)明显出于对受害者进行适当赔偿之外的目的,或者(3)违反了联邦德国承担义务的国际条约中的责任法上的规定。"可见,不仅类似美国侵权法中的惩罚性赔偿这样的天价赔偿要求能够被阻遏,且"民事责任不具有惩罚功能,因此过错的严重性不能证明判决一个比损害之实际价值大的赔偿是正当",也就是说"不能因为过错特别严重而判决更多的赔偿额"也被上升为国家法律精神的高度。或许大陆法国家更倾向认为惩罚性赔偿为普通法国家所专有,因而在损害赔偿的请求事项上主张采用重叠性冲突规范。

依照《中华人民共和国民事诉讼法》第276条的规定,侵权责任纠纷可以由侵权行为地人民法院管辖。侵权行为地包括侵权行为实施地、侵权结果发生地。富昇公司系在中华人民共和国天津市设立的企业法人,其主张致同公司出具不实审计报告致其遭受损失,中华人民共和国天津市为侵权结果发生地,该院对本案具有管辖权。本案涉及中华人民共和国法人的利益,不满足"不方便法院原则"的适用条件。致同公司对管辖权提出的异议不能成立。

【延展训练】＞＞＞

余颖、余鼎章、顾慧莲诉武汉市珞珈山邮政局、武汉市邮政局侵权赔偿纠纷案①

1997年10月23日,余鼎章将女儿余颖的学历证书、成绩单、公证书等材料交武汉市珞珈山邮局(以下简称珞珈山邮局)办理航空快递,寄给在日本的余颖。这些材料是余颖在11月6日、8日前报考日本两所大学必需的资料,但直至11月8日,余颖还未收到该邮件。后经余鼎章多次查询,得知所寄邮件由航空快递变成了水路传递。11月10日,余鼎章与妻子顾慧莲重新办理了上述材料后,再次以特快专递寄给余颖,几天后,余颖收到邮件,报考了日本立正大学并被录取。时至11月25日,余颖才收到余鼎章于10月23日交寄的邮件。1999年11月,余颖、余鼎章、顾慧莲以侵权为由向法院提起诉讼。

一审法院认为,珞珈山邮局在履行邮政服务合同中,因过失将航空函件变成水路传递,由于邮件迟延,余颖未能报考期望的两所大学,其选择学校的权利受到侵害,珞珈山邮局及其主管单位武汉市邮政局(以下简称市邮局)应承担赔偿责任。余鼎章、顾慧莲不是受害主体,其因女儿的大学选择权受到侵害而支出的费用不能作为余颖的损失,三原告主张的通信自由权、受教育权、消费者知情权等受到损害的理由,不能成立。法院随后依原合同法第122条、民法通则

---

① 案例来源:中国涉外商事海事审判网 http://ccmt.court.gov.cn/,访问时间:2007-07-09。

第 106 条的规定,判决珞珈山邮局、市邮局连带赔偿余颖人民币 15000 元,驳回原告的其他诉讼请求。

三原告不服判决,提出上诉。二审法院认为,本案为涉外侵权纠纷,侵权行为发生在我国,根据我国原民法通则第 146 条第 1 款关于"侵权行为的损害赔偿,适用侵权行为地法律"的规定,适用我国法律和我国缔结的国际条约。但由于《万国邮政公约》和我国邮政法对因邮件延误的损害赔偿责任未作规定,因此本案还应适用原民法通则以及消费者权益保护法等。法院认为,珞珈山邮局因自身的过错,导致邮件延误并给原告造成损失,应当承担赔偿责任,市邮局作为主管单位承担连带责任。原告余颖的损失包括查询邮件、电讯、交通等各项费用计人民币 3527.6 元,一审判决的 15000 元多于二审认定的数额,但鉴于两被告没有上诉,属当事人对其权利的处分,法院认可一审判决的数额;原告余鼎章、顾慧莲的损失包括重新公证、邮寄及其他费用计人民币 2735.55 元。本案的主要损害后果是经济损失,因此对原告要求被告在新闻媒体公开赔礼道歉的请求不予支持。综上所述,二审法院判决:维持一审关于两被告连带赔偿余颖 15000 元的判决;判决两被告连带赔偿余鼎章、顾慧莲人民币 2735.55 元,驳回原告的其他诉讼请求。

问题与思考:

1. 涉外侵权准据法如何确定?

2. 本案的权利主体如何确定?

重点提示:

我国是《万国邮政公约》的缔约国,适用国际条约优先原则。

PART 9

第九章

知识产权

第一节　互联网著作权侵权

20 世纪福克斯电影公司诉加拿大网络电视公司案①

【案件回顾】 > > >

　　被告 iCrave TV 是一家加拿大网站,从加拿大的节目中获取广播信号,并从跨境接收的美国电视节目中获取广播信号。iCrave TV 然后将这些信号转换成视频流格式,并通过其网站提供。这场纠纷的主要内容是自 1999 年 11 月 30 日以来,原告在加拿大多伦多的受版权保护的节目通过互联网向美国计算机用户的公开播放,具体而言,被告播放了受版权保护的职业足球和篮球比赛以及受版权保护的节目,例如"60 分钟"、"Ally McBeal"和"星际迷航航海者",并随被告制作的广告一并播放。

　　原告美国电视制片人向 iCrave TV 总裁兼国际销售经理居住的宾夕法尼亚州西区联邦法院提起诉讼。原告声称被告从布法罗、纽约等地的电视台捕获了美国节目,其中,将这些电视信号转换为计算机化数据,并从名为 iCraveTV. com 的网站通过 Internet 流式传输它们。据原告称,任何互联网用户都可以访问 iCraveTV. com,只需要输入任何加拿大区号的三位数,其中一个在站点本身上提供给用户,然后单击其他两个按钮。此外,来自美国和其他地方的互联网用户很容易重新访问该网站,因为 iCraveTV 会在用户首次访问期间将一个小

---

　　① 案件来源:Not Reported in F. Supp. 2d,2000 WL 255989,2000 Copr. L. Dec. P 28,030,53 U. S. P. Q. 2d 1831。

文件或 cookie 存储在用户的计算机中,以便用户可以自动绕过被告的筛选过程。

法院基于加拿大商业实体与宾夕法尼亚州持续和系统的联系,认定其对加拿大商业实体具有一般属人管辖权。理论上,iCrave TV 仅限加拿大用户访问其网站;然而,识别和提供加拿大电话区号很容易绕过这一限制。

为了确定法律选择,法院找到了与美国的充分联系点,允许将美国版权法适用于"被告"的活动。当美国公民收到并查看未经授权的内容时,法院得出结论认为侵权发生在美国境内。

【本案争点与法律问题】>>>

本案应当适用加拿大法,还是美国法?

【评析研判】>>>

以网络技术为支撑的知识经济时代的特征之一就是知识超速扩散和加速创新。信息传播技术的发展,使用户得以从互联网等电子信息网络上获取大量信息,其中不乏著作权作品。这种新兴信息传播方式给著作权保护尤其是合理使用带来了前所未有的震撼。司法管辖有界性与互联网无界性的矛盾,向跨国互联网著作权侵权管辖权的确定规则发起挑战。"互联网的特殊性必然动摇属地原则的地位,而最密切联系原则的适用能够给新型经济模式下管辖权的认定提供全新思路。"互联网著作权纠纷主要因互联网著作权侵权行为而引起。互联网著作权纠纷主要有以下表现形式:第一,擅自将传统媒体上发表的作品移植到网站上。未经作者许可就将其享有完全著作权的文学艺术作品刊登在网站上,侵犯了其信息网络传播权和获取报酬权等。第二,发表在一个网站上的作品被另一个网站擅自使用。如同在书刊上发表的作品一样,不经权利人同意不得随意转载,否则视为侵权。第三,将网上作品擅自下载并发表在传统媒体上。随着互联网著作权侵权案件的日益增多,加强对网络著作权的保护势在必行。

美国联邦宾夕法尼亚西部地区法院近年来受理 Twentieth Century Fox Film Corp. v. iCraveTV 一案,就是互联网著作权侵权的典型代表案例。

本案中,被告 iCrave TV 是一家加拿大的网站,网站服务器位于加拿大境内。自 1999 年 11 月 30 日以来,被告 iCrave TV 将其收到的美国电视台跨境传送到加拿大的信息,经过数据转换和处理后放到其网站上供听众下载使用,美国的听众可以非常方便地下载这些信息。这些电视节目包括职业足球和篮球比赛节目、盟友佳人和星际旅行航海家,并随被告制作的广告一并播放。

美国电视节目制造商 20 世纪福克斯电影公司在美国联邦宾夕法尼亚西部地区法院对 iCraveTV 提起侵权之诉。因为 iCraveTV 的总裁和国际销售经理具有美国和加拿大的双重国籍并居住在美国宾夕法尼亚州,iCraveTV 网站在宾夕法尼亚州有常设机构并在那里开展业务。原告诉称,被告已将纽约和布法罗的17 家电视台拍摄的美国节目的电视信号转换成电脑化数据,并通过名为 iCraveTV. com 的互联网平台向大众开放。原告称,任何互联网用户都可以通过简单输入三位数字的加拿大区号来访问 iCraveTV. com。此外,互联网用户可以很容易地重复访问该网站。被告 iCrave TV 抗辩提出,"二次传送"这种行为在加拿大是合法的行为。但是美国法院认为,当美国公众在网站上下载并使用 iCrave TV 网站上未经授权的美国 20 世纪福克斯电影公司的节目时,即使这种下载的数据来自加拿大境内,也应被认为与美国有足够的联系,因此,本案应适用美国法律。而根据美国法律,iCrave TV 的这种"二次传送"行为,被视为侵犯著作权的行为。

本案中,由于下载电视节目的人不限于美国公众,也可能是其他国家的公众,那么法院应适用何国法律呢? 如果每一个国家的法院都能因为下载行为发生在本国而适用本国的法律,那么本案中就可能会因为出现原告在多个不同国家法院提起诉讼而适用多个不同国家的法律的情况。为了避免出现这种现象,有学者提出了在跨国电子数据传输过程中造成侵权应适用"单一法"(Single governing law)的概念,即无论跨国电子数据传输过程涉及多少个国家,也无论在多少个国家产生了实际的损害,侵权的损害赔偿问题仅适用一个国家的法律,即互联网著作权侵权统一适用作品来源国法律。

另一种可能的选择是适用与著作权权利人有最密切联系的法律,包括著作权权利人的住所地法、居所地或营业地法,理由是可以以受到侵权行为损害的权利的所在地法来确定损害。

对于新闻等客观事实是否能够在网上自由转载,美国还采用了以排除方式来确认是否构成著作权侵权的方式。美国经过一个世纪的反复实践,于 1976 年确立了颇具影响的"合理使用判断四规则"。美国《著作权法》第 107 条规定,

"为了批评、评论、新闻报道、教学（包括供课堂用的多份复制件）、学术研究等目的而合理使用有著作权的作品，包括用复制件或录音制品，或者该条中所规定的任何其他方式来使用有著作权的作品，不属于侵犯著作权。在任何特定情况下，确定对一部作品的使用是否为合理使用，要考虑的因素应当包括：（1）使用的目的和性质，包括这种使用是否有商业性质或者是为了非营利的教育目的；（2）有著作权的作品的性质；（3）同整个有著作权的作品相比，使用部分的数量和内容的实质性；（4）这种使用对有著作权的作品的现在市场或价值所产生的影响"。对于新闻等客观事实是否能够在网上自由转载以及是否属于著作权的合理使用的问题，《伯尔尼公约》规定了三种情形：一是摘录；二是教学使用；三是时事使用。也就是说，《伯尔尼公约》认为，报纸杂志上关于经济、政治、宗教等时事性文章以及同类性质的广播作品，只要该文章、作品中未明确保留复制权与广播权，都可以被其他媒体正当使用。值得一提的是，《伯尔尼公约》对著作权权利限制有一条简明扼要的概括，可以视为对权利限制方式之一的合理使用规则立法的理论指导。该公约规定，本联盟成员国可自行在立法中准许在某些特殊情况下复制有关作品，只要这种复制与作品的正常利用不相冲突，也不致不合理地损害作者的合法权益。对新闻等客观事实自由转载或者对著作权在超过合理使用范围之外的使用，可能被认定为对著作权的侵权。随着时代的发展，无论是复印技术、摄影技术，还是录音录像技术，它们的产生几乎都推动了各国对其著作权法中的合理使用作出了相应调整，以适应新技术带来的变化。

【延展训练】> > >

蒋海新与皇家飞利浦电子股份有限公司
计算机网络域名纠纷案①

PHILIPS 商标于 1980 年在中国注册，注册号为 135046，现商标权人为被告皇家飞利浦电子股份有限公司（Koninklijke Philips Electronics N. V，以下简称飞利浦公司）。该商标在世界上近 150 个国家获得注册。在本案争议前，被告拥

---

① 案例来源：中华人民共和国上海市第二中级人民法院（2002）沪二中民五（知）初字第 214 号判决书。

有自己的 CSI(Communication,Security &Imaging)部门,被告亦开通了对应的网站,域名为 philipscsi. com。"let's make things better"是被告飞利浦公司用于全球的宣传标语。

原告蒋海新于 2002 年 3 月 1 日注册 philipscis. com 域名,并开通了对应的网站。在 2002 年 9 月 28 日打印的该网站的首页页面上,居中标有"Communica-tion,Security &Imaging",右边设有"CSI NEWS"栏目,左上角设有"A-BOUT PHILIPSCSI"链接,右上角标有"lets make things better"字样,整个版面采用英文。网站下端注明版权所有人为上海新屋智能系统工程有限公司(以下简称新屋公司)。该公司经飞利浦保安及通讯系统特约经销商授权,获准在中国大陆经营飞利浦通讯及视像保安系统产品的设计、安装及维修业务,蒋海新为该公司的法定代表人。

被告于 2002 年 7 月 19 日向世界知识产权组织仲裁与调解中心投诉,请求裁决将域名 philipscis. com 转归被告所有。世界知识产权组织仲裁与调解中心于 2002 年 9 月 19 日作出裁决,行政专家组认为:(1)争议域名 philipscis. com 与申请人(本案被告)拥有权利的商标(PHILIPS)完全或混淆相似;(2)被申请人(本案原告)在争议域名中不拥有权利或合法利益;(3)被申请人对于本案争议域名的注册和使用具有恶意。据此,行政专家组裁定,争议域名 philips-cis. com 转移给申请人。原告对上述裁决结果不服,于 2002 年 9 月 28 日向上海市第二中级人民法院提起诉讼,域名注册机构暂停执行行政专家组的裁决。原告的诉讼请求是:(1)撤销或停止执行世界知识产权组织仲裁与调解中心的裁决;(2)域名 philipscis. com 归原告所有。

问题与思考:

1. 关于本案管辖权的处理。

2. 关于本案的法律适用。

重点提示:

在中华人民共和国领域内发生的涉外域名纠纷案件,应依照民事诉讼法第四编和《最高人民法院关于审理涉及计算机网络域名民事纠纷案件适用法律若干问题的解释》第 2 条的规定,由侵权行为地或者被告住所地人民法院管辖,或依书面协议管辖原则和推定同意管辖原则进行处理。

第二节　著作权的法律适用

俄罗斯通讯社诉库里埃案①

【案件回顾】> > >

该诉讼涉及 Kurier,这是一家在纽约地区发行量约为 20000 份的俄语周报。该报纸由被告 Kurier 在纽约市出版。被告 Pogrebnoy 是 Kurier 的总裁兼唯一股东,也是 Kurier 的总编辑。原告包括在俄罗斯出版、每日或每周出版的主要俄语报纸和俄罗斯或以色列的俄语杂志的公司;俄罗斯通讯社("Itar-Tass"),前身为苏联电报局("TASS"),是一家以莫斯科为中心的通讯服务和新闻采集公司,其职能与美联社类似;和俄罗斯记者联盟("UJR"),俄罗斯联邦认可的印刷和广播记者的专业作家联盟。

被告 Pogrebnoy 对 Kurier 复制了约 500 篇首次出现在原告出版物中或由 Itar-Tass 分发的文章没有异议。复制的材料虽然广泛,但只占 Kurier 发表的文章总数的一小部分。被告也对复制是如何发生的没有异议;原告出版物中的文章,有时除了文本之外还包含标题、图片、署名和符号,被剪下,粘贴在纸页上,并发送到 Kurier 的打印机进行照片复制并打印在 Kurier 的页面上。

Pogrebnoy 在审判中声称已获得一家报纸出版商的许可,但他的主张在审判中被地区法院驳回。还声称他已获得六篇复制文章的作者的许可。地区法院没有就该证词是否可信作出裁决,因为作者的许可与地区法院对法律问题的看法无关。

外国报纸和杂志的出版商、外国新闻服务机构和外国作家工会对美国报纸及其出版商提起版权侵权诉讼,指控被告抄袭原告的新闻文章。美国纽约南区地方法院授予原告胜诉,给予被告发出了初步禁令并判被告给侵犯版权的损害赔偿。被告提出上诉。

---

①　案件来源:153 F. 3d 82(2d Cir. 1998)。

【本案争点与法律问题】＞＞＞

本文中作品著作权的归属问题应适用美国法还是俄罗斯法？

【评析研判】＞＞＞

俄罗斯塔斯通讯社案是美国法院作出的关于著作权的法律适用规则的重要案例。该案由美国联邦第二巡回法院审理。上诉方 Kurier 为一份在美国纽约地区发行量约为 2 万份的俄语周报社，Pogrebnoy 是 Kurier 周报社的股东和主编。被上诉方有几家主要的俄罗斯报纸和杂志社、俄罗斯塔斯通讯社（"Itar-Tass"）、俄罗斯记者联合会（"UJR"）和以色列俄语杂志公司。该案事实清楚，主要是上诉方未经授权将被上诉方报纸、杂志上的文章摘录在自己的报纸上。

在此之前的地区法院的审理过程中，被告 Kurier 周报社确认，复制了大约 500 篇第一次出现在原告的出版物或由 ltar-Tass 分发的文章。但是 Kurier 周报社认为，复制的材料虽然广泛，但在 Kurier 周报社发表的文章总数中仅占很小的百分比。Kurier 周报社除了复制上述文本之外，还有原告的出版物，复制的内容有时还包括标题、图片和图形，经过剪辑和编辑并发送到 Kurier 周报社的打印机，用于 Kurier 周报页面的照相复制和打印。最重要的是，Kurier 周报社也不否认，Kurier 周刊中出现的文章并没有得到任何作者的许可。在 1995 年 5 月的听证会后，地区法院发出了初步禁令，禁止被告 Kurier 周报社复制四原告新闻机构的"作品"，禁止该周报社继续从事上述摘录行为并且对侵权行为给予损害赔偿，该周报社不服，于是提出上诉。

上诉法院认为该案首先要解决一个在涉及多国的著作权案件中如何确定准据法的问题。上诉法院的纽曼（Jon O. Newman）巡回法官认为：（1）著作权所有权问题将根据俄罗斯法律确定；（2）侵权问题将根据美国法律确定。法院根据最密切联系原则确定了俄罗斯法律为判断著作权归属关系的准据法；根据侵权行为地法原则确定了美国法律为判断著作权侵权的准据法。法院指出，在侵权问题上，冲突法的规则通常是适用侵权行为法。法院采纳了这种处理侵权的法律适用原则，将美国著作权法适用于在其原籍国没有保护的作品。在本案中，侵权行为的地点显然是在美国。美国法应适用于著作权侵权问题，因为美国不仅是著作权侵权的行为地，面且也是 Kuricr 周报社作为美国公司的注册地。

在本案中,上诉法院通过适用冲突法规则确定了俄罗斯法律和美国法律为不同著作权问题的准据法,这表明,法院承认了著作权领域存在着法律适用的冲突,承认了外国著作权法在内国的域外效力,这正是对著作权地域性的突破。俄罗斯塔斯通讯社案中,法院对涉案著作权问题的法律适用采取"分割制",适用了国内普通法上的冲突规则。法院认为,著作权是一种财产,因此可以适用解决一般财产所有权归属的冲突规则来解决著作权归属的准据法问题。解决一般财产所有权归属的冲突规则一般是与财产和争议双方有最密切联系的国家或州的法律,并且将这一规则适用于无形财产领域,也取得了《第二次冲突法重述》的认可。该案中,作品(即被摘录的各篇文章)是由俄罗斯公民创作的,并且在俄罗斯首次发表,因此,俄罗斯是与作品有最密切联系的国家,作品著作权的归属问题应当以俄罗斯法为准据法。事实上,该案争议的双方在补充材料中也同意适用俄罗斯法。

关于著作权侵权的认定和损害赔偿问题,法院适用了传统的侵权损害赔偿的冲突规则,即侵权行为地法。在本案中,著作权侵权行为的实施地和著作权侵权行为的结果发生地都在美国,因此,著作权侵权纠纷案件应适用美国法。

【延展训练】> > >

北京市海淀区私立新东方学校与(美国)教育考试服务中心著作权纠纷案①

原告(美国)教育考试服务中心(Educational Testing Service,以下简称 ETS)成立于 1948 年,TOEFL 考试由其主持开发。1989 年至 1999 年,ETS 将其开发的 53 套 TOEFL 考试题在美国版权局进行了著作权登记。

新东方学校成立于 1993 年 10 月 5 日,系民办非企业单位,主要从事外语类教学服务。1996 年 1 月,北京市工商行政管理局就新东方学校擅自复制 TOEFL 考试题一事对其进行了检查,并责令其停止侵权。后新东方学校停止使用 TOEFL 考试资料,并主动与 ETS 联系,商谈有偿使用 TOEFL 考试资料问题,但

---

① 案例来源:中华人民共和国北京市高级人民法院(2003)高民终字第 1393 号民事判决书。

未获答复,遂继续向学生提供 TOEFL 考试资料。1997 年 1 月,北京市工商行政管理局再次对新东方学校进行检查,并扣押了《TOEFL 全真试题精选》等书籍资料。1997 年 2 月 18 日,新东方学校法定代表人俞敏洪到北京市工商行政管理局接受了询问,并出具了保证书,承认复制发行 TOEFL 考试题的行为侵犯了 ETS 的著作权,保证不再发生侵权行为。

1997 年 8 月 17 日,ETS 在中国大陆的版权代理人中原信达知识产权代理有限责任公司与新东方学校签订了"盒式录音带复制许可协议"和"文字作品复制许可协议",许可新东方学校以非独占性的方式复制协议附件所列的录音制品和文字作品(共 20 套试题)作为内部使用,但不得对外销售,协议有效期为 1 年。

2000 年 11 月 9 日,中原信达知识产权代理有限责任公司在新东方学校公证购买了"TOEFL 系列教材"。2000 年 11 月 15 日,北京市工商行政管理局宣武分局对新东方学校进行检查,并扣押了部分涉嫌侵权的图书。2000 年 12 月 25 日,受 ETS 委托,北京市正见永申律师事务所在新东方学校公证购买了"TOEFL 系列教材"。2001 年 1 月 4 日,ETS 向北京市第一中级人民法院提起诉讼,状告新东方学校侵害其著作权,请求法院判令新东方学校承担停止侵害、赔偿损失、消除影响、向 ETS 赔礼道歉等民事责任。

本案审理过程中,双方当事人就 ETS 主张权利的相关 TOEFL 考试题与被控侵权物进行了对比。对比结果为:听力分册、听力文字答案、语法分册、作文分册、阅读分册和最新练习题选编第一、二、三册中被控侵权部分与相关的 TOEFL 考试题内容一致;听力磁带与相关的 TOEFL 考试题内容绝大部分相同。

问题与思考:

1. 是否构成著作权侵权的认定?
2. 关于本案管辖权的处理。

重点提示:

我国著作权法实施条例(2002 年)第 2 条规定,著作权法所称作品,指文学、艺术和科学领域内,具有独创性并能以某种有形形式复制的智力创作成果。根据我国民事诉讼法的相关规定,对于涉外著作权侵权纠纷,可以根据第 29 条的一般规定,由侵权行为地或者被告住所地人民法院管辖,也可以根据第 244 条规定的书面协议管辖原则和第 245 条规定的推定同意管辖原则进行处理。

第三节　专利权法律适用

索尼株式会社与广州中宜电子有限公司
专利侵权纠纷案①

【案件回顾】> > >

原告索尼株式会社(以下简称索尼公司)于 1995 年 9 月 2 日向中华人民共和国知识产权局申请了"电池装置和用于电池装置的安装装置"发明专利,该专利的优先权日是 1994 年 9 月 2 日,公开日是 1996 年 8 月 7 日,2002 年 9 月 4 日获得授权,同日公告,专利号为 951171127,主分类号为 H01M2/10,该专利的年费已交纳至 2005 年 9 月 2 日,目前处于有效状态。

被告广州中宜电子有限公司(以下简称中宜公司)的经营范围是:研究、开发、加工、销售电子产品、家用电器及配件、计算机及配件、环保电池(国家专营专控项目除外)。

广东省公证处(2004)粤公证内字第 18454 号公证书记载:该处公证人员与公证申请人李伟力、MUHAMMED YAKOOB ALLADIN 于 2004 年 4 月 16 日来到广州市白云区太和民营科技园 C07 栋中宜公司处,在公证人员的监督下,李伟力、MUHAMMED YAKOOB ALLADIN 以普通消费者的身份向中宜公司购买了型号为 QM71D 的电池两块以及其他型号的电池,并取得 GUANG-ZHOU TOP POWER ELECTRONICS CO. , LTD COMMERCIAL INVOIC 一张,该"COMMER-CIAL INVOICE"落款处有 GUANG-ZHOU TOP POWER ELECTRONICS CO. LTD 有关授权人员的签名。

2004 年 7 月 13 日,法院应索尼公司的申请,依法作出(2004)穗中法民三禁字第 3 号民事裁定,裁定"提取被申请人广州中宜电子有限公司被控侵权产品样品,对生产模具拍照;查封被控侵权产品及专用模具和生产线设备;复印或扣

---

① 　案件来源:中华人民共和国广东省高级人民法院(2005)粤高法民三终字第 282 号民事判决书。

押被申请人广州中宜电子有限公司关于被控侵权产品的销售合同、订单、入库单、出库单以及财务账册,包括被申请人广州中宜电子有限公司储存在电脑硬盘、软盘等介质中的相关材料"等内容,并于 2004 年 7 月 27 日到广州市白云区太和民营科技园 C07 栋中宜公司处进行了证据保全。证据保全现场,中宜公司的法定代表人曾应平承认其曾生产某些型号的电池装置。法院在中宜公司处提取了 QM71D 型号的电池壳 1 个,封存了 QM71D 电池壳 174 个和 QM71D 与其他型号电池装置共用底壳 367 个,并对中宜公司办公处所入口处、产品陈列柜、产品包装箱和生产模具进行拍照。所拍照片显示,中宜公司办公处所入口处有中宜公司企业名称牌匾,并列记载"广州中宜电子有限公司"和"GUANG-ZHOU TOP POWER ELECTRONICS CO. LTD";陈列柜和包装箱中有多种电池产品;中宜公司有生产被控侵权产品某型号的模具。

2004 年 7 月 28 日,中宜公司向法院提交了盖有"深圳神龙数码科技有限公司"印章的送货单、记载"完成部门深圳神龙"的进仓单以及"陈述报告",陈述法院"查封的电池样品和若干电池壳是客户提供的……我公司没有生产销售 QM71D"。

索尼公司的"电池装置和用于电池装置的安装装置"发明专利的权利要求 1 是一种电池装置,它包括一个壳体,其内设置有电池盒单元,并且在其外部周围的侧表面上具有装载表面部分,所述装载表面部分可与主装置的安装表面部分相连接;其特征是所述壳体的装载表面部分具有识别槽,该槽在接合表面上具有敞开的开口端,并且在主装置上以平行于装载方向的方向由所述开口端延伸,所述接合表面以与装载表面部分成直角的方向在壳体的装载表面上形成。

将被控侵权的型号为 QM71D 的电池装置的技术方案与索尼公司"电池装置和用于电池装置的安装装置"专利权利要求 1 对比,被控侵权产品也是一种电池装置,它包括一个壳体,其内设置有电池盒单元,并且在其外部周围的侧表面上具有装载表面部分,所述装载表面部分可与主装置的安装表面部分相连接;其特征是所述壳体的装载表面部分具有识别槽,该槽在接合表面上具有敞开的开口端,并且在主装置上以平行于装载方向的方向由所述开口端延伸,所述接合表面以与装载表面部分成直角的方向在壳体的装载表面上形成。双方当事人在庭审中确认被控侵权产品的技术方案,全面覆盖了索尼公司专利权利要求 1 中的必要技术特征。

2004 年 8 月 9 日,索尼公司向广东省广州市中级人民法院提起诉讼,请求判令中宜公司:(1)立即停止侵权;(2)立即销毁侵权产品及模具;(3)赔偿索尼公司损失人民币 10 万元;(4)诉讼费由中宜公司承担。

【本案争点与法律问题】> > >

1. 关于是否构成侵犯专利权的认定。
2. 关于本案管辖权的处理。
3. 关于本案的法律适用。

【评析研判】> > >

一、关于是否构成侵犯专利权的认定

对于专利侵权纠纷,司法实践中的审查一般分七步:一是确定原告据以主张的专利权及保护范围;二是分析其专利权保护范围的构成要素;三是针对被控侵权物提出并确定权利实现范围;四是分析被控侵权物权利实现范围的构成要素;五是将两者被确定的范围和具体构成要素进行对比,准确适用各项判断原则和方法;六是进行相同或者等同的判断;七是作出侵权或不侵权的认定。

本案中,法院根据如上步骤,认定被控侵权产品的技术方案全面覆盖了索尼公司专利权利要求 1 中的必要技术特征,落入了索尼公司专利保护范围。法院根据被告提出的并未制造、销售被控侵权产品的抗辩意见指出,涉案的被控侵权产品是索尼公司在中宜公司处通过公证购买的方式取得,该取证方式不为法律所禁止。中宜公司提出广东省公证处(2004)粤公证内字第 18454 号公证书不应作为证据使用,不能认定其销售被控侵权产品的理由成立,法院不予支持。中宜公司本身具有制造电池的能力,这是客观事实。中宜公司主张被控侵权产品是向他人购买,虽然提交了"送货单"和"进仓单",但是没有其他相应的证据相佐证,该证据既不能证明中宜公司与他人之间存在真实的交易关系,又不能证明单据上所记载的产品与被控侵权产品之间的对应关系,中宜公司对此没有进一步举证,因此,其相关主张依法不能予以支持。法院最终判决:(1)中宜公司自判决发生法律效力之日起立即停止制造、销售侵犯索尼公司的 951171127 号"电池装置和用于电池装置的安装装置"发明专利权的产品的行为,销毁库存的侵权产品和专用生产模具。(2)中宜公司自判决发生法律效力之日起 10 日内一次性赔偿索尼公司经济损失人民币 10 万元。

二、本案管辖权的处理

一般而言,管辖权的确定是法院在处理涉外案件时要处理的首要程序问题。根据我国《民事诉讼法》(1991年)的相关规定,对于涉外侵犯专利权纠纷,可以根据第29条的一般规定,由侵权行为地或者被告住所地人民法院管辖,也可以根据第244条规定的书面协议管辖原则和第245条规定的推定同意管辖原则进行处理。在本案中,广州既是被告住所地,亦是侵权行为地,故由广州市中级人民法院对本案进行管辖,符合我国相关地域管辖和级别管辖的规定,同时,被告也没有提出管辖权异议并应诉,事实上也承认了该法院为有管辖权的法院。因此,广州市中级人民法院对本案的管辖是正确的。

三、本案的法律适用问题

我们认为,由于知识产权的地域性特征,在涉外专利权保护的法律适用上,《保护工业产权的巴黎公约》(以下简称《巴黎公约》)等国际条约确立了独立保护原则、国民待遇原则和最低保护原则,即联盟各国要给予外国人以相同于内国人的待遇,同一专利方案在不同国家所获得的专利权是相互独立的,各国对专利权的保护各不相关、互不影响,同时该国的法律对专利权的保护不得低于公约规定的保护标准。而我国《民事诉讼法》(1991年)第238条规定,我国缔结或者参加的国际条约同本法有不同规定的,适用该国际条约的规定,但我国声明保留的条款除外。该条规定被认为是我国在民商事审判中处理国际法和国内法关系时的国际条约优先适用原则。故此,有关外国人的专利是否受到我国法律的保护,应该依据我国相关法律规定来认定,但在我国相关法律规定低于有关国际条约保护标准而不同于国际公约时,应优先适用该国际条约的规定。

首先,在有关专利能否受到我国专利法保护的法律适用问题上,由于我国专利权的取得须经国家知识产权局审查授予,故有关专利方案必须向我国国家知识产权局提出专利申请并取得专利权,方能寻求我国法律的保护。因此,在本案中,原告主张的专利权,是指在我国知识产权局申请的专利号为951171127、名称为"电池装置和用于电池装置的安装装置"的发明专利。而法院保护该专利权的依据,也是该专利已经国家知识产权局授权,且处于有效期间。换言之,若原告的专利方案未在我国取得专利权,如原告仅仅凭借其在其他国家或地区获得的专利权来主张专利权保护,则有违独立保护原则,得不到我国法律保护。

其次,在有关被控侵权行为是否构成侵权的问题上,根据相关国际私法规则,侵权行为应适用侵权行为所在地法。本案被控产品的技术方案是否落入原告的专利权利保护范围、是否构成侵权,应适用侵权行为地即我国的相关法律来进行判断。本案中,法院根据原民法通则第 134 条第 1 款第 1、7 项和第 2 款、专利法第 11 条第 1 款、第 56 条第 1 款,2015 年《最高人民法院关于审理专利纠纷案件适用法律问题的若干规定》第 21 条的规定,作出侵权成立的判定,平等保护了涉外案件当事人的专利权。

【延展训练】> > >

恩那社水务工程有限公司与先达(天津)海水资源
开发有限公司专利申请权权属纠纷案①

恩那社水务工程有限公司是马来西亚公司。2019 年,先达(天津)海水资源开发有限公司(以下简称先达公司)因与恩那社水务工程有限公司(以下简称恩那社公司)发明专利申请权权属纠纷向法院提起诉讼。法院于 2019 年 1 月 9 日立案受理。先达公司起诉请求:1. 确认涉案发明专利申请权人为先达公司;2. 恩那社公司承担本案诉讼费用。事实与理由:先达公司作为与国际先进水平接轨的海水淡化处理及相关副产品生产的专业从业者,主要从事研发海水淡化工艺,生产淡化水、卤化物、卤素产品等海水淡化相关产品及海水处理相关工程项目建设。余丽雅(马来西亚人,护照名:NGLEEYAH)、陈应进(马来西亚人,护照名:TANENGCHIN),曾系先达公司职工,两人在先达公司任职期间,直接或者间接参与了海水淡化及浓盐水综合利用工艺的研发工作。陈应进于 2015 年 12 月 1 日从先达公司处离职,余丽雅于 2016 年 6 月 15 日从先达公司处离职,之后两人进入恩那社公司工作。2016 年 11 月 25 日,恩那社公司向国家知识产权局提交涉案发明专利申请,并于 2017 年 6 月 6 日公开,申请公布号为:CN106800351A,发明人为余丽雅、陈应进。先达公司认为涉案发明创造的设计、功能、组成部分与余丽雅、陈应进在先达公司处参与的"超高回收率海水淡化系统工艺"的技术方案属于同一领域,且余丽雅等人从先达公司处离职时间

---

① 案例来源:中国裁判文书网 https://wenshu. court. gov. cn/,访问时间:2021-11-21。

与涉案专利申请日时间间隔不满一年,依照《中华人民共和国专利法》(2008 年修正)第 6 条第 1 款、专利法实施细则第 12 条第 1 款第 3 项之规定,该发明创造之专利申请权人应为先达公司。

恩那社公司辩称:不同意先达公司的诉讼请求。涉案专利申请的名称是"全膜法海水淡化及浓盐水综合利用系统",先达公司提交的技术文本相关内容是"超高回收率海水淡化系统工艺",其实从发明名称就可以看出来两者采用的技术手段和要解决的技术问题是不同的。不同点在于:(1)涉案发明创造采取的是纳滤膜,与先达公司技术文本不同。(2)涉案发明创造采用的是 MVR 蒸发器,先达公司技术文本没有这部分内容,并且涉案发明创造之所以采用 MVR 蒸发器是跟前面的纳滤膜相匹配的。(3)采取的预处理装置不同。(4)先达公司用增压发(法)进行海水淡化,已是现有技术。涉案发明创造是两极纳滤。故涉案发明创造与先达公司技术文本解决的技术问题及所采用的技术手段是完全不同的,因此涉案发明创造的申请权属于本案的恩那社公司。

法院认定事实:恩那社公司原名称为恩那社工程有限公司,2017 年 12 月 14 日变更为现名称。更名前即 2016 年 11 月 25 日,恩那社公司以原名称恩那社工程有限公司向国家知识产权局提交了涉案发明专利申请,发明人为余丽雅、陈应进,发明专利申请名称为"全膜法海水淡化及浓盐水综合利用系统"。涉案专利申请于 2017 年 6 月 6 日公布,申请公布号为 CN106800351A。专利代理机构为天津才智专利商标代理有限公司,代理人刘美甜。

另查,先达公司成立于 2012 年 8 月 14 日,系台港澳法人独资有限责任公司,经营范围为海水淡化及相关副产品的生产项目的筹建。涉案发明创造的发明人余丽雅、陈应进,原均系先达公司员工。2013 年底,余丽雅(NGLEEYAH)与先达公司签订期限为自 2013 年 11 月 26 日至 2016 年 11 月 25 日的三年劳动合同,工作岗位为高级工艺设计工程师岗位。

问题与思考:

本案中关于专利申请权的归属应适用哪国法律?

重点提示:

《中华人民共和国涉外民事关系法律适用法》第 48 条规定:"知识产权的归属和内容,适用被请求保护地法律。"

PART 10

第十章

婚姻家庭

第一节　涉外婚姻的管辖问题

C国丙男诉B国乙女离婚诉讼案

【案件回顾】> > >

A国甲男和B国乙女在A国结婚,未依照A国的法律规定的宗教仪式举行婚礼。甲在结婚后随乙返回了B国,在B国居住2个月之后独自返回A国,从此甲和乙分别居住在A国和B国,二人未再见面。乙后来在B国法院起诉,请求法院确认甲、乙二人之间的婚姻不成立,B国法院未经甲出庭即以缺席审判的方式判决其婚姻不成立,但该判决依据A国的法律不应予以确认。乙后来同C国人丙男结婚,并且于婚后前往中国,共同居住在北京市,迄今为止已有三年。乙、丙二人在中国因感情不和经常争吵,丙遂向中国法院起诉,主张乙和甲之间的婚姻仍然有效,乙、丙之间的结婚属于重婚,依照中国民法的有关规定是无效婚姻,并以此为依据提起了离婚诉讼(备位之诉)。乙抗辩称,中国的法院对此没有管辖权,且乙、丙之间的婚姻是依据B国法律所缔结的,是有效婚姻,丙依据B国的法律也不能请求判决离婚。

【本案争点与法律问题】> > >

对于涉外婚姻案件,中国法院是否具有管辖权?其依据是什么?

【评析研判】> > >

在本案中,乙、丙都是外国人,婚姻举行的地点也在外国,乙、丙两人之间的婚姻具有涉外因素。对中国法院而言,丙所依据的起诉的法律关系,是涉外民事法律关系,依据《涉外民事关系法律适用法》第2条的规定,涉外民事关系适用的法律,依照本法确定。其他法律对涉外民事关系法律适用另有特别规定的,依照其规定。本法和其他法律对涉外民事关系法律适用没有规定的,适用与该涉外民事关系有最密切联系的法律。简言之,适用法律的顺序是:《涉外民事关系法律适用法》——其他法律的特别规定——最密切联系地法。乙在本案中抗辩称,中国法院没有管辖权,中国法院应当依照中国国际私法决定该院是否具有管辖权的问题;本案中,乙还抗辩称,乙、丙之间的婚姻是否有效以及丙是否能够请求裁判离婚的问题,不应当依照中国民法,而应当依据B国的法律予以决定,中国法院也应该依照中国的国际私法决定系争的法律关系的准据法。对于前一个问题,《涉外民事关系法律适用法》第27条规定,诉讼离婚,适用法院地法律。在本案中,丙于中国法院提起离婚诉讼,故应当适用中国法律。该诉讼符合《民事诉讼法》的规定,中国法院对此具有管辖权。对于后一个问题,《涉外民事关系法律适用法》第21条规定,结婚的条件适用当事人共同居住地法律,乙、丙二人的共同居住地为北京,因此二人是否具备结婚的条件的判断依据应为中国法律,即民法典关于结婚条件的规定。

关于国内法院对于涉外事件是否行使其管辖权的问题,许多国家都未在国内的国际私法中予以明文规定。中国《民事诉讼法》对某一民事诉讼在国内各法院之间应当如何分配其管辖权的问题都有明文规定,但是这些规定都是以我国法院对其有审判权为前提。学理上为了区别"我国法院"的管辖权和"我国(国内)某一个法院"的管辖权,通常将前者称为"国际审判管辖权"(或者一般管辖权),将后者称为"国内管辖权"(或者特别管辖权)。对于后者有明文规定,对于前者则缺乏明文规定。从逻辑上看,中国的某一个法院如果对于某一涉外民事诉讼或者事件,依据《民事诉讼法》由国内管辖,即显示中国法院当然有国际审判管辖权。依据这一逻辑来认定中国法院的国际审判管辖权或一般管辖权,学理上称之为"逆推知"说。采用此种见解的结果,法院在具体个案只需要探究国内管辖权的问题,而不需要探究国际审判管辖权的问题。相对而言,主张应该类推适用《民事诉讼法》的规定,以填补国际私法关于国际审判管辖权的规则空白,在问题判断的层次上比较分明:先类推适用《民事诉讼法》的规定,决定国际审判管辖权的问题;再直接适用其规定,决定国内管辖权的问题。

在本案中,乙、丙之间的争议,涉及二人之间的婚姻是否有效以及可否离婚的问题。这两个问题的准据法分别依据不同的冲突规则予以确定,但其管辖权的问题,依据民法通则(已经失效)第 8 条第 2 款规定,本法关于公民的规定,适用于在中华人民共和国领域内的外国人、无国籍人,法律另有规定的除外。民法典第 12 条将此内容删去,保留了"中华人民共和国领域内的民事活动,适用中华人民共和国法律"。因此,《民事诉讼法》中各条款即使冠以"公民"的有关规定也应当适用于民事关系连结点在中国的活动。《民事诉讼法》第 5 条第 1 款规定,外国人、无国籍人、外国企业和组织在人民法院起诉、应诉,同中华人民共和国公民、法人和其他组织有同等的诉讼权利义务。因此,民法及民事诉讼法的上述规定确定了中国法院对外国人诉请的案件有行使管辖的权利。关于离婚诉讼管辖的问题,本案属于《民事诉讼法》中的一般管辖案件,乙、丙共同居住地在北京,因此北京法院有管辖权。

【延展训练】> > >

美国人 KEN 诉 LILY 离婚案①

1993 年,美国人 KEN 与妻子 LILY 在美国结婚,婚后生育一子一女。KEN 一直对中国很感兴趣,想到这个神秘的东方国度看一看。2001 年,KEN 所在的公司在华投资,KEN 遂主动要求到 × × 跨国公司的分公司工作。自 2001 年 5 月至今,KEN 一直在中国工作。但是 KEN 的妻子 LILY 一直住在美国,双方没有互相探访,处于分居状态,感情逐渐淡薄。由于工作和抚养子女等方面的原因,KEN 认为回美国办理离婚手续将面临许多难以克服的困难,故以夫妻感情破裂为由向所居住地人民法院起诉离婚。中国人民法院认为:起诉人与被起诉人均不是中华人民共和国公民,且婚姻缔结地也不在中国,法院对此离婚诉讼没有管辖权。据此,中国人民法院对 KEN 的起诉裁定不予受理。

问题与思考:

如何评价上述案例中法院的做法?

重点提示:

夫妻双方均为外国人或无国籍人在中国要求离婚的,需要考察夫妻双方或者一方的活动是否在中国有连结点,如经常居住地。

---

① 案例来源:找华律网,网址:https://www.66law.cn/laws/29094.aspx。

第二节　结婚的条件

A 国甲男与 B 国乙女婚约毁弃纠纷案[①]

【案件回顾】> > >

A 国人甲男和 B 国人乙女在 C 国一见钟情。甲于恋爱期间购买钻石戒指，利用餐会的场合，当众向乙女求婚，并当场赠送了一颗价值昂贵的钻石戒指给乙。乙当即接受了该钻石戒指，同时在餐会人员的共同见证下，表示同意与甲男结为夫妻。甲乙二人还订立了书面婚约，约定在六个月之后在 B 国结婚。六个月之期已过，甲依照婚约请求乙办理结婚手续，但是乙却刻意躲闪。后来乙经受不住甲的苦苦追寻，终于同意与其见面。见面后，乙女向甲男坦白自己已经有配偶，不能与甲结婚。这令甲黯然神伤，茶饭不思，被医院确诊为抑郁症。由于甲罹患重度抑郁症，无法胜任工作，被公司辞退。甲向中国法院提起民事诉讼，请求乙返还求婚时所赠送的价值 10 万元的钻戒，并赔偿甲所受的财产上和精神上的损害。而乙则抗辩称婚约本身不具有法律意义，感情之事本来就不可勉强，并拒绝甲的赔偿请求。现查明，甲、乙的住所分别在 A 国和 B 国，二人均受雇来中国工作，A 国、B 国以及 C 国法律关于婚约的规定各不相同。

【本案争点与法律问题】> > >

1. 中国法院对于二人的争议，应如何适用法律？
2. 在国际私法上对婚约与婚姻是否应予以区别？
3. 关于婚约的成立及其效力问题，应如何确定其准据法？

【评析研判】> > >

在本案中，甲、乙都是外国人，婚约订立的地点在外国，甲、乙两人之间的婚

---

① 本案例为作者自己编制。

约具有涉外因素,对中国法院而言,属于涉外民事案件。如果适用《涉外民事关系法律适用法》的有关规定,适用法律的顺序是:《涉外民事关系法律适用法》——其他法律的特别规定——最密切联系地法。对于涉外婚约准据法的决定,应该先确定其在本法中是否有规定,如果没有,再确定其他法律有没有规定,如果没有,再确定需要判断的涉外民事关系应当依据的法理为何。

尽管在实践中,中国存在婚约的大量实践,但是在新中国成立后颁布及修订的婚姻法以及后来取代婚姻法的民法典中,都没有关于"婚约"的明文规定。《涉外民事关系法律适用法》第 21 条中明确了决定婚姻有效的实体性条件的准据法,即结婚条件适用当事人共同经常居所地法律;没有共同经常居所地的,适用共同国籍国法律;没有共同国籍,在一方当事人经常居所地或者国籍国缔结婚姻的,适用婚姻缔结地法律。该法第 22 条对缔结婚姻的有效方式也作出了规定,即结婚手续符合婚姻缔结地法律、一方当事人经常居所地法律或者国籍国法律的,均为有效。而关于婚约的成立及效力问题的准据法究竟应当如何处理,并没有相关的规定。婚约在各国的民法中,无论规定的体例或者实质内容,都存在很大差异。英美法系国家多将婚约视为一般的债之契约;欧洲大陆法系国家则多在亲属法规定婚约,认定其属于身份关系;也有认定婚约为不发生任何法律效果的单纯事实的国家(如法国)。受此影响,在国际私法上也形成了三种对立的立场,即:英美法系国家多依据债权契约的冲突规则,决定婚约的准据法;欧洲大陆法系国家多认为应当比照结婚的规定,以决定婚约的准据法;至于不承认婚约的法律制度的国家,则没有发展出关于婚约的冲突规则。

在比较国际私法上,对于涉外婚约在国际私法法典上设有明文规定的,仍属少见。主要的原因并不是婚约不会发生法律冲突的问题,而是因为婚约的争议通常涉及未婚男女的感情,一般认为应当以男女的自由意志为归属,第三人或者法院都不适合介入,也不适合向法院起诉,各国关于涉外婚约的裁判也因此极其罕见。

由于各国实体法关于婚约的规定并不一致,涉外婚约问题在实务上可能会引起争议,在国际私法上也应当有明文规定。为了填补这一法律法规欠缺所形成的法律漏洞,应当类推适用关于结婚的有关条文,即依据涉外民事法律关系的法理予以解决。基于这一推理逻辑,婚约的实体性内容以及程序性内容的有效性都应当参照《涉外民事关系法律适用法》关于结婚条件和结婚手续的有关规定。在本案中,甲男和乙女系因为乙违反二人之间的婚约,未能依据该婚约的书面约定结婚,继而发生争议。尽管法律没有明文对婚约作出规定,但是它引起了双方依照该约定履行的权利义务关系,是一个意欲在二人之间发生法律效果的法律行为。如果是甲、乙之间根本就没有订立婚约,或者二人之间所订立的婚约并未有效成立,则法院所面临的问题即是婚约的成立要件或者有效性的问题;如果承认婚约已经有效成立,而抗辩婚约的效力很薄弱,不能强迫履行,违反婚约也无须负责,法院所面临的,即是婚约的效力问题。因此,在本案例中,甲、乙之间的争议,可以定性为婚约的效力问题。根据涉外民事关系法律适用法,甲、乙两人没有共同经常居所地,也没有共同的国籍国,他们订立婚约之地也并非任何一方的经常居所地或者国籍国所在地。而关于这一问题,也没有其他特别法律规则规定了此种情形,此时穷尽了规则也不能找到可以适用的准据法,则可以适用原则。《涉外民事关系法律适用法》第 2 条规定了最密切联系地原则,即本法和其他法律对涉外民事关系法律适用没有规定的,适用与该涉外民事关系有最密切联系的法律。B 国是乙女的国籍国和住所地,并且也是双方原定去结婚和共同生活之地,应当是最密切联系地。至于甲请求乙返还求婚时所赠送的钻戒,并赔偿甲所受财产上及精神上的损害的问题,如果认为都是因为乙违反婚约所发生的法律后果,也应当依照同一法律加以裁判,即 B 国法律。如果将其定性为不当得利之债,因为该行为是给付不当得利,应当依据《涉外民事关系法律适用法》第 47 条的规定,在二人没有协议选择的情况下,适用不当得利的发生地,也就是 C 国的法律。

【延展训练】> > >

A 国国民甲诉我国国民乙假结婚案[①]

【案件回顾】> > >

A 国国民甲女为前来中国工作,多年前通过婚姻中介的方式,与中国公民乙男在 A 国及中国办理结婚的相关手续,随即进入中国居住,但乙与甲同居生

---

① 案例来源:陈荣传:《国际私法实用——涉外民事案例研析》,中国台湾地区五南出版公司 2015 年版,第 293 页。

179
第十章 婚姻家庭

活两周之后,甲女即不知去向。乙去世后遗留下财产若干。甲得知乙死亡的讯息后,返回乙家为其办理后事,并主张其对乙的遗产有继承权。乙无儿无女。其父亲丙获知此事,向人民法院提起了诉讼,主张甲、乙之间的婚姻不实,而是假借结婚之名为甲女工作落户提供便利,二人并非事实上的配偶,甲女对其婚后的生活没有实际贡献,因此甲女不应当继承乙男的财产。甲女抗辩称,其与乙男之间的婚姻不属于假结婚,并且退一步来看,即使是假结婚,二人之间的婚姻也是得到法律所承认的合法有效婚姻,其作为乙男的合法配偶,依据法律的规定应当享有继承权。

问题与思考:

1. 为了解决本案争议问题,丙对甲应当向人民法院提起何种诉讼?

2. 人民法院对于甲、乙之间的结婚是否为假结婚问题应当如何适用法律?

重点提示:

假结婚与民法所规定的真意保留(民法典第 143 条和第 1051 条)。

第三节 夫妻人身财产关系

中国甲女与 A 国乙男婚后房产所有权纠纷案

【案件回顾】＞＞＞

中国公民甲女与 A 国公民乙男结婚,双方未约定婚后财产分配问题。乙在结婚后加入了 B 国国籍,丧失了 A 国国籍,并且出资在北京三环内某小区购买了一套价值 2000 万元人民币的房产(下称 X 房),登记在甲女的名下。乙男嗣后经商失败,欠下了巨额外债,A 国国籍的债权人丙在 B 国对乙提起了诉讼,请求乙支付相当于人民币 3000 万元的本金和利息,获得胜诉,法院的判决已经生效。丙持 B 国法院的判决书请求中国法院判决许可其强制执行,得到了人民法院的许可。依据 A 国关于夫妻财产关系的法律规定,X 房应当为乙所有。丙向中国法院请求对 X 房予以查封拍卖,甲则提出执行异议,认为依据 B 国的法律,X 房的所有权应当为甲所有。对此,甲女和丙产生了争议。

【本案争点与法律问题】>>>

1. 哪些涉外民事问题可以被定性为涉外夫妻财产关系问题?
2. 涉外夫妻财产关系问题,应当如何确定其准据法?

【评析研判】>>>

本案中的丙是外国人,甲、丙之间所争议的法律事实,是涉外民事法律关系,应当依照《涉外民事关系法律适用法》确定其应当适用的法律,即准据法。甲对于 X 房的强制执行所提出的异议,性质上属于程序性事项,在国际私法上一般依据法院地法处理。而其中涉及的 X 房所有权归属何人的问题,则属于实体问题,应当依据《涉外民事关系法律适用法》决定其准据法。《涉外民事关系法律适用法》对于不同类型的涉外法律关系,分别规定其准据法所据以决定的冲突规则,所以在决定准据法之前,需要先就该法律关系予以定性,以确定所应适用的冲突规则。夫妻财产关系的定性问题,阿尔及利亚首都阿尔及尔上诉法院早在 19 世纪末就曾作出过著名的判例 Rosa Anton v. Bartholo(Algiers Court of Appeal, Dec. 24,1889),认为妻子对于丈夫遗产中的不动产所主张的权利,应当依照夫妻财产关系的准据法(马耳他国的法律),认定其为夫妻财产关系的相关权利。在中国台湾地区也有相似案例,在台湾地区行政法院判决中,被继承人原为中国公民,在结婚后丧失了中国国籍,其死亡时的身份是外国人,台湾地区行政法院对于登记为妻子名义的财产是否应该合并其丈夫名下的其他财产,而一并申报遗产税的问题,认为应当先依据夫妻财产关系的准据法予以确定,而因为丈夫在结婚时为中国国籍,应当依据中国法律的有关规定进行审理。

回归到本案中,一种观点认为,表面上看双方争议的焦点是 X 房的物权问题,但在实际上是夫妻财产制的问题,应当依照《涉外民事关系法律适用法》对夫妻财产关系的相关规定寻找准据法。夫妻财产关系是夫妻双方在财产方面的权利和义务关系。这种财产关系因结婚而产生,因配偶死亡或离婚而终止。主要包括夫妻财产制,夫妻间的扶养义务,夫妻间的财产继承权等。在不同的社会制度、不同的国家和不同的时代夫妻财产关系的内容也是不同的。中国实行男女平等的社会主义夫妻财产关系制度。根据中国法律规定,夫妻财产关系主要包括以下内容:夫妻双方对夫妻共同财产享有平等的处理权;夫妻双方有相互扶养的义务,一方不履行义务的,需要扶养的一方有要求对方付给扶养费的权利;夫妻双方有相互继承遗产的权利。中国夫妻财产关系体现了夫妻在家庭关系中的平等地位,以及注意维护女方的合法财产权益。《涉外民事关系法律适用法》第24条规定,夫妻财产关系,当事人可以协议选择适用一方当事人经常居所地法律、国籍国法律或者主要财产所在地法律。当事人没有选择的,适用共同经常居所地法律;没有共同经常居所地的,适用共同国籍国法律。同时,该法第36条还规定,不动产物权,适用不动产所在地法律。抛开本案的具体事实,这两条规定存在一定的冲突,根据民法的"特殊优于一般"原则,《涉外民事关系法律适用法》第36条属于对不动产物权的特殊规定。因此对于类似案件的处理存在两种观点,一种是按照夫妻财产关系的有关规则处理,一种是直接按照不动产物权纠纷处理。后一种观点从法理上给出的解释是,关于不动产的交易与国家整体交易安全和秩序联系密切,是一种更为重要的法益,笔者认为这种解释比较符合民法的精神。因此在本案中,关于 X 房屋的物权归属问题,应当适用其所在地法律,即中国法律。如果双方争议的事实是动产,那么依据《涉外民事关系法律适用法》第24条更为妥当。

【延展训练】>>>

余某与阮某确认合同无效案①

1987 年 6 月 10 日,余某与阮某在广州市天河区民政局登记结为夫妻。2004 年 10 月,在与余某夫妻关系存续期间,阮某用夫妻共同财产向案外人购买位于广州市天河区员村二横路 9 号 203 房(以下简称 203 房)的房产,并将该房产过户登记至阮某个人名下。2019 年 3 月,余某与阮某因夫妻感情破裂自愿离婚。在余某与阮某在香港特区办理离婚手续期间,余某发现阮某为避免上述房产因与余某离婚而被作为夫妻共同财产予以分割,遂与第三人(阮某之弟)串通,两人通过零对价赠与的转让方式将上述房产过户给第三人。余某认为,上述房产系阮某与余某夫妻关系存续期间,以夫妻共同财产购得,依法应属于夫妻共同财产,权属上应为与余某共同共有,作为夫妻共同财产,夫妻双方对其享有平等的权利,任一方处置该财产均应取得双方一致意见,阮某在余某不知情

---

① 案例来源:中国裁判文书网,案号(2019)粤 0106 民 41290 号。

的情况下,为避免上述房产因双方离婚而被分割,遂与其弟串通无偿赠与他人,其处分行为严重损害余某利益,应属无效。此外,夫妻共同财产是基于法律的规定,因夫妻关系的存在而产生。在夫妻双方未选择其他财产制的情形下,夫妻对共同财产形成共同共有,而非按份共有。根据共同共有的一般原理,在婚姻关系存续期间,夫妻共同财产应作为一个不可分割的整体,夫妻对全部共同财产不分份额地共同享有所有权,夫妻双方无法对共同财产划分个人份额,也无权在共有期间请求分割共有财产。夫妻对共同财产享有平等的处置权,并不意味着夫妻各自对共同财产享有半数份额。只有在共同共有关系终止时,才可对共同财产进行分割,确定各自份额。因此,阮某作为夫妻一方擅自将共同财产赠与他人的赠与行为应为全部无效,而非部分无效,阮某之弟并未支付合理价格,非善意取得。关于本案准据法适用问题,本案诉争的核心是财产纠纷而非人身纠纷,且涉案财产为不动产,应由不动产所在地即天河法院管辖,双方并未约定适用域外准据法即香港特区法律,不具备适用香港特区法律审理的前提和条件。余某、阮某双方是在大陆结婚登记,双方夫妻关系确定在内地,婚姻关系应受我国婚姻法及司法解释保护及管辖,所以本案应适用我国法律进行裁判。综上所述,余某认为,阮某为规避财产分割,与第三人恶意串通,擅自将本属于与余某共同共有的财产,无偿赠与他人,其行为严重侵害余某合法权益,诉请人民法院支持其诉讼请求。人民法院受理案件后,阮某未到庭应诉答辩。

阮某之弟表示不同意余某的诉讼请求,并提出如下理由:

1. 阮某和余某的共同居住地为我国香港,我国香港的法律实行夫妻分别财产制,明确规定已婚妇女的财产范围是分开登记的,在个人名下登记财产归个人所有。本案应适用我国香港法律进行审理。

2. 本案涉案房产事实上是自己与母亲的房改房,当时阮某在国内做生意,母亲为了方便抵押贷款将房产过户至阮某名下。等到母亲年老的时候对财产进行了处置,因为自己长期照顾母亲,母亲认为这个房产还是给自己,由自己将补偿款项给阮某,故这个房产就由被告卖给自己,本案不是无偿赠与,不存在侵犯阮某夫妻共同财产的问题。房产出售是真实买卖合同关系,有相应的证据予以证明。并且此房产母亲生前一直在居住,母亲在 2019 年 10 月去世。该情况余某、阮某知情。

经法院查明,203 房原为阮氏兄弟的母亲曹某名下的房产。2004 年 10 月,阮某以 10 万元向曹某购得该房,该房登记在阮某个人名下。2018 年 9 月,第三人阮某之弟以 10 万元向阮某购得该房,该房登记在其个人名下。余某与阮某于 1987 年 6 月 10 日在广州市天河区登记结婚。现余某与阮某均为香港永久居民。余某当庭陈述其一直是香港居民,阮某原是内地居民。阮某大概在 1992 年到了我国香港,住满 7 年后阮某成为香港居民。两人生育了两名子女,均是我国香港居民。第三人亦陈述阮某在 1992 年左右去我国香港的。

问题与思考:

1. 本案中,余某和阮某关于夫妻财产关系的准据法应如何判断?

2. 应如何认定 203 房的权属问题?

重点提示:

《中华人民共和国涉外民事关系法律适用法》第 24 条,《最高人民法院关于适用〈中华人民共和国涉外民事关系法律适用法〉若干问题的解释(一)》第 2 条、第 19 条。

第四节　父母子女人身财产关系

A 国甲男与中国乙女监护权纠纷案

【案件回顾】 > > >

甲男是 A 国公民,其住所地在 B 国,乙女是中国国籍。甲、乙双方结婚后住所地都在 B 国,两人育有 B 国国籍且住所在 B 国的婚生子女丙。后来甲男、乙女因为感情不和,经由 B 国法院的判决离婚,丙的监护权归甲行使,乙则将住所迁回了中国。乙后来趁甲不在 B 国期间,前往探视丙,并且未经过甲的同意,私自将丙带回中国养育。甲得知此事后,数次向乙要求将丙送回 B 国就学未果。乙以甲已经在 B 国再婚生子为理由,请求中国法院改定其为行使亲权之人,双方就本案究竟应该适用 A 国还是中国的法律发生争执。

【本案争点与法律问题】 > > >

1. 父母对于子女的监护或亲权争议,在国际私法上应当如何定性?

2. 法院定性的标准应该以哪国法律为依据？

3. 中国法院关于父母对于子女的监护或亲权争议的定性实务，是否存在商榷的必要？

【评析研判】> > >

在本案中，甲、乙二人所争执的是父母在离婚后，关于父母对子女权利的行使及义务的负担等问题，究竟应当以哪国法律为准据法。由于中国对于涉外问题的准据法，是由立法者在《涉外民事关系法律适用法》中，就各种法律关系以个别的条文，先预定据以决定其准据法的连结因素或者联系因素，再由法院就具体案例的情形确定其准据法。所以，中国法院对于涉外民事的准据法，不但应适用《涉外民事关系法律适用法》，而且应当正确地适用《涉外民事关系法律适用法》的具体条文。法院的判决不论是应适用《涉外民事关系法律适用法》而未适用，或者虽然已经适用《涉外民事关系法律适用法》但所适用的条文不正确，都属于判决违背法律的情形。

在本案中，当事人之间的争议，从父母的角度来看是因为二人离婚而发生的问题，从子女的角度来看，则是子女和父母的亲权或者监护权应如何调整的问题。上述三种法律关系在《涉外民事关系法律适用法》中，各有决定其准据法的不同规定。《涉外民事关系法律适用法》第 26 条规定，协议离婚，当事人可以协议选择适用一方当事人经常居所地法律或者国籍国法律。当事人没有选择的，适用共同经常居所地法律；没有共同经常居所地的，适用共同国籍国法律；没有共同国籍的，适用办理离婚手续机构所在地法律。第 27 条规定，诉讼离婚，适用法院地法律。第 25 条规定，父母子女人身、财产关系，适用共同经常居所地法律；没有共同经常居所地的，适用一方当事人经常居所地法律或者国籍国法律中有利于保护弱者权益的法律。第 30 条规定，监护，适用一方当事人经常居所地法律或者国籍国法律中有利于保护被监护人权益的法律。

在本案中，根据《涉外民事关系法律适用法》第 27 条规定，甲、乙二人为诉讼离婚，应当适用法院地法律，即 B 国法律，根据第 25 条规定，离婚时甲、乙、丙三人的共同经常居住地是 B 国，因此也应适用 B 国法，依据第 30 条规定，丙在被带回中国之前的经常居住地在 B 国，且其国籍国也在 B 国，由于案例中尚未给出 B 国法律是否更有利于丙，因此默认两国法律在法益保护程度上并无差别，因此也应当适用 B 国法律。从结论上看，法院决定适用上述的任何一条具体条文,都不会直接影响应当以 B 国法为准据法的结果,但是适用不同条文获得相同结论的结果,仅仅是个案中出现的偶然情况,定性仍然直接涉及所适用的冲突规则,从正确适用法律的角度,仍值得予以足够的重视。

理论上看,本案的情形如果根据不同国家的法律所规定的标准,极有可能得出不同的定性的结论。例如,对于同一问题,A 国可能认定其为离婚的效力,B 国可能认定其为亲权问题,C 国可能认定其为监护问题。由于涉外民事应当考虑外国法的适用问题,国际私法上的定性自然不当然仅仅以国内法为唯一依归,这就增添了定性的可能选项及困难程度。

不仅如此,即使依据中国法律的标准,也可能因为中国国内关于同一问题的性质认定众说纷纭,而发生究竟应当以何种学说为标准的问题。例如,对于本案的情形的定性,学说上有下列各种见解及理由:1. 离婚效力准据法说,认为此时未成年子女的监护问题,是附随于父母的离婚而发生的;2. 亲子关系准据法说,认为系离婚后父母对其未成年子女行使监护权,其监护范围与亲权一致,本质上是父母对子女行使亲权的问题;3. 离婚效力准据法及监护准据法说,认为离婚后未成年子女监护权的归属问题,固然应当适用离婚效力的准据法,但监护人确定后,监护人与被监护人之间的法律关系,则属于监护问题,应当适用监护的准据法;4. 离婚效力准据法及亲子关系准据法说,认为父母离婚后,未成年子女监护权的归属问题,仍属于离婚效力的范围,然而对于监护方法、实行及费用负担等,系"监护"本身,即亲子关系的问题,所以应当适用亲子关系的准据法。

上述关于本案情形的见解,严格来说都是综合民法及国际私法的考量结果。在司法实务上,中国台湾地区"最高法院"曾经在两则判决中对上述问题直接表明其见解,这些司法实务的态度值得商榷。在"最高法院"1982 年度台上字第 1888 号民事判决中,上诉人甲男是 A 公民,住所也在美国,被上诉人乙女是中国国籍女子,住所在中国台湾地区。双方当事人就原住所在美国,且具有美国国籍的儿子丙的监护权归属问题发生争执,并起诉至法院。该案在一审中甲男胜诉,二审改判甲男败诉,甲男对于二审的改判判决不服提起上诉。台湾地区"最高法院"判决上诉驳回的理由为,判决离婚后关于未成年子女的监护权如何分配以及其分配方法如何,系附随离婚而生的法律效果,应当依据离婚效力的准据法予以确定。所谓关于未成年子女的监护权如何分配,不仅指夫妻经法院判决离婚后对于其未成年子女应由何方监护的酌定而言,嗣后因情势变更而请求变更监护人即改定监护人的情形也包含在内。至于监护人指定之后,监护人与被监护人之间的法律关系,则属于监护问题,应当受监护人的国籍国法决定。上述意见,即变更监护人并非属于离婚效力的问题,而是有关监护的范围,应当依据关于涉外民事法律关系适用法关于监护的规定判断其准据法,是对法律规则存在误解。此外,法院在作出准许离婚的判决时,虽然已经确定了未成年子女的监护人,但是其后当事人并非不能请求法院变更监护人。原判决系根据上诉人在判决离婚后再婚,并且再次生育子女,认为甲男在这种情况下不适合再担任丙男的监护人,在综合比较双方的职业、经济状况、监护能力以及子女数量等情况后,判定丙改由乙女监护更为适当,因而最终作出了不利于甲男的判决。既然没有以丙男目前与何方共同生活为判断的标准,那么被上诉人携带丙男从美国回中国,其行为无论是否出于不法的目的,对于裁判的结果都不会产生影响,原判决虽然没有在判决理由中加以论断,有欠周延,但是结果并不会改变。

在中国台湾地区"最高法院"1985 年台上字第 1207 号民事判决中,被上诉人是伊朗人,在 1987 年同中国籍的上诉人结婚,上诉人于婚后取得了伊朗国籍。二人婚后于 1984 年生女玛利亚,原中文名为李兰惠,现名为杨亚璇,仅有伊朗国籍。此后,上诉人与被上诉人于 1986 年协议离婚,约定杨亚璇保留伊朗国籍,由上诉人养育至十八岁为止,如果上诉人再婚,杨亚璇的监护权由其祖父或者叔叔行使。因为上诉人在 1986 年同另一名中国籍男子杨振沛结婚,被上诉人依据《中华人民共和国涉外民事关系法律适用法》关于离婚、父母子女关系和监护的法律适用的规定,主张杨亚璇的监护应当适用伊朗的本国法,而伊朗国内的民法第 1170 条规定:"如果母亲在子女监护期间罹患精神异常或者与他人结婚,则其子女监护权应当变更为父亲行使。"所以杨亚璇的监护权应该由伊朗的被上诉人或者其弟弟行使,因而与上诉人发生争议,在中国法院起诉。该案一审法院判决被上诉人败诉,二审判决被上诉人胜诉,并且认为:"关于未成年人的监护,属于亲权的延长,如果不是没有父或者母,或者其父母均不能行使负担其未成年子女的权利义务(即亲权)时,即无所谓亲权的问题,所以其监护即是亲权的行使。上诉人对杨亚璇的监护,应系亲权行使的问题,亦即属于父母子女间权利义务法律关系,换言之,上诉人与杨亚璇之间的法律关系,乃至被上诉人与杨亚璇之间的法律关系,依据涉外民事法律适用法的有关规定,均应当依据父亲的国籍国法,即伊朗国内的民法,综上所述,关于杨亚璇亲权的行使的准据法应该是伊朗民法。"最高法院认为该上诉意见不当,另于判决中提出如下意见:"如果认为案件争点是离婚效力,那么应当依据丈夫的国籍国法。外国人的妻子没有丧失中国国籍或者外国人是娶中国公民为妻的,其离婚的效力适用中国法律关于离婚效力的规定。这是因为,离婚的效力包括离婚后子女的监护,而关于离婚后子女监护人的变更问题,性质上仍然属于夫妻在离婚后应该由何人对未成年子女行使监护(亲权)事项,应当属于离婚的效力的范围。因此,二人离婚后,其女杨亚璇监护人的变更属于上诉人与被上诉人离婚的效力的范围,原审没有考虑到此情形,认定该案是被上诉人与杨亚璇之间的亲子关系,按照涉外民事关系法律适用法关于父母子女关系的规定适用准据法,作出了被上诉人胜诉的判决,是法律适用错误。"

从上述两则案例可以看到,对于类似情形的争点在于是"离婚效力"问题还是"父母子女人身关系"问题。国际私法上的"离婚效力"问题,主要是指夫妻离婚之后,原为配偶的前夫与前妻之间,究竟应当形成何种新的法律关系的问题;有过错的一方是否应该赔偿无过错方的损害,姓氏是否因而恢复或者变更等问题,固然可以认为是离婚效力的问题,至于"其他法律关系"因为夫妻"离婚"而发生变化,例如夫妻财产如何处理,未成年子女的亲权如何行使等,都仍然是"该其他法律关系"的问题,应该依照该其他法律关系的准据法决定。在法院判决离婚的情形下,法院基于诉讼经济的理由,虽然就子女的亲权行使,夫妻财产的分配等一并处理,但是法院是对于相牵连的数个法律关系,在同一个判决中予以一并处理,并非都属于离婚的效力这一个单一的法律关系。关于离婚效力问题适用国籍国法的理由是,适用该法律与当事的裁判离婚关系最为密切,对于继续性的法律关系,例如未成年子女最佳收益的保护问题,应该随着时间的推移,以子女的最新连结因素为准,而不是固定在父母离婚当时的状态,在其是由母亲行使亲权的情况下,如果依据父亲在离婚时的国籍国法律则不符合法理。夫妻离婚多年之后,如果一方主张现实情况已经发生变化,请求为未成年子女的利益考量,另行变更行使亲权的人,其与离婚事件因为已经距离了一段时间,牵连关系依然较为薄弱,其准据法应当回归亲权关系的准据法,不宜再适用离婚效力的准据法。在司法实务上,未明确区分离婚后子女亲权人的"酌定"和"改定",并且认为本案也应当适用离婚效力准据法的离婚之诉,并不妥当。夫妻如果经外国法院依据外国法律判决离婚,法院依据外国法律斟酌未成年子女的最佳利益,决定其行使亲权之人以后,如果另一方违法携带子女回到中国,进而请求中国法院改定行使亲权的人,中国法院对此行为应当予以重视。中国法院宜采取兼顾外国判决的既判力和未成年子女利益的保护,妥善运用不方便法院原则,避免当事人侵害未成年人的合法权益。综上分析,作者认为,法院判决离婚后,虽然衍生除了其他诸如亲权或者夫妻财产制的问题,裁判上也常将相关问题在离婚的诉讼中合并解决,但就系争法律关系的本质而言,亲权及夫妻财产制和离婚的效力不同,所以在判决中,可以考虑将离婚的父母对未成年子女的权利义务问题定性为父母子女的人身财产关系或者亲权来确定其准据法。从立法的原意上解读,父母子女间的法律关系,是指父母对于未成年子女关于亲权的权利义务而言的,其重点是此项权利义务的分配和行使问题,至于父母对于未成年子女的抚养义务的问题,已成年子女对于父母的赡养义务,父母与子女间彼此互相继承的问题等,则应当分别依照抚养、赡养、继承等准据法予以确定。

【延展训练】> > >

田某乙与田某甲、曹某甲抚养费纠纷案①

田某乙在与其妻马某婚姻存续期间,与曹某甲相识,双方保持过同居关系。2010 年 1 月,曹某甲在香港圣德肋撒医院生育一非婚生女儿即田某甲,香港生死登记处所登记的父亲姓名为田某乙。田某甲取得香港永久性居民身份证。田某甲曾与田某乙、曹某甲共同生活,2010 年 12 月起田某甲一直与母亲曹某甲及外祖父母居住在长沙市且共同生活。曹某甲于 2011 年 10 月被医院诊断为精神分裂症,并于 2011 年 10 月 8 日至 2012 年 1 月 6 日、2012 年 10 月 31 日至2013 年 1 月 29 日二次在该院住院治疗。2014 年 8 月 30 日,曹某甲再次被诊断为精神分裂症。由于田某甲的生母曹某甲患有精神类疾病,没有监护能力,而其生父田某乙在 2010 年之后与田某甲及其母亲断绝了一切联系,对田某甲没有承担抚养义务,致使田某甲既无人照料也没有生活来源,田某甲生活的社区居民委员会依法指定其外祖父曹某乙作为其监护人。田某乙从 2011 年 11 月后未向田某甲支付抚养费。2016 年 2 月,田某甲的外祖父曹某乙作为法定代理

---

① 案例来源:中国裁判文书网,案号(2016)湘 01 民终 1381 号。

人向田某乙提起诉讼,要求其承担应尽的抚养义务。田某甲称田某乙家产有几千万元,并有 2300 万元的年经济收入,有能力支付其基本生活开销。一审法院判定田某乙需要一次性支付被上诉人田某甲至其十八周岁时止的生活费414000 元和承担有正式票据的教育费、医疗费的 70%。田某乙不服,提起上诉认为,曹某乙并非田某甲的监护人,无权以法定代理人身份代为提起本案抚养费诉讼,且要求的抚养费缺乏事实和法律依据,法院认定的抚养费标准过高;曹某甲是否患有精神疾病并未进行司法鉴定,一审法院仅凭住院病历和诊断记录即认定曹某甲可以少支付或者不支付田某甲的抚养费是对事实认定不清。请求二审法院撤销原判,改判田某乙按照 1000 元每月的标准按月支付田某甲的生活费,承担正式票据的教育费、医疗费的 50%。

田某乙之妻马某以田某乙将夫妻共同财产擅自给付曹某甲,侵犯其财产权利为由分别向上海市浦东新区人民法院和北京市西城区人民法院起诉田某乙和曹某甲,要求曹某甲返还夫妻共同财产。上述两法院受理后,对田某乙在其婚姻关系存续期间给付曹某甲财产的相关事实进行了审查及认定,并依法作出判决,上海市浦东新区人民法院判决曹某甲返还马某 2475196 元。北京市西城区人民法院判决曹某甲返还马某 366688 元,马某不服该判决,上诉至北京市第一中级人民法院,该院判决曹某甲返还马某 733376 元。

问题与思考:

1. 曹某乙作为被上诉人田某甲的法定代理人需要具备什么条件?

2. 田某甲系非婚生子女,且其户口落在香港特别行政区,田某乙对其是否应当承担抚养义务? 如有,那么相关抚养费计算的依据是什么?

重点提示:

《中华人民共和国民法典》第 23 条规定:"无民事行为能力人、限制民事行为能力人的监护人是其法定代理人。"第 1071 条规定:"非婚生子女享有与婚生子女同等的权利,任何组织或者个人不得加以危害和歧视。不直接抚养非婚生子女的生父或者生母,应当负担未成年子女或者不能独立生活的成年子女的抚养费。"

PART 11

第十一章

继　承

第一节　遗　嘱

甲某遗嘱继承案[①]

【案件回顾】＞＞＞

甲为中国公民,生前长期旅居在 A 国。甲在 A 国死亡时同时具有中国和 A 国国籍,并且在中国和 A 国留下巨额遗产。甲在 A 国死亡时,共有子女三人,其中乙具有中国国籍,丙、丁具有 A 国国籍,此外没有其他依照中国民法是第一顺序继承人的人。甲生前因为认为丙有谋划夺取其财产等不孝行为,曾经在 A 国的公证机关,依照 A 国的法律规定订立了公证遗嘱,废除了丙的继承权,并且制定 A 国人戊作为其遗嘱执行人。其后,乙、丙、丁关于遗产的继承意见不合,并就甲在 A 国所订立的遗嘱是否有效的问题发生争议,经查明,甲的遗嘱符合 A 国法定方式却不符合中国的法定方式。

【本案争点与法律问题】＞＞＞

1. 涉外遗嘱的成立要件的准据法应当如何确定?
2. 涉外遗嘱的方式问题应当依照法律行为的方式或者遗嘱要件的准据法为何?

【评析研判】＞＞＞

《涉外民事关系法律适用法》在第四章中规定的继承的问题,其中第 32 条

[①] 案例来源:陈荣传:《国际私法实用:涉外民事案例研析》,中国台湾地区五南出版公司 2015 年版,第 375 页。

至 33 条分别规定了遗嘱的效力和方式问题,"遗嘱方式,符合遗嘱人立遗嘱时或者死亡时经常居所地法律、国籍国法律或者遗嘱行为地法律的,遗嘱均为成立";"遗嘱效力,适用遗嘱人立遗嘱时或者死亡时经常居所地法律或者国籍国法律"。从法律规定上看,《涉外民事关系法律适用法》对于遗嘱方式的问题有比较多的连结点。从其背后的法理上分析,该法关于遗嘱的成立要件和效力问题是指遗嘱文件本身是否有效成立的判断。至于遗嘱内容中的个别法律行为,例如以遗嘱方式作出的认养、收养、指定继承份额或者遗嘱份额等行为,应当依据各行为的准据法。遗嘱本身的意思表示应该具备的要件,如果存在真意保留、欺诈、胁迫、乘人之危、显失公平等瑕疵意思表示的情况,该遗嘱的效力应该受到何种影响的问题,以及遗嘱内容的解释和补充所应当依据的原则等,都属于第 32 条和第 33 条的适用范围。

各国关于遗嘱方式的规定,例如是否承认自书遗嘱、口头遗嘱、可否二人以上共用一份或者数份联合遗嘱(Joint Wills),是否需要经过公证机构公证或者认证等,仍然有着不一致的规定,因此有必要在国际私法层面决定其准据法。就《涉外民事关系法律适用法》的规定而言,遗嘱方式的准据法的决定,下列两种分别指向不同条文的适用方法都有其可能性:

1. 如果认为遗嘱方式有问题,性质上也属于"遗嘱的成立要件"的问题,那么就应该依照《涉外民事关系法律适用法》第 32 条的规定,适用遗嘱人立遗嘱时或者死亡时经常居所地法律、国籍国法律或者遗嘱行为地法律;依照该条文,如果遗嘱没有具备立遗嘱人订立遗嘱时或者死亡时经常居所地法律、国籍国法律或者遗嘱行为地法律所规定的方式,即使符合所处分财产所在地法律的规定也不能认为是有效成立。

2. 如果认为遗嘱方式并不属于"遗嘱的成立要件"的问题,那么应该依据《涉外民事关系法律适用法》第 6 条的规定予以解决。遗嘱的目的在于尊重立遗嘱人生前所为的安排或者处分,涉外的遗嘱从法理上说也应当尽量尊重立遗嘱人的意志。长期旅居海外的中国侨胞,尤其是已经取得外国国籍的侨民,如果依据其侨居地国家的法律订立遗嘱,该遗嘱在中国却仅仅因为不是依照中国法律订立的,则被认为是不具有法律上的效力,对于这些侨民来说在情理上是难以接受的。公证人执行公证所做成的法律文书,具有"公文书"的功能。在实务中,有时候会存在法院不承认外国公证遗嘱文书的情况。为了最大限度地保障立遗嘱人的个人意志,应当在当事人没有构成恶意规避法律的情况下,外国公证机关制作的在当地属于合法有效的公证书在中国也应当得到承认和执行。除非该国存在不承认或不执行中国公共机关"公文书"的先例。

在本案中,甲生前所订立的遗嘱是否具备法律规定的方式的问题,在人民法院的裁判实务中将其定性为《涉外民事关系法律适用法》第 32 条关于"遗嘱的方式"的规定。甲具有中国国籍和 A 国国籍,中国台湾地区承认双重国籍,大陆地区不承认双重国籍,假设该案由中国大陆人民法院受理,且该中国国籍为中国大陆国籍,那么在甲不放弃 A 国国籍的情况下,其中国国籍自动消灭,依照其 A 国国籍处理。并且在本案中,甲立遗嘱时或者死亡时的经常居所地、国籍国和遗嘱行为地是唯一的。根据《涉外民事关系法律适用法》第 32 条规定,其遗嘱方式是否有效应当依据 A 国法律进行判断。如果其财产中涉及在中国的不动产,那么该不动产物权的归属问题应当适用中国法律。

【延展训练】> > >

邹某、冯某财产损害赔偿纠纷案①

我国香港居民邹某于 2015 年 6 月在香港特区立下遗嘱,指定其妻子赵某为遗嘱执行人及受托人,将其名下不动产及动产平均赠与其妻子赵某、女儿邹某兰、邹某洁。2016 年 8 月,邹某在我国香港特区去世。该遗嘱于 2017 年 4 月经我国香港高等法院原讼法庭认证并作出《附有遗嘱的遗产管理书》。2016 年 8 月 22 日至 9 月 6 日期间,邹某在内地开设的证券账户支出人民币 513.3 万元,分别转入其在内地的女儿邹某红及其配偶、儿子的账户。赵某、邹某兰、邹某洁以邹某红占有邹某的内地遗产,损害邹某的遗嘱继承人财产权益为由提起诉讼,要求邹某红等返还上述财产及利息。

问题与思考:

1. 该案应当适用何地法律?

2. 涉案遗嘱是否具有法律效力?

重点提示:

依据《中华人民共和国涉外民事关系法律适用法》第 32 条、第 33 条规定,

---

① 案例来源:中国裁判文书网,案号:(2019)粤 06 民终 220 号。

对邹某所立遗嘱的方式、效力审查,应适用香港法律。涉案遗嘱符合香港法律规定并经香港高等法院原讼法庭认证,具备法律效力。

第二节 继 承

A 国甲男法定继承案[①]

【案件回顾】> > >

甲是一名具有 A 国国籍的工程师,应聘来中国担任飞机维修的工作,并且与中国国籍的女子乙结为夫妇。婚后因二人久未生育,于是便收养了中国公民丙为养子。收养手续办好以后,两人共同养育丙至两岁,此时乙发现自己恢复了生育能力,最终产下女儿丁,丁为 A 国国籍。某日甲在上班途中,不幸发生车祸,送至医院后不治身亡。甲在 A 国及中国两地都遗留下了银行存款和其他动产若干,并且甲在 A 国还有一套房产。乙、丙、丁就甲的遗产继承问题在中国人民法院提起诉讼。现查明,A 国法律规定养子不能成为继承人,女性可以为继承人,但是女性继承人(包括被继承人的妻子)应当继承的份额为其他男性继承人的二分之一。

【本案争点与法律问题】> > >

1. 涉外继承的准据法应该如何决定?

2. 人民法院关于外国继承法的规定,如何依据公序良俗条款而排除其适用?

【评析研判】> > >

在比较国际私法上,涉外继承问题有主张由单一准据法予以决定的统一主义,以及主张由多数准据法予以决定的不统一或者分割主义两种观点。中国

---

① 案例来源:陈荣传:《国际私法实用——涉外民事案例研析》,中国台湾地区五南出版公司 2015 年版,第 81 页。

《涉外民事关系法律适用法》第31条规定,法定继承,适用被继承人死亡时经常居所地法律,但不动产法定继承,适用不动产所在地法律。在该规定中,将动产和不动产的法定继承加以区别,但书的内容特别规定了不动产的法定继承适用不动产所在地法律。此种规定背后的法理意义是,由于不动产关系到一国交易安全、管理秩序等诸多因素,适用不动产所在地法律更为便宜,体现了与统一主义相对的分割主义。

《涉外民事关系法律适用法》第31条的规定明确了在法定继承中,遗产是动产或者不动产存在区别,特别是当动产和不动产处于不同的法律管辖区时,法定继承将会找到两个及以上的准据法。这种立法体例的设计是传统的继承分割主义。除中国大陆地区外,采用传统继承分割主义的国家还有英国、美国等国。中国大陆地区、英、美等国关于继承的国际私法规定,实际上与就个别物权的准据法的规定,即动产依其所有人的住所地法,不动产依其所在地法完全一致。所以就功能而言,继承分割主义实际上有使继承的准据法与物权的准据法趋于一致,避免因为法院定性出现不同的结论,而使得判决适用的准据法产生歧义的作用。在立法体例上,采用继承分割主义还可以消除统一主义的一切弊端。在实践中,一国公民侨居海外后,许多人为了工作生活等方面的便利而加入侨居地的国籍,但是同时其在侨居前仍在原国籍国有大量亲属,且这些亲属仍保留原籍。一旦该脱离原籍的侨民死亡,发生继承纠纷,在采用继承统一主义的法律辖区,如果根据被继承人的新国籍国法,即侨居地法解决,那么很可能由于各地对于婚姻家庭关系的理解不同而丧失对特定法益的保护。因此仍需要兼采继承分割主义的立法体例,以保护原国籍国亲属的合法权益。

在《涉外民事关系法律适用法》第5条中规定"外国法律的适用将损害中华人民共和国社会公共利益的,适用中华人民共和国法律",这条规定体现的是民法的公序良俗原则。民法典第8条对公序良俗原则作了明确的规定,即"民事主体从事民事活动,不得违反法律,不得违背公序良俗"。所谓公序良俗,即是公共秩序和善良风俗的简称。公序良俗原则起源于罗马法,被法国、日本等大陆法系国家以及我国澳门特区和台湾地区民法所沿用。在德国民法中,与公序良俗相当的概念是善良风俗。在英美法中,与此类似的概念则是公共政策。公序良俗原则的作用主要是填补法律漏洞,克服法律局限性。所谓公序,即社会一般利益,在我国现行法上包括国家利益、社会经济秩序和社会公共利益。所谓良俗,即一般道德观念或良好道德风尚,包括我国现行法上所称的社会公德、商业道德和社会良好风尚。根据公序良俗原则的内在要求,其一方面是指民事主体在参与民事法律关系时,在不违背法律强制性规则的条件下,可以以其公共秩序的一般要求和善良的风俗习惯进行民事行为;另一方面,民事纠纷的仲裁者在法律规定不足或不违背强制性法律规范的条件下,可以运用公共秩序的一般要求与善良风俗习惯处理纠纷。根据公序良俗原则,民事法律制度对民事主体权利行使作出必须的法律限制性规定,加上公认的道德规范,形成了具有系统性的公序良俗,体现了"法无明文禁止即可为"和"权利不可滥用"的辩证统一性。"法无明文禁止即可为"意味着民事主体在不违背强制性法律规则和法律不禁止的条件下,可自愿选择满足或有利于自身利益的行为。"权利不可滥用"意味着对民事主体权利行使时,其行为应符合善良风俗习惯,并不损害政治国家和市民社会一般的公共秩序要求。尤其是在法律不足以评价主体行为时,公序良俗原则可以限制民事主体的意思自治及权利滥用。我国传统法律文化中,一贯注重"德行教化"的作用,并以此造就了中华法系偏重伦理性的法律精神,这为公序良俗原则在市场经济条件下的运用,提供了良好的思想基础。同时,由于我国社会主义市场经济体制的确立与发展,市民社会生活与交往日趋繁荣与复杂,这又为公序良俗原则的运用提供了广阔的社会基础。公序良俗来源于民事法律调整的固有缺陷,即市民社会生活交往的广泛性、复杂性、不稳定性与法律的不可穷尽性之间的矛盾。公序良俗原则的任务则是解决这一矛盾,以弥补法律的不足,维护社会公共利益,实现社会正义。具体到本案中,甲去世时没有留下遗嘱,因此该案定性为法定继承的问题,依据《涉外民事关系法律适用法》的规定,法定继承应当适用被继承人死亡时经常居所地法律,但不动产法定继承,适用不动产所在地法律。如果案例中甲仅遗留有动产和存款,那么就不存在但书后的不动产问题。但是,甲在 A 国尚遗留有房屋一套,根据但书的规定,该不动产的继承问题,应当适用 A 国法律。甲作为被继承人,其死亡时的经常居住地在中国,因此其他的动产和银行存款的法定继承问题,仍然适用中国法律。在不动产的法定继承上,A 国的法律中存在明显歧视女性的条款,如果适用该国法律,那么将严重违背我国"男女平等"的社会理念,不符合公序良俗的基本要求。根据《涉外民事关系法律适用法》第 5 条的规定,当适用 A 国法律时将损害中华人民共和国社会公共利益的,适用中华人民共和国法律。因此,仍将适用中国法律对该房产的分配作出判决。

丁某某与符某某、唐某等法定继承纠纷案[①]

A 男为中国籍男子,其与 B 女于 2006 年 6 月 3 日登记结婚。A 男和 B 女在婚前各有一段婚史。A 男与其前妻毛某都是中国国籍,二人生育有一子丙,也为中国国籍,三人共同居住地均在中国。B 女是美国人,其与中国籍男子唐某结婚后一同生活在美国。2000 年 7 月 8 日,二人共同生育一女甲,为美国国籍。2002 年,因工作原因,唐某携带妻女共同回上海生活,甲仍为美国国籍。2005 年 10 月 12 日,由于二人感情不和,经法院调解后,B 女与唐某离婚,双方生育之女甲随 B 女共同生活。

A 男与 B 女婚后未生育,甲随 A 男和 B 女共同生活,是 A 男的继女。A 男的母亲系丁某某,其父亲陈某于 2007 年死亡。A 男和丁某某、B 女的户籍均在上海市某村丁某某承租的公有住房内。2013 年 9 月 13 日,该房屋动迁分到三套住房,因丁某某考虑今后与 A 男共同居住,即将现址为青浦区的 3 号房屋安置给 A 男。A 男与 B 女另有存款人民币 600 万元。2013 年 11 月 28 日 A 男病重住院,由于国内医疗条件有限,故在澳洲接受治疗。为了 B 女探病方便,A 男以家庭共同财产在澳洲购买了一套房屋。丁某某的大女儿陈美丽(A 男的大姐)预见今后可能会产生纠纷,在 12 月 3 日前后向 A 男提出立遗嘱,A 男表示同意。2013 年 12 月 9 日,陈美丽将遗嘱打印后委托其公司员工带到澳洲,A 男看过遗嘱后表示遗嘱写得很好,要求公证遗嘱,但因澳洲当地公证处不上门公证,而 A 男也不能下床,A 男就让护士、护工作为见证人在遗嘱上签名。立遗嘱时,丁某某不在场。A 男于 2013 年 12 月 31 日死亡。

A 男病故前告知丁某某其今后生活全部由 B 女负责,故 A 男去世后,丁某某即与 B 女共同生活,但时有争吵。2015 年 1 月,丁某某生病,但 B 女却提前回老家,2 月底回沪后取得了上述安置房屋(1 号房屋)后于 3 月 2 日不辞而别。丁某某认为,其和 B 女均系 A 男的法定继承人,现 B 女独占全部遗产,严重侵犯

[①] 案例来源:北大法宝,引证码:【法宝引证码】CLI. C. 52301709, https://www.pkulaw.com/pfnl/a25051f3312b07f30a41fae2d4cde0d9af315b689a995c28bdfb. html? keyword = % E8% AF% A5% E6% 88% BF% E5% B1% 8B% E5% 8A% A8% E8% BF% 81% E5% 88% 86% E5% 88% B0% E4% B8% 89% E5% A5% 97% E4% BD% 8F% E6% 88% BF% EF% BC% 8C% 20。

丁某某的合法权益,故其诉诸法院,向法院提出诉讼请求:准予其和 B 女依法继承 A 男的遗产。B 女抗辩称,A 男系本次动迁的安置对象,不存在丁某某将房屋赠与 A 男的事实。A 男所立遗嘱并未附条件,仅系对其对照顾老人的后事交代,B 女与原告同住 1 年多,一直在照顾原告。后丁某某的二女儿陈红红为争夺财产处处挑拨 B 女和丁某某的关系,对 B 女施加暴力,迫使 B 女搬走而无法照顾原告。故 A 男的遗产应按遗嘱继承。经法院查明,2013 年 9 月 13 日,丁某某作为坐落于上海市某村××号房屋的承租人与上海市普陀区住房保障和房屋管理局签订上海市国有土地上房屋征收补偿协议,该协议约定丁某某选择房屋产权调换,住房保障和房屋管理局提供给丁某某产权调换房,房屋总建筑面积 202.26 平方米,分别为青浦区 1 号房、青浦区 2 号房、青浦区 3 号房。同日,丁某某、B 女、丙以及 A 男签署了产权调换房屋产权办理确认单,确认青浦区 1 号房产权人为丁某某,青浦区 2 号房产权人为丙,青浦区 3 号房产权人为 B 女、A 男。2015 年 1 月 17 日,丁某某就系争 3 号房屋与开发商签订上海市商品房预售合同,现该房屋登记在丁某某一人名下,由 B 女居住使用。双方当事人确认该房屋市场价值约为 200 万元。

A 男与前妻毛某所生之子丙患有精神类疾病,生活不能自理。2013 年 3 月 1 日,A 男与其前妻毛某以及 B 女、丙签订调解协议,约定丙于 2013 年 1 月 30 日与张某登记结婚,监护人由 A 男变更为张某,一旦丙与张某离婚,监护人转为毛某,若毛某不履行上述协议,A 男和 B 女将上海市 4 号房屋赠与丙的产权房自动取消,收回赠与。丙应学会自立,自谋生计,不得以任何形式向 A 男和 B 女索取其他任何财物,不得向 A 男家族索取任何费用,如丙不能履行上述协议,A 男和 B 女将上海市 4 号房赠与丙的产权房自动取消,收回赠与。

问题与思考:

1. 在本案中,判断 A 男所签订的遗嘱是否具有法律效力应该依据哪一国家的法律?

2. 如果认为遗嘱无效,那么法定继承应当如何分配?

3. 案例中的调解协议是否有效?

重点提示:

《涉外民事关系法律适用法》第 31 条、32 条、33 条。

PART 12

第十二章

国际民事诉讼

第一节 外国人的民事诉讼地位

美国 JP 摩根大通银行与利比里亚海流
航运公司船舶抵押权纠纷案①

【案件回顾】＞＞＞

原告:JP 摩根大通银行(JPMorgan Chase Bank)

被告:海流航运公司(Seastream Shipping Inc.)

1997 年 6 月 19 日,原告与被告、航海者航运公司(Mariner Shipping Inc.)、曼特玛航运公司(Montemar Shipping Inc.)、海威德航运公司(Seaward Shipping Inc.)、塔拉玛航运公司(Taramar Shipping Corporation)五家借款人订立了贷款合同(Loan Agreement),约定由原告向五借款人提供贷款 35,000,000 美元。2001 年 9 月 3 日,原告又与包括被告在内的上述 5 名借款人就上述贷款合同签订补充协议,协议确认截止到该补充协议签订之日贷款数额为 10,130,987 美元,补充协议对贷款合同进行部分修改,约定欠款偿还方式为:第 1 至 6 期连续分期付款,首两期各偿还 843,250 美元,第 3 至 6 期(包括在内)各偿还 593,250 美元,最后一笔偿还 6,071,487 美元,协议将最终期满日改为 2002 年 4 月 30 日,首期分期偿付期限为 2001 年 9 月 15 日,其后每间隔 45 天偿还一期分期付

---

① 案例来源:北大法宝数据库,美国 JP 摩根大通银行与利比里亚海流航运公司船舶抵押权纠纷案,【法宝引证码】CLI. C. 874961,网址:https://www. pkulaw. com/pfnl/a25051f3312b07f37b401489c599a222a64c16e220f2cef9bdfb. html? keyword = % E2% 80% 9C% E8% 88% AA% E6% B5% B7% E8% 80% 85% E2% 80% 9D% E5% 8F% B7% E6% B2% B9% E8% BD% AE% E8% A2% AB% E6% 89% A3% E5% B9% B6% E6% 8B% 8D% E5% 8D% 96% E5% 81% BF% E4% BB% 98% E5% 80% BA% E6% 9D% 83% E6% A1% 88% 20。

款。在补充协议中,借款人还同意支付原告因准备、商议、落实和执行或企图执行该协议时所产生的一切费用、收费及开支(包括律师费)。

1997 年 6 月 27 日,原告与被告签订担保契据,约定以被告所有的"航海者(M. T. Mariner)"轮向原告抵押,为上述贷款合同项下 35,000,000 美元贷款设立第一优先抵押权。1997 年 6 月 27 日,原告与被告根据上述贷款合同及担保契据,在伦敦巴哈马籍船舶注册官处办理了"航海者"轮的船舶抵押登记手续,该抵押登记证书载明:被告将其拥有的"航海者"轮的 64 股份以及船上的小艇等装置抵押给原告,以担保上述贷款合同、担保契据及其他担保文件下所有现时到期或欠付抵押权人的款项,包括本金、利息及其他可确定款项等。

1999 年 7 月 7 日,原告与海运国际公司(Maritime International Inc.)签订了一份透支协议(Uncommitted Overdraft Facility),约定由原告向海运国际公司提供透支贷款 2,000,000 美元,海运国际公司应在原告要求时立即偿还透支贷款。2000 年 7 月 17 日,被告及其他担保人航海者航运公司、曼特玛航运公司、海威德航运公司、塔拉玛航运公司与原告签订了担保合同,约定包括被告在内的五位担保人为上述 2,000,000 美元透支贷款承担连带清偿责任。2000 年 7 月18 日,被告与原告签署了一份第二优先担保契据,约定被告以其所属的"航海者"轮作抵押,为向原告清偿上述透支贷款提供担保。2000 年 7 月 18 日,被告按照上述透支协议、担保合同的约定,在伦敦巴哈马籍船舶注册官处办理了抵押登记手续,抵押登记证书载明:被告将其拥有的"航海者"轮的 64 股份以及船上的小艇等装置抵押给原告,以担保上述透支协议及担保合同项下所有现时到期或欠付抵押权人的款项,包括本金、利息和其他可确定的到期款项等。2001 年 9 月 3 日,原告与海运国际公司、被告及航海者航运公司、曼特玛航运公司、海威德航运公司、塔拉玛航运公司为上述透支协议签订了补充协议,确认截止到该签约日借款人海运国际公司透支总额为 1,993,615.64 美元,并部分修改了透支协议。

2002 年 3 月 7 日,原告为上述两笔贷款向被告发出了催款通知。2002 年 4 月 5 日,被告函复原告称:被告确认收悉原告按照 1997 年 6 月 19 日的贷款合同及 2000 年 7 月 17 日的保证合同于 2002 年 3 月 7 日发出的催款通知,截止到 2002 年 3 月 15 日,透支到期应付的欠款为 4,804,072.37 美元,贷款到期应付欠款 2,241,136.27 美元;被告承认以上欠款至今尚未偿付,同时确认被告与其他借款人连带承担偿还以上欠款的责任;被告相信其他借款人在其船舶被出售后没有偿还欠款的可能。被告授权原告向中国广州的法院出示本确认书,被告对原告在广州的法院提起有关"航海者"轮的索赔无意提出抗辩;被告没有足够的资金偿还以上欠款,对于原告申请广州的法院司法出售"航海者"轮,被告确认不提出任何异议;被告委托当地的代理中国茂名外轮代理水东港有限公司代表被告接受广州的法院送达的有关扣押、拍卖"航海者"轮的文书、有关判决和传票等。庭审中,原告确认以上两笔欠款的数额无误,包括贷款、透支款本息及相关费用。

伦敦的巴哈马籍船舶注册官于 2002 年 2 月 8 日摘录的"航海者"轮的船舶登记资料表明,"航海者"轮船籍港为巴哈马拿骚(Nassau),1976 年韩国建造,钢质油轮,总吨 130,421 吨,净吨 100,598 吨,船舶所有人为被告,该轮分 64 股,全部由被告拥有。该轮先后设立了三次抵押登记,分别为:1997 年 6 月 27 日以该轮 64 股抵押担保应付原告的欠款及利息;2000 年 7 月 18 日以该轮 64 股抵押担保应付原告的欠款及利息;2001 年 9 月 20 日以该轮 64 股抵押担保应付普尔托努公司(Puertollano Compania Naviera S. A)的欠款及利息。上述船舶抵押登记没有具体载明所担保的债权数额、利息率、受偿期限。原告提供了经认证的英国伦敦公证人理查德.约翰.塞维利(Richard John Saville)的公证证明,该公证证明了上述船舶抵押文件的真实性,证明船舶抵押文件符合当时生效的巴哈马立法,是按照英国伦敦巴哈马籍船舶登记处要求的样式作出的,是正确和有效的。

2002 年 3 月 14 日,原告以被告拖欠其船舶抵押贷款本息 7,323,377.26 美元为由,向广州海事法院申请扣押"航海者"轮,要求被告提供 780 万美元的担保。3 月 15 日,广州海事法院裁定准许了原告的扣船申请,责令被告在 30 日内提供 780 万美元的担保,同日扣押了该轮。3 月 22 日,原告提起本案诉讼后即以被告拒不提供担保,船舶不宜继续扣押为由向本院申请拍卖"航海者"轮。经审查,广州海事法院于 3 月 29 日裁定拍卖该轮,保存船舶价款。5 月 9 日,"航海者"轮被法院依法拍卖,由原告以 5,940,000 美元买得,5 月 14 日本院在茂名水东港水域将"航海者"轮移交于原告,解除了对该轮的扣押。原告因申请扣押、拍卖"航海者"轮向法院预交了扣船申请费 5,000 元人民币。在船舶拍卖公告期内,原告为从卖船款中受偿向本院申请债权登记,交纳债权登记费 500 元人民币。法院因扣押与拍卖"航海者"轮发生船舶维持与监管费用、拍卖费用、海关吨税等共 678,628.17 美元。"航海者"轮的拍卖价款扣除上述扣押、拍卖费用及吨税后,余款为 5,261,371.83 美元。

原告 JP 摩根大通银行于 2002 年 3 月 22 日向广州海事法院起诉,请求法院判令被告偿付所欠的贷款、透支款、利息及费用共计 7,045,208.64 美元,并承担扣船申请费、债权登记费及本案诉讼费,确认原告基于上述债权对"航海者"轮享有船舶抵押权,有权从船舶拍卖款项中优先受偿。

被告海流航运公司没有答辩。

广州海事法院经审理认为:本案属涉外船舶抵押权纠纷。《中华人民共和国海商法》第二百七十一条第一款规定:"船舶抵押权适用船旗国法律。"本案抵押船舶"航海者"轮的船旗国为巴哈马。因此,对本案船舶抵押权纠纷应适用《巴哈马商船法》(Bahamas Merchant Shipping Act)。原告向本院提供了《巴哈马商船法》英文文本,经巴哈马公证机关公证并经中华人民共和国驻巴哈马大使馆认证,证明该法律文本于 1976 年 11 月 29 日颁布,自 1976 年 12 月 31 日生效,现尚有效。该法律文本"抵押权"部分第三十三至四十一条的中文翻译件经公证与原文内容相符。原告与被告等借款人于 1997 年 6 月 19 日签订贷款协议,约定被告等借款人向原告贷款 35,000,000 美元。原告与海运国际公司于 1999 年 7 月 7 日签订透支协议,约定由原告向海运国际公司提供透支贷款 2,000,000 美元。原告与被告还分别为上述两笔贷款签订了担保合同,约定由被告对上述两笔贷款承担担保责任与连带清偿责任。按照贷款合同补充协议的约定,上述贷款合同项下最后一批贷款的偿付期限于 2002 年 4 月 30 日届满。按照透支协议的约定,透支贷款因原告请求偿还而到期,原告于 2002 年 3 月 7 日向被告发出催款通知,故被告应于 2002 年 3 月 7 日清偿透支贷款。本案所涉合同均为合同双方当事人真实意思的表示,不违反中华人民共和国的公共利益和法律的强制性规定,合法有效,对当事人具有法律约束力,当事人应依约履行义务。虽然原告没有提供证据证明实际贷款的数额,但原告与被告一致确认截止到 2002 年 3 月 15 日被告欠原告上述两笔贷款本息及相关费用分别为 4,804,072.37 美元与 2,241,136.27 美元,合计 7,045,208.64 美元。被告应当向原告清偿上述欠款。被告为担保本案两笔贷款的清偿以其所属的"航海者"轮设立了抵押,并在船旗国巴哈马的船舶登记机构办理了抵押登记手续。《巴哈马商船法》对船舶抵押登记的规定除强调登记的时间外没有规定其他必备内容,该法第三十三条第一、二款规定:"登记的船舶或船舶的股份可以作为贷款或其他有价对价(valuable consideration)的担保,当规定的抵押文件出示后,最初的登记官应当予以登记备案。抵押应当以向最初的登记官提出抵押的时间顺序登记,登记官应当制作备忘录通告已登记的抵押,在记录上注明登记的具体时间。"该法第三十五条规定:"如果在同一船舶或船舶股份上登记有多个抵押权,无论是否存在任何明示、默示或推定的通知,抵押权人之间的优先应根据抵押登记的日期,而不是抵押日期来确定。"该法第三十七条规定:"每个登记的抵押权人均有权在其登记的范围内处分船舶或股份,并为购买价款出具有效收据,如果同一船舶或股份上登记有多个抵押权人,没有顺序靠前的抵押权人的一致同意,顺序靠后的抵押权人不能出卖船舶或股份,但根据有管辖权法院的裁决除外。"按照巴哈马船舶登记机构的船舶抵押登记记载,担保本案所涉两笔贷款的船舶抵押分别为第一、第二顺序抵押。该两项船舶抵押登记不违反《巴哈马商船法》关于船舶抵押权的规定。有关公证认证证明也表明该两项抵押登记符合巴哈马法律,是有效的。根据《巴哈马商船法》的上述规定,原告就本案所涉两笔贷款款项 2,241,136.27 美元与 4,804,072.37 美元在"航海者"轮被本院拍卖前分别对该轮享有第一、第二优先抵押权。因贷款到期后,被告没有清偿上述由船舶抵押所担保的部分贷款款项,原告有权申请法院扣押并拍卖"航海者"轮,从该轮拍卖款项中优先受偿。依照《巴哈马商船法》第三十五条、第三十七条的规定,广州海事法院于 2002 年 7 月 25 日判决如下:

被告海流航运公司偿付原告 JP 摩根大通银行贷款、透支款及其利息与相关费用共 7,045,208.64 美元,原告 JP 摩根大通银行基于该债权在本院拍卖"航海者"轮以前对该轮享有船舶抵押权,在该轮拍卖后有权从该轮拍卖款项中优先受偿。本案案件受理费人民币 302,386 元、扣船申请费人民币 5,000 元、债权登记费人民币 500 元由被告负担。

宣判后,双方当事人均没有上诉。

【本案争论点与法律问题】

本案主要涉及国际民事诉讼中的国民待遇原则以及当事人的诉讼权利和行为能力问题。

【评析研判】＞＞＞

本案是我国"入世"后成功审理的一宗相当具有国际影响的典型的涉外船舶抵押权纠纷案,本案所涉船舶"航海者"轮的总吨位达 130,421 吨,载重吨为 26 万吨,是世界上为数不多的巨型油轮,该轮是我国有史以来司法扣押与拍卖的最大吨位的外轮,有关的债务纠纷是在目前国际航运市场竞争日趋激烈,部分船东经营困难的背景下发生的,该轮的扣押、拍卖及有关纠纷的实体审理受到国际航运界的广泛关注,虽然单纯从判决文字上看,本案法律关系比较直观,债权债务关系清楚,并无错综复杂的问题,但本案审理正确处理了涉外民商事案件中的定性、管辖权和法律适用三个基本问题,在拍卖船舶、查明并适用外国法、审核英文书证方面作了一些尝试,其中的经验是值得总结的,

一、案件的管辖权与定性

本案双方当事人均为外国法人,所涉被抵押船舶的船旗国是巴哈马,由于被抵押船舶抵达我国广东水域后,原告在我国申请扣船并起诉,依照《中华人民共和国海事诉讼特别程序法》第六条第二款第六项及第十三条关于被保全财产所在地法院管辖、担保物所在地法院管辖的规定,广州海事法院对本案被抵押船舶的扣押及实体审理均具有管辖权,本案是因原告向被告追索抵押贷款,请求行使船舶抵押权而发生的纠纷。本案包含两种法律关系,即借款合同法律关系与抵押担保法律关系,前者是先决条件,只有借款合同下的债权成立,抵押担保法律关系才能成立,本案审理的重点是确定原告是否具有船舶抵押权,审查船舶抵押权自然会涉及审查抵押担保的债权,故本案应定性为船舶抵押权纠纷,而不宜定性为船舶抵押贷款合同纠纷、或船舶抵押合同纠纷,后两种定性均为合同纠纷,不能涵盖或突出抵押权的效力这一核心问题,

二、及时裁定拍卖船舶

海事诉讼特别程序法第二十九条规定:"船舶扣押期间届满,被请求人不提供担保,而且船舶不宜继续扣押的,海事请求人可以在提起诉讼或申请仲裁后,向扣押船舶的海事法院申请拍卖船舶。"该法第二十八条规定扣押船舶的期限为 30 日,该法第三十二条规定拍卖船舶的公告期间不少于 30 日,从上述法条的文意上看,只有船舶扣押期间 30 日届满后,在同时满足其他法定条件的情况下,海事请求人才可以申请拍卖船舶,如果按照这种理解,从扣船到实际拍卖船舶至少需要 60 日以上(扣船期间 30 日和拍卖船舶公告期 30 日以上),在本案中被扣押船舶吨位巨大,扣押期间的燃油消耗、港口使费、监管费用等每日达 30 多万元人民币,而且船舶被扣押在港外 15 海里的锚地面临台风等风险,长期扣押的成本与风险均很高,对各方当事人均不利。法院应原告的申请于 2002 年

3月15日扣船,3月22日原告起诉后即申请拍卖船舶,尽管原告在扣船期限30日未满就申请拍卖船舶,但法院经审查后认为:为了减少扣船成本,充分保护当事人利益,可以先裁定拍卖船舶,然后经过30日以上的公告期间,如果被请求人仍不提供担保,即可按裁定拍卖船舶;如果被请求人在船舶被扣押后30日内提供了担保,法院停止拍卖裁定的执行,这样被请求人仍有30日提供担保的期间;如果要求海事请求人(原告)在扣船期间30日届满才能申请拍卖船舶,这将大大增加扣船成本,反而不利于保护当事人的利益,于是,法院于3月29日裁定拍卖船舶,由于被请求人(被告)没有提供担保,法院遂于5月9日拍卖了被扣押的船舶,由本案的处理可以看出,司法实践中不宜硬性将海事请求人申请拍卖船舶的时间限制在扣船期间30日届满,应结合实际情况对海事诉讼特别程序法第二十九条作出适当解释,

三、外国法的查明与适用

按照海商法第二百七十一条关于船舶抵押权适用船旗国法律的规定,本案应适用巴哈马法律审查船舶抵押权的成立及效力问题,较为棘手的是,本案贷款合同本应适用合同约定的准据法(英国法),由于英国法中的有关判例难以查明,最终只能适用我国法律进行审查,但由于本案贷款合同的双方当事人、合同签订地、履行地等均与我国没有联系,直接运用我国法律审查该贷款合同,无疑不符合当事人的真实意思,也显得不合情理,而且,双方当事人对贷款事实与欠款数额均一致认可,并无异议,据此法院按照证据规则可以直接认定债权数额,本案没有必要再过多地审查贷款合同的效力等问题,故本案判决回避了贷款合同的法律适用问题,在确定贷款合同不违反我国的公共利益和法律的强制性规定的前提下,直接按照国际上充分尊重合同当事人意思自治的司法理念,确认了贷款合同的效力,这种处理是适当的,

关于巴哈马法律的查明,在本案审理过程中,原告向法院反应及时查明巴哈马法律有困难,办案法官了解有关情况后,直接电话与我国驻巴哈马国大使馆取得联系,得到了该大使馆工作人员的支持,该大使馆在10天内即将经公证认证的《巴哈马商船法》快递至国内。由此可以看到,当事人及律师远比不上法院有威信,因而在对外交往、查明外国法时遇到一些障碍而不能克服,这是现实问题,今后审理涉外案件,法院不能一味消极等待当事人去查明外国法,而要积极发挥自身优势,利用各种合法途径,主动查明外国法,法院主动查明外国法也许比当事人和律师查明外国法更及时更有效,

四、外文书证的审核

本案原告在诉讼中提供了贷款合同、担保合同等 13 份英文书证,共 300 多页,也提供了相应的中译文,还提供了《巴哈马商船法》英文本及其中译文,其中的中译文同其他的涉外案件的证据翻译一样存在译文有些晦涩,句子修饰语过长等不符合中文表达习惯的问题,翻译中存在"英文式的中文",这给法院认定事实带来困难,如果将有关内容直接搬进判决书中,将会影响判决书文字的流畅性,有损司法的严肃性和权威性。因此,审理涉外案件的法官应当具备一定的外语水平,正确区分英、汉两种语言文字的风格,审核英文书证的翻译,对有翻译有出入的地方,在质证时向当事人提出异议,请当事人作出适当的翻译,或提出纠正意见,取得当事人的认可,按照语言学界普遍遵循的翻译原则,对外文书证翻译的审核,要坚持"信(Faithfulness)"、"达(Expressiveness)"、"雅(Elegance)"三个标准,即翻译要忠实于原文、语句通顺、文字优美,本案承办法官按照上述标准审核了外文书证,查明了有关事实。

第二节 国际民事诉讼管辖权

新世界百货中国有限公司、嘉兴龙鼎置业有限责任公司商业诋毁纠纷案①

【案件回顾】 > > >

上诉人(原审被告)新世界百货中国有限公司(NEWWORLDDEPARTMENT-STORECHINALIMITED),住所地开曼群岛大开曼岛哈金斯大道克里奇广场 2681 邮箱,邮编 KY1 – 1111(CricketSquare,HutchinsDrive,P. O. Box2681,Grand-CaymanKY1 – 1111,CaymanIslands)。

法定代表人张辉热,执行董事。

被上诉人(原审原告)嘉兴龙鼎置业有限责任公司,住所地浙江省嘉兴市东

---

① 案例来源:中国裁判文书网,新世界百货中国有限公司、嘉兴龙鼎置业有限责任公司商业诋毁纠纷管辖民事裁定书,案号〔2015〕浙辖终字第 46 号,网址:https://wenshu. court. gov. cn/website/wenshu/181107ANFZ0BXSK4/index. html? docId = 03cbf505328b4a918648a8e200a230eb。

升东路 2489 号二区服务用房 333 室。

法定代表人何关金,执行董事。

上诉人新世界百货中国有限公司(以下简称新世界公司)与被上诉人嘉兴龙某置业有限责任公司(以下简称龙某公司)商业诋毁纠纷一案,中华人民共和国浙江省嘉兴市中级人民法院受理后,新世界公司在答辩期内提出管辖权异议,该院作出(2014)浙嘉知初字第 414 号民事裁定驳回其异议。新世界公司不服,向浙江高级人民法院提起上诉。

原审法院认为:龙某公司以新世界公司发布《公司声明》诋毁龙某公司构成侵权为由,提起诉讼,并提供了(2014)浙嘉誉证民内字第 3961 号公证书作为证明。该公证书记载,2014 年 9 月 4 日,在公证人员的监督下,龙鼎公司的代理人何军在浙江省嘉兴市誉天公证处 205 办公室的计算机上登录 www. nwds. com. hk 网站,对该网站上的涉案声明进行公证保全,该公证书可初步证明新世界公司在 www. nwds. com. hk 网站上发布涉案声明的事实。根据新世界公司提供的公司注册登记材料以及其在管辖权异议申请书中的陈述,新世界公司的住所地以及 www. nwds. com. hk 网站的网络服务器均位于境外,故龙某公司发现涉嫌侵权内容的计算机终端所在地可视为侵权行为地。现该计算机终端位于原审法院辖区,该院对本案具有管辖权。新世界公司对本案管辖权提出的异议不能成立。该院依照《中华人民共和国民事诉讼法》第一百二十八条、第一百五十四条第一款第(二)项,《最高人民法院关于适用〈中华人民共和国民事诉讼法〉若干问题的意见》第 28 条之规定,于 2014 年 12 月 17 日裁定:驳回新世界公司对本案提出的管辖权异议。

新世界公司上诉称:本案系因互联网网页内容而提起的侵权诉讼。《公司声明》系放置于新世界公司境外网站上只能浏览、读取的信息,假设原审法院据此管辖本案,则当事人可以任意选择可以上网地区的任何法院,造成全球所有法院都对网络侵权案件具有管辖权。假设该声明确实构成侵权,但新世界公司在中国大陆境内并无居住场所,发布声明的网站服务器位于境外,且至今在中国境内的任何媒体、网站上均未出现相关报道、转载,龙某公司亦无证据证明国内确已发生实际损害。故原审法院以龙某公司发现涉嫌侵权内容的计算机终端所在地可视为侵权行为地,并以此享有管辖权是错误的,龙某公司作为网页访问者所在地法院无管辖权。基于国际民事诉讼程序的基本惯例,请求二审法院撤销原裁定,将本案移送至有管辖权的新世界公司住所地的他国法院受理,或驳回龙某公司的起诉。

龙某公司未作答辩。

经审查,龙某公司主张其于2013年12月27日与新世界公司全资附属公司新世界百货投资(中国)集团有限公司签订了商标使用合同、策划服务合同、意向书、合作确认书,按约支付了700万元策划费、100万元商标使用费,并经该公司同意使用"香港新世界广场"、"香港新世界百货商业广场"以及"新世界百货"商标名称与标识,开展相应的商业推广活动。2014年8月4日、8月22日,新世界公司明知前述事实仍在其网站上发布《公司声明》,称未授权龙某公司使用新世界百货商标与名称,亦未与龙某公司签订合作确认书等,其内容的片面性与虚假性足以导致相关消费者产生错误认识,影响龙某公司的商业信誉和声誉,给龙某公司造成重大经济损失。龙某公司遂于2014年10月23日诉至原审法院,请求判令新世界公司:1. 立即停止侵权,包括但不限于删除其网站(××.hk)2014年8月22日的《公司声明》;2. 新世界公司在其网站(××.hk)首页显著位置持续刊登向某鼎公司赔礼道歉、消除影响的公开声明,刊登时间与侵权行为持续时间相同;3. 新世界公司在新浪网、网易网等网站首页和《法制日报》《中国工商报》等报纸第一版显著位置连续三个月刊登公开声明就其商业诋毁行为向某鼎公司赔礼道歉、消除影响;4. 赔偿经济损失人民币12879元,并承担本案诉讼费用。

浙江高级人民法院认为,本案系涉外商业诋毁纠纷案件。根据《中华人民共和国民事诉讼法》第二百六十五条规定,因合同纠纷或者其他财产权益纠纷,对在中华人民共和国领域内没有住所的被告提起的诉讼,如果合同在中华人民共和国领域内签订或者履行,或者诉讼标的物在中华人民共和国领域内,或者被告在中华人民共和国领域内有可供扣押的财产,或者被告在中华人民共和国领域内设有代表机构,可以由合同签订地、合同履行地、诉讼标的物所在地、可供扣押财产所在地、侵权行为地或者代表机构住所地人民法院管辖。而商业诋毁纠纷在《民事案件案由规定》中属于不正当竞争纠纷,应受有关不正当竞争的法律规范调整,根据《中华人民共和国反不正当竞争法》第十四条规定,经营者不得捏造、散布虚伪事实,损害竞争对手的商业信誉、商品声誉。据此,商业诋毁行为本质上属于侵权行为。根据《中华人民共和国民事诉讼法》第二十八条规定,因侵权行为提起的诉讼,由侵权行为地或者被告住所地人民法院管辖。而该规定所涉的侵权行为地即包括侵权行为实施地、侵权结果发生地。本案中,龙某公司提供(2014)浙嘉誉证民内字第3961号公证书,其中所附网页可初步证明新世界公司于2014年8月22日在××.hk网站发布《公司声明》。龙某公司认为该声明与事实不符,损害其商业信誉、商品声誉。故本案诉争指向通过信息网络实施的侵权行为。根据《最高人民法院关于审理利用信息网络侵害人身权益民事纠纷案件适用法律若干问题的规定》第二条规定,利用信息网络侵害人身权益提起的诉讼,由侵权行为地或者被告住所地人民法院管辖。侵权行为实施地包括实施被诉侵权行为的计算机等终端设备所在地,侵权结果发生地包括被侵权人住所地。因(2014)浙嘉誉证民内字第3961号公证书所涉公证事项系在浙江省嘉兴市誉天公证处的计算机上通过电信宽带方式接入互联网进行的保全行为,即实施被诉侵权行为的计算机终端设备所在地在原审法院辖区,而且龙某公司的住所地位于浙江省嘉兴市,故原审法院作为侵权行为实施地或侵权结果发生地人民法院依法对本案享有管辖权。综上所述,新世界公司要求移送管辖的上诉理由不能成立,对其上诉请求浙江高级人民法院不予支持。依据《中华人民共和国民事诉讼法》第一百七十条第一款第一项之规定,裁定如下:

驳回上诉,维持原裁定。

【本案争论点与法律问题】

1. 我国法律规定的专属管辖范围包括哪些?
2. 网络侵权案件管辖权的确定存在哪些困难?

【评析研判】＞＞＞

随着互联网信息传播以及商品交易的便捷性不断提高,一旦商标侵权信息在互联网上出现,其负面影响波及范围非常广,甚至能够动摇传统冲突法以"地域"为中心的管辖权基础。许多国家相当注重与权利人有关的争议行为,该行为可能会给权利人造成潜在的经济损失,损害相关人利益以及主权权力等有关要素,行使管辖权要受到公平合理等多种因素的制约,也不能轻易地被否决,这就会产生大量的管辖权冲突,由于互联网的独特性,传统管辖规则在应对互联网环境下涉外商标侵权时显得力不从心。

一、属地管辖原则

互联网中传统司法管辖区域的界限不再清晰,按照明确领域进行分割的方式不再适用,侵权行为地难以确定,被告很可能不是法院地国家的居民、在法院地国家没有住所,或者在法院地国家没有可供扣押的财产,甚至被告人从未在法院地国出现过,则被告与法院地国家的地域联系是非常低的。此外,互联网环境下的商标侵权行为地不再具有唯一性,通过互联网建立的商标法律关系往往无法单纯地凭借地理位置来确定。商标信息一旦在某一地上传至互联网,便能够传递到世界各个角落,涉网商标争议案件的一个显著特点是"网"的非地域性,网站本身并不是地点,而是用来应答计算机指令的文字和程序代码,而且任何网站也不可能测定浏览进入该网站的具体地点。互联网环境下商标侵权案件也是如此,侵权行为地的认定非常困难。一般国内涉及互联网的商标侵权案件,其侵权地的判断都尚且存有争议,而涉外互联网环境下的商标侵权案件的侵权行为地的判断就更难,理论争议也更多。

二、最密切联系原则

当然,随着全球运输业和互联网通信技术的不断发展,国际民商事活动的管辖依据已经从单纯的"属地主义"向"联系说"迈进,但这不意味着"联系说"能完美地解决互联网环境下商标侵权案件的管辖问题。互联网的无国界性使得适用"属地主义"去准确判定地理位置变得异常困难。以联系为基础的管辖,似乎是最适合互联网环境下商标侵权案件的管辖模式,在该规则的指导下,如果案件所涉及的人、事或物等因素与法院地存在合理的、有意义的联系,那么就可以适用法院地的有关法律审理案件。除非法院地或者互联网经营者采取特殊的技术措施限制互联网信息在当地的传播,在互联网环境下商标信息可以在全球范围内与任何法院地发生联系。但是"联系说"也有一定的弊端,如何判断互联网环境中合理的、真实的、有意义的联系是有一定难度的。以互联网信息传播的涉及地来认定有联系存在很大漏洞,无国界的互联网并不能带来全球性的管辖权,否则在互联网的世界,任何一个国家的法院都对案件具有管辖权。

三、属人管辖原则

属人管辖是指一个国家对具有国籍的当事人拥有管辖权,在传统的管辖规则中,属人管辖就可能存在法律冲突,更何况身处复杂多变的互联网。首先,互联网的虚拟性质以及开放式的管理模式,一时很难获取互联网用户真实身份信息,特别是在匿名使用的情况下。其次,当事人的国籍可能与争议案件没有任何实质性的联系,国籍所在国可能基于多种原因拒绝行使管辖权。上述情况使得国籍这一连接点失去了实际意义。由此可见,传统管辖权规则遇上互联网会不可避免地受到一些限制,传统的国际民事管辖模式并不能完全适用于涉及互联网的案件,传统管辖规则受到前所未有的挑战。但在确定具体的管辖权时,有关解决知识产权争议案件的传统管辖规则所考虑的因素,仍在需要分析的范围之内。我们依然要在传统管辖规则的基础上来探寻解决互联网环境下涉外商标侵权案件的管辖。

【延展训练】＞＞＞

紫荆公司诉诺文公司、某云计算公司网络域名权属纠纷案①

紫荆公司于 2019 年 3 月 10 日通过某云计算公司注册了案涉域名 miasuki.com。香港诺文公司向亚洲域名争议解决中心香港秘书处投诉,要求裁决案涉域名应转移给诺文公司,该中心于 2020 年 10 月 30 日裁决案涉域名转移给诺文公司。紫荆公司不服该裁决,将诺文公司及某云计算公司诉至前海法院,请求判决确认其为案涉域名的所有人。诺文公司对本案提出管辖权异议,认为本案应移送至北京互联网法院审理。

前海法院认为,紫荆公司诉请的实质是不服亚洲域名争议解决中心香港秘书处的裁决。无论是紫荆公司在注册争议域名时,还是香港诺文公司在提交投诉时均已同意适用《统一域名争议解决政策》,故应视为双方已达成书面协议同意适用该规则中的司法管辖条款。根据该规则的管辖条款,各方一致约定对行政程序中取消或转让域名的裁决有任何疑义,应提交注册商主营业机构所在地法院和提交投诉时注册商 Whois 数据库中域名注册信息所显示的域名持有人的地址所在地的法院管辖。本案中,注册商主营业机构所在地即被告某云计算公司的住所地位于北京市海淀区,域名持有人即原告注册信息显示的地址位于深圳市福田区。考虑到被告某云计算公司住所地及两被告的委托诉讼代理人均位于北京市,且被告诺文公司主张移送至北京互联网法院,基于便利当事人诉讼的考虑,本案移送北京互联网法院处理。

---

① 案例来源:北大法宝数据库,紫荆公司诉诺文公司、某云计算公司网络域名权属纠纷案——适用国际通用规则中司法管辖规则,推动域名争议不同解决机制之间的规则衔接,【法宝引证码】CLI. C. 417626619,网址:https://www. pkulaw. com/pfnl/95b2ca8d4055fce10b01ae85892570ed71eefb5e9dc608eabdfb. html? keyword = % E5% 9B% BD% E9% 99% 85% E6% B0% 91% E4% BA% 8B% E8% AF% 89% E8% AE% BC% E7% AE% A1% E8% BE% 96% E6% 9D% 83% 20。

本案为涉港网络域名权属纠纷,其实质是域名持有人不服亚洲域名争议解决中心香港秘书处的裁决而提起的网络域名权属纠纷。亚洲域名争议解决中心是受国际组织互联网络名称和数字分配机构授权的提供国际通用顶级域名争议解决服务的机构之一。在解决此类纠纷时,本案依据我国民事诉讼法规定的协议管辖的方式依法适用该中心适用的国际通行规则《统一域名争议解决政策》中的司法管辖规则,尊重域内外当事人的意思自治,有助于推动域名争议不同解决机制之间的规则衔接,确保案件裁判符合相关国际规则,为粤港澳大湾区建设积极营造开放、稳定、可预期的法治化营商环境。

问题与思考:

1. 当事人协议选择管辖法院有无限制条件? 如有,通常有哪些限制条件?

2. 如果当事人已经在主合同中约定了管辖权条款,当事人是否还能变更该管辖权条款? 如何变更?

第三节　国际民事司法协助概述

越南社会主义共和国平定省法院司法协助调查案①

【案件回顾】> > >

2014 年 11 月 12 日,注册于越南社会主义共和国的 VINAPACK 股份公司与注册于中华人民共和国境内的 XIN YU HUA MEI MINING 公司签订了原生塑料颗粒买卖合同,约定由 VINAPACK 公司向 XIN YU HUA MEI MINING 公司购买原生塑料颗粒 25 吨,货物总价为 33,910 美元,交货地为越南的岘港港口,付款方式为信用证支付。2014 年 12 月 4 日,VINAPACK 股份公司与中国银行胡志明

---

① 案例来源:北大法宝数据库,上海浦东法院发布涉外商事审判十大典型案例之六:越南社会主义共和国平定省法院司法协助调查案——积极开展国际司法协助合作认真办理涉"一带一路"沿线国家司法协助调查取证请求,【法宝引证码】CLI. C. 323745727,网址:https://www.pkulaw.com/pfnl/c05aeed05a57db0af93b429ecacb7ca9c3fe37f16df0570bbdfb.html? keyword = % E5% 9B% BD% E9% 99% 85% E6% B0% 91% E4% BA% 8B% E5% 8F% B8% E6% B3% 95% E5% 8D% 8F% E5% 8A% A9% 20。

市分行签订信用证合同,由中国银行胡志明市分行开具编号为 LC5110314000131 的信用证用于结算。

2015 年 1 月 2 日,XIN YU HUA MEI MINING 公司托运的货物运抵岘港的仙沙港口,VINAPACK 公司在验货时发现货物与合同约定的货物不一致,故于 2015 年 1 月 8 日发送通知书给中国银行胡志明市分行要求暂停转款给 XIN YU HUA MEI MINING 公司。2015 年 1 月 9 日,VINAPACK 公司向越南平定省法院提起诉讼,并要求采取暂时紧急方法。平定省法院于 2015 年 1 月 12 日 11 时 50 分向中国银行胡志明市分行送达决定书,要求中国银行胡志明市分行停止向 XIN YU HUA MEI MINING 公司结算信用证,中国银行胡志明市分行回复已于 2015 年 1 月 12 日 10 时 11 分将总金额结算给信用证受益人,同时告知信用证在中国国内的结算银行为南洋商业银行(中国)有限公司。

由于对信用证是否已经兑付无法查实,平定省法院委托我国司法机关对结算信用证的南洋商业银行(中国)有限公司送达《要求暂时保留给 XIN YU HUA MEI MINING Co.,Ltd 的支付款》的通知,并就相关问题进行调查。

浦东法院于 2019 年 10 月 18 日收到委托后,迅速组织查明了我国民事诉讼法对委托调查事项的相关规定,同时还查明中越两国于 1998 年 10 月 19 日签订了《中华人民共和国和越南社会主义共和国关于民事和刑事司法协助的条约》。在审慎审查了平定省法院提交的材料后,浦东法院认为该调查取证符合条约规定,可以对南洋商业银行(中国)有限公司进行送达及调查取证。

2019 年 10 月 25 日,本案承办法官依据《中华人民共和国民事诉讼法》的规定,至南洋商业银行(中国)有限公司依法送达及调查取证,根据平定省法院在委托函件中列明的调查问题一一进行了询问,并记录在卷,由被调查人确认签字。调查结束后,浦东法院将调查结果进行了书面回复。

【本案争论点与法律问题】

本案是关于涉外送达的一个案例,涉及司法协助的前提和条件问题。

【评析研判】> > >

国际司法协助作为国际合作中的一个重要内容,其价值不仅体现在便利地解决了涉外诉讼程序中的诸如送达、取证等困难,还体现在各国间能以司法合作为契机,促进不同主体之间在其他经济、文化等领域的交往与合作。

本案是上海法院首例来自"一带一路"国家的司法协助请求。随着"一带一路"建设的深入推进、上海自贸试验区及临港新片区的持续发展,跨国间的商业交往日趋频繁,因商业交往引发的争议也随之增加。无论国外企业还是国内企业,都希望在优良的营商环境下进行商业活动。因此,对于在国际商事交往过程中产生的商事争议,各国司法机关应该在相互尊重的基础上,加强合作妥善处理商事纠纷。我国法院面对"一带一路"建设过程中产生的商事争议,应在维护司法主权的基础上,平等保护中外当事人合法权利。本案为妥善处理国际间的司法协助调查取证提供了可供参考的实践经验。

随着涉外案件的增加,需要适用《海牙送达公约》《海牙取证公约》和双边民事司法协助条约送达司法文书和调查取证的情况越来越多。根据《最高人民法院关于依据国际公约和双边司法协助条约办理民商事案件司法文书送达和调查取证司法协助请求的规定(2020 年修正)》,人民法院应当根据便捷、高效的原则确定依据海牙送达公约、海牙取证公约,或者双边民事司法协助条约,对外提出民商事案件司法送达文书和调查取证请求。本案作为上海法院首例针对来自"一带一路"国家的司法协助请求案件,正确适用了中国与越南签订的双边协助条约,为今后处理类似案件积累了经验,值得推广。

第四节　域外送达

福建省龙岩龙化集团公司、福建省龙岩龙化化工有限公司买卖合同纠纷案①

【案件回顾】 > > >

再审申请人(一审原告、二审上诉人):(香港)联合企业公司。

代表人:潘若华,该公司东主。

---

① 案例来源:最高人民法院:福建省龙岩龙化集团公司、福建省龙岩龙化化工有限公司买卖合同纠纷申请再审民事裁定书,案号(2015)民申第 2031 号,网址:https://wenshu.court.gov.cn/website/wenshu/181107ANFZ0BXSK4/index.html? docId = 792b5f6ede60422a94096961ef02843e。

被申请人(一审被告、二审被上诉人):福建省龙岩龙化集团公司。

被申请人(一审被告、二审被上诉人):福建省龙岩龙化化工有限公司。

再审申请人(香港)联合企业公司(以下简称联合企业)因与福建省龙岩龙化集团公司(以下简称龙化集团)、福建省龙岩龙化化工有限公司(以下简称龙化公司)买卖合同纠纷一案,不服福建省高级人民法院(2014)闽民终字第1228号民事判决,向最高人民法院申请再审。

联合企业请求撤销终审判决,改判支持其全部诉讼请求,理由是:其一,联合企业履行了《协议书》约定的义务,实现了发泡剂(暂定为ADC-HKUN)的产品专卖,终审判决关于"专卖权不成立"的认定缺乏事实与法律依据。中国化工学会精细化工专业委员会主任委员兼秘书长王某某签署了(2011)化会精字第015号《关于偶氮二甲酰胺(ADC发泡剂)指标的专门性问题的说明》,两被申请人在龙岩市中级人民法院(2013)岩民初字第53号庭审中,对2002年6月12日的《收条》《结算单》的真实性和证明对象没有异议,并表示"原告在庭前证据交换时自认了讼争产品ADC发泡剂于2002年6月8日才生产,其主张的承担2002年6月8日以前的赔偿责任于法无据。"龙岩市中级人民法院(2013)岩民初字第53号民事判决也认为,"根据原告联合企业的陈述,被告龙化集团于2002年6月8日才生产出《7·12协议》约定的指定型号(暂定为ADC-HKUN)产品,因此原告请求龙化集团对2002年6月8日之前的销售行为承担赔偿责任,于法无据"。其二,龙化集团系违约方,根据原《中华人民共和国合同法》第九十四条的规定,不享有合同解除权。《反诉状》未依法进行域外送达,《送达回证》载明,联合企业公司没有签收,应以(2008)闽民再终字第1号民事判决的生效日期2009年2月10日为合同解除的日期。其三,终审判决对"成交额"的计算存在错误。根据福建省国家税务局于2012年12月5日的《函复》,2004年6月24日至2004年10月11日期间龙化集团与东莞荣和公司的成交额应为人民币2218400元(票面金额人民币1896068.32元、税额人民币322331.68元),按成交额20%进行赔偿的金额应为人民币443680元。

最高人民法院认为:

本案系买卖合同纠纷。联合企业与龙化集团签订的《协议书》已经生效的福建省高级人民法院(2008)闽民再终字第1号民事判决解除。联合企业2013年1月提起本案诉讼,称龙化集团和龙化公司仍有其他违反《协议书》约定的禁止交易的行为并向该两公司主张违约赔偿。联合企业提起本案再审申请的主要理由集中在:联合企业是否实现了(ADC - HKUN)的产品专卖、《协议书》解除日期的认定、赔偿金额的计算这三个问题上。

一、关于联合企业是否实现了发泡剂指定型号(暂定为 ADC - HKUN)的产品专卖

按照《协议书》的约定,联合企业除购买发泡剂外,还将取得该指定型号产品的专卖权。但本案没有证据表明在《协议书》签订之后,龙化集团生产出了该指定型号的产品。最高人民法院(2011)民监字第 325 号民事裁定亦认定,龙化集团已经生产的 ADC - V012 型发泡剂与《协议书》指定型号 ADC - HKUN 的 ADC 发泡剂产品在技术指标上存在显著差异。联合企业所称的《关于偶氮二甲酰胺(ADC 发泡剂)指标的专门性问题的说明》系联合企业单方委托有关机构和个人作出,相对方不予认可,不能作为认定事实的依据。因此,现有证据不能证明联合企业已经实现了《协议书》中约定的指定型号(ADC - HKUN)产品的专卖。

被申请人龙化集团和龙化公司虽然确认了龙化集团 2002 年 6 月 12 日出具的《收条》、《结算单》的真实性和证明对象,但由于《收条》载明的产品为型号为 ADC - V012,故联合企业仍不能证明其实现了《协议书》指定型号 ADC - HKUN 产品的专卖权。被申请人的其他表示以及龙岩市中级人民法院(2013)岩民初字第 53 号民事判决的相关认定则针对的是赔偿额的起算时间问题,与 ADC - HKUN 产品是否已实现专卖无关。二审判决认定不能仅凭该庭审笔录的记载来认定龙化集团、龙化公司承认了 ADC - HKUN 型号产品实现了专卖并无不当。

二、关于对《协议书》解除日期的认定

龙化集团有在诉讼中提起反诉的权利,龙化集团的反诉是在(2004)厦民初字第 231 号案件审理过程中提出的,由于合同双方均未严格履行合同义务,《协议书》因无法继续履行已被生效的福建省高级人民法院(2008)闽民再终字第 1 号民事判决予以解除。由于反诉状于 2004 年 10 月 11 日送达给了联合企业,联合企业也针对反诉进行了答辩,因此《反诉状》无须域外送达。本案终审判决认定《协议书》已于 2004 年 10 月 11 日解除是正确的。

三、关于赔偿金额的计算标准

按照《协议书》的约定,龙化集团违约金的计算方法为成交额的 20%。按照联合企业向最高人民法院提供的增值税发票复印件和福建省国家税务局的《函复》复印件显示的内容,增值税税率为 17%,其销售金额是根据货物单价、数量计算而来。因此,原审法院根据增值税记载的销售金额认定成交额并无不当。由于增值税发票中的税额是按照发票记载的销售金额乘以税率计算而来,故联合企业主张的计算方法实际上是"价税合计",以此计算成交额没有合同依据,最高人民法院不予支持。

综上所述,联合企业的再审申请理由不能成立,其再审申请不符合《中华人民共和国民事诉讼法》第二百条规定的情形,本院依照《中华人民共和国民事诉讼法》第二百零四条第一款的规定,裁定如下:

驳回(香港)联合企业公司的再审申请。

【本案争论点与法律问题】

1. 什么情况下需要采取涉外送达的方式?
2. 我国法律规定的涉外送达有几种途径?

【评析研判】> > >

本案涉及域外送达问题。国际上通用的域外送达方式主要有以下几种:

1. 外交代表或领事送达。请求国法院将需要送达的司法文书或司法外文书通过本国外交部转交被请求国的外交代表或领事,并由该外交代表或领事送达给有关当事人或诉讼参与人。

2. 邮寄送达。一国法院通过邮寄送达方式将需要送达的文书直接寄给国外的当事人或诉讼参与人。

3. 个人送达。一国法院将需要送达的文书委托给具有一定身份的个人代为送达。"一定身份的人"指当事人的诉讼代理人或其指定的人或与其关系密切的人。

4. 公告送达。一国法院将需要送达的文书通过登报、广播、广告等方式告知当事人,自公告之日起一定期限届满之时视为已送达。此种方式是一种替补方式,只有在前述送达方式不能实行或当事人地址不明,或满足了一定条件的情况下,需要送达文书的国家可采取该途径。

5. 中央机关送达。中央机关是指一国为司法协助目的指定或建立的负责统一对外联系并转递有关司法文书和司法外文书的机关。

6. 法院送达。请求法院将需要送达的文书直接交给被请求国主管法院并由其送达给当事人。采用这一送达方式必须以存在双边或多边司法协助条约为基础。

1965 年海牙《送达公约》采用了中央机关送达、外交代表或领事送达、邮寄送达、个人送达,并规定了"其他途径"。所谓"其他途径"即留给各个缔约国自行规定其他送达途径。我国是该公约的缔约国,因此我国在向该公约的其他缔约国送达司法文书或司法外文书时,即适用公约规定的送达方式。《中华人民共和国民事诉讼法》(2012 年修正版)第 267 条第 1 项规定:"依照受送达人所在国与中华人民共和国缔结或者共同参加的国际条约中规定的方式送达。"

2012 年修正的《中华人民共和国民事诉讼法》还新增了一种送达方式——电子送达。第 267 条第 7 项规定:"采用传真、电子邮件等能够确认受送达人收悉的方式送达。"此款的规定亦是时代进步的要求。

【延展训练】> > >

朱良民间借贷纠纷案①

原告:朱良,男,1962 年 4 月 2 日出生,汉族,住中华人民共和国北京市东城区。

委托诉讼代理人:逄玉英,北京市浩天信和律师事务所律师。

委托诉讼代理人:毛婷,北京市浩天信和律师事务所律师。

被告:刘威(LIUWEI),男,1969 年 1 月 18 日出生,加拿大籍。

原告朱良与被告刘威(LIUWEI)民间借贷纠纷一案,北京市高级人民法院于 2020 年 1 月 3 日立案后,依法适用普通程序,公开开庭进行了审理。原告朱良的委托诉讼代理人逄玉英、毛婷到庭参加诉讼,被告刘威经北京市高级人民法院依法送达开庭传票,未到庭参加诉讼。本案现已审理终结。

原告朱良向本院提出诉讼请求,请求法院判令:1. 刘威支付朱良借款本金 3368767.12 元;2. 刘威以本金 3368767.12 元为基数按照年利率 10% 支付自 2021 年 4 月 16 日起至实际支付日止的利息;3. 刘威承担本案的涉外送达费 634.29 元及案件受理费。

---

① 案例来源:中国裁判文书网,北京市第四中级人民法院朱良民间借贷纠纷一审民事判决书,案号(2020)京 04 民初 44 号,网址:https://wenshu. court. gov. cn/website/wenshu/181107ANFZ0BXSK4/index. html? docId = 697e4edfb2fe47fab28a197933aa8069。

事实和理由：2010 年 5 月，朱良向北京北极宝科技发展有限公司（以下简称北极宝公司）出借 300 万元。2010 年 10 月 25 日，朱良与借方北极宝公司、担保方刘俊祥（刘威之父，现已去世）、孙禹签订《借款协议》（以下称《借款协议一》），约定因北极宝公司购买一类药临床药号急需资金，朱良向北极宝公司已出借 300 万元，年息 10%。2010 年 11 月 25 日，朱良与北极宝公司签订《借款协议》（以下称《借款协议二》），约定因北极宝公司运作经费不足，朱良同意出借 50 万元给该公司应急。朱良共向北极宝公司支付借款 350 万元。

2016 年 4 月 1 日，朱良与北极宝公司、刘威签订《债务转移协议书》，约定朱良同意北极宝公司将其对朱良的债务（350 万元本金及利息）转移给刘威，刘威同意接受。各方约定了分期付款的具体还款计划，并约定向朝阳区人民法院诉讼解决争议。

协议签订之后，刘威未能如约履行。2017 年 7 月 11 日，朱良与刘威签订《补充协议》，刘威承诺在 2017 年年底之前偿还借款。但截至目前，刘威仅向朱良陆续还款 380 万元，尚有 3368767.12 元本金及利息至今未还。经朱良多次催促，刘威拒不履行，刘威的违约行为已严重损害朱良合法权益。为此，朱良向法院提起诉讼，请求人民法院依法支持朱良的诉讼请求。

被告刘威未出庭应诉，亦未提交书面答辩意见。

原告朱良围绕诉讼请求提交了以下证据：1.《执行委托书》；2.《借款协议一》；3.《借款协议二》；4.《债务转移协议书》；5.《补充协议》；6.《确认出售自住房还北极宝科技发展公司朱良先生欠款》；7. 欠款明细表及银行流水；8.《关于重组"北极宝"科技有限公司股权比例决定》；9. 北极宝公司的工商档案；10. 交易明细（350 万）；11. 还款明细（340 万元）；12. 欠款明细表；13. 域外送达产生的费用支付凭证以及境外汇款申请书、境外汇款借记通知书。经核对原件，北京市高级人民法院对证据 1－6、8－11、13 及证据 7 中的银行流水予以认可，证据 7 中的欠款明细表及证据 12 欠款明细表均系朱良自行制作的，仅作为参考，不作为定案依据。被告刘威未向北京市高级人民法院提交证据。

根据当事人陈述和经审查确认的证据，北京市高级人民法院认定事实如下：

2010 年 10 月 25 日，借方北极宝公司与被借方朱良、担保方刘俊祥（刘威之父）、孙禹签订《借款协议一》，约定：因北极宝公司购买一类药临床药缺预付款，急需资金三百万元。朱良先生同意并已借给借方 300 万元应急，年息 10%，还款日期在 2011 年 8 月底之前。北极宝公司并以全部股权及资产作为还款担保。如果北极宝公司不能还款，刘俊祥与孙禹个人将各承担借方借款 50% 的还款责任，以其保证朱良先生借款的安全归还。北极宝公司将以其股权和资产为刘俊祥与孙禹担保。但是，如遇特殊情况，经双方书面同意，还款时间可以延期。《借款协议一》上借方处有北极宝公司加盖的公章，被借方处有朱良的签名，担保方处有刘俊祥和孙禹的签名。

2010 年 11 月 25 日，借方北极宝公司与被借方朱良签订《借款协议二》，约定：因北极宝公司运作经费不足，急需资金 50 万元。朱良先生同意借给借方五十万元应急。北极宝公司并以其股权及进口保健品作为担保，年息 10%。还款日期在 2011 年 11 月底之前。北极宝公司以股权及资产作为还款担保。但是，如遇特殊情况，经双方书面同意，还款的时间可以延期。《借款协议二》上借方处有北极宝公司加盖的公章，被借方处有朱良的签名。

根据朱良提交的银行转账交易明细显示，朱良于 2010 年 10 月 25 日将 350 万元分三笔转账至孙禹账户。庭审中，朱良称其转给孙禹的款项即为出借给北极宝公司的款项，孙禹系北极宝公司的原股东和监事，刘俊祥为北极宝公司的实际控制人。为证明该主张，朱良向北京市高级人民法院提交了《关于重组"北极宝"科技有限公司股权比例的决定》和北极宝公司的企业信用报告。

2015 年 4 月 6 日，刘俊祥的妻子孙燕云出具《确认出售自住房还北极宝科技发展公司朱良先生欠款》，主要内容：在刘俊祥先生去世后，其妻子孙燕云及其儿子刘威均同意将目前在北京居住房—朝阳区团结湖二条 4 号楼 105 室出售，所得款项用于解决北极宝公司向朱良先生的借款与公司债务。

2016 年 4 月 1 日，债权人朱良（甲方）和债务人北极宝公司（乙方）、债务承受人刘威（丙方）签订《债务转移协议书》，约定：鉴于债务人乙方欠负债权人甲方债务 350 万元整（利息未计，2010 年 5 月 1 日起至今，年息百分之十）。经过友好协商，丙方本着负责任的态度，同意将乙方债务 350 万元及利息承受。具体还款甲方计划如下：1. 2016 年 6 月底前还款 50 万元；2. 2016 年 9 月底还款 50 万元；3. 2016 年 12 月底前还款 50 万元；4. 2017 年 3 月底前还款 100 万元；5. 2017 年 5 月底前还款 100 万元；6. 2017 年 7 月底还上述款利息，具体利息标准可有协商余地。各方因履行本合同发生争议，各方均有权向约定的北京朝阳区人民法院提起诉讼。协议上北极宝公司加盖的公章、朱良和刘威的签名。

上述协议签订后，刘威分别于 2016 年 7 月 2 日、7 月 4 日、7 月 21 日、9 月

26 日、12 月 29 日向朱良偿还 1000 元、4.9 万元、5 万元、10 万元、20 万元。

2017 年 7 月 11 日,朱良(甲方)和刘威(乙方)签订《补充协议》,约定:自乙方向甲方签署还款计划书至今,未能守约。2017 年 6 月下旬,乙方刘威回到北京再次当面向甲方承诺:在 2017 年底之前将欠甲方的 300 万元本金偿付,利息余后。《补充协议》上有朱良、刘威的签名。庭审中,朱良称《补充协议》中的 300 万元系指其向北极宝公司出借的、由刘俊祥及孙禹担保的 300 万元,另外的 50 万元双方未签订补充协议。

2021 年 4 月 16 日,陈建文代刘威向朱良还款 340 万元,至此刘威共向朱良偿还款项 380 万元。庭审中,朱良主张将该 380 万元先抵充利息、再抵充本金后,刘威尚欠借款本金 3368767.12 元及自 2021 年 4 月 16 日之后的利息。另,朱良为进行本案诉讼,通过涉外送达方式向刘威送达了起诉状及相应的证据材料,为此共支付款项 634.29 元。

北京市高级人民法院认为,刘威系加拿大籍,本案属于涉外民商事案件。关于法律适用问题中的程序法律适用,依照《中华人民共和国民事诉讼法》第二百五十九条之规定,本案的程序法应当适用《中华人民共和国民事诉讼法》第四编关于涉外民事诉讼程序的特别规定以及该法其他有关规定。关于法律适用中的准据法适用,本案当事人虽未对此作出约定,但朱良的住所地及合同履行地均在中华人民共和国领域内,依照《中华人民共和国涉外民事关系法律适用法》第四十一条关于“当事人可以协议选择合同适用的法律。当事人没有选择的,适用履行义务最能体现该合同特征的一方当事人经常居所地法律或者其他与该合同有最密切联系的法律”之规定,本案应适用中华人民共和国法律作为处理本案纠纷的准据法。

案涉《借款协议一》《借款协议二》《债务转移协议书》《补充协议》均系签约各方当事人的真实意思表示,且内容未违反现行法律法规的强制性规定,应认定为合法有效,各方当事人均应依约履行。

依据借款协议及转账凭证等证据,可以证明朱良于 2010 年 10 月向北极宝公司出借款项 350 万元。后北极宝公司将该债务转移给刘威,刘威受让债务后,向朱良偿还款项 380 万元,后未再偿还款项。庭审中,朱良称上述款项应先抵充利息后抵充本金。北京市高级人民法院认为,《最高人民法院关于适用〈中华人民共和国合同法〉若干问题的解释(二)》第二十一条规定,债务人除主债务之外还应当支付利息和费用,当其给付不足以清偿全部债务时,并且当事人没有约定的,人民法院应当按照下列顺序抵充:(1)实现债权的有关费用;(2)利息;(3)主债务。具体到本案中,朱良和刘威签订的《债务转移协议书》中约定,刘威于 2016 年 6 月底至 2017 年 5 月底分期偿还本金,于 2017 年 7 月底前偿还上述款利息。此后双方签订的《补充协议》又约定,刘威应在 2017 年底之前将欠甲方的 300 万元本金偿付,利息余后。上述约定系双方当事人对还款顺序的约定,即先偿还本金再偿还利息。现刘威已向朱良偿还了 380 万元,该款项在抵充借款本金 350 万元后,剩余的 30 万元应抵充利息。据此,北京市高级人民法院对朱良提出的刘威已偿还款项应先抵充利息再抵充借款本金的意见不予采信,对朱良要求刘威偿还借款本金 3368767.12 元的诉讼请求不予支持。

关于利息,《债务转移协议书》中明确约定朱良出借给北极宝公司的借款利率为年利率 10%,刘威同意承受借款本金及利息。现朱良要求刘威按该标准支付利息,因该标准不违反法律及相关司法解释的强制性规定,故北京市高级人民法院对朱良主张的利率标准予以确认。按照该标准计算,截至 2021 年 4 月 16 日,刘威欠付朱良的利息应为 3489602.19 元,扣除刘威已偿还的 30 万元,刘威还应向朱良支付利息 3189602.19 元。

朱良因本案诉讼支付的涉外送达费用 634.29 元,属于进行本案诉讼支出的必要费用,故朱良要求刘威承担上述费用的诉讼请求,北京市高级人民法院予以支持。

综上所述,依照《中华人民共和国涉外民事关系法律适用法》第四十一条,《中华人民共和国合同法》第一百零七条,《最高人民法院关于适用〈中华人民共和国合同法〉若干问题的解释(二)》第二十一条,《最高人民法院关于适用〈中华人民共和国民法典〉时间效力的若干规定》第一条,《最高人民法院关于审理民间借贷案件适用法律若干问题的规定》(2020 年 12 月 23 日修正)第二十五条、第二十八条、第三十一条,《中华人民共和国民事诉讼法》第一百四十四条、第二百五十九条之规定,判决如下:

一、刘威(LIUWEI)于本判决生效后十日内偿还朱良借款利息 3189602.19 元及涉外送达费用 634.29 元;

二、驳回朱良的其他诉讼请求。

问题与思考:

1. 域外法院是否可对我国公民直接邮寄送达法律文书?

2. 我国法律中规定的邮寄送达生效的条件是什么?

第五节　域外取证

威海高濑翻新轮胎有限公司与于士德、威海士德进出口有限公司承揽合同纠纷案①

【案件回顾】 > > >

再审申请人威海高濑翻新轮胎有限公司(以下简称高濑公司)因与被申请人威海士德进出口有限公司(以下简称士德公司)、二审被上诉人于士德承揽合同纠纷一案,不服威海市中级人民法院(2013)威商终字第157号民事判决,向山东省高级人民法院申请再审。山东省高级人民法院于2015年11月11日作出(2015)鲁民提字第511号民事裁定,提审本案。山东省高级人民法院依法组成合议庭,开庭审理了本案。再审申请人高濑公司的委托诉讼代理人宋厚安、袁文虎到庭参加诉讼,被申请人士德公司及二审被上诉人于士德经山东省高级人民法院公告送达开庭传票,未到庭参加诉讼。本案现已审理终结。

认证所致,为此其仅提供2011年12月19日发给高濑公司的1个邮件,该邮件中没有任何与本案相关的内容,且该邮件内容与双方后续往来的邮件完全不符,不能证明士德公司的国外客户明确指令出口翻新胎需要GCC认证,协议没有履行实际是士德公司根本没有任何国外客户;原审分配举证责任不当,适用法律错误。出口翻新轮胎需要GCC认证是士德公司提出的主张,其应当举证证明GSO认证所需要的资料及办理程序以及其要求的GCC认证是真实存在的、能够实现的。二审中,士德公司对高濑公司提供的杭州沃德标准技术服务公司关于该公司向国际GSO组织询问翻新胎是否能够办理GCC认证的书面材料予以否认,为了解国际GSO组织及GCC认证的具体要求,高濑公司提交调查取证申请书及域外取证延期举证申请,但二审法院未予答复,未对申请调查事项依法调查,亦未给予充分的时间,从而作出错误判决。请求撤销原审判决,判

令士公司立即支付货款 311010 元,赔偿损失 67489 元,并承担自 2012 年 8 月 21 日起按银行同期逾期贷款利息计算至判决生效执行之日止的利息,判令于士德承担连带赔偿责任。认证所致,为此其仅提供 2011 年 12 月 19 日发给高濑公司的 1 个邮件,该邮件中没有任何与本案相关的内容,且该邮件内容与双方后续往来的邮件完全不符,不能证明士德公司的国外客户明确指令出口翻新胎需要 GCC 认证,协议没有履行实际是士德公司根本没有任何国外客户;原审分配举证责任不当,适用法律错误。出口翻新轮胎需要 GCC 认证是士德公司提出的主张,其应当举证证明 GSO 认证所需的资料及办理程序以及其要求的 GCC 认证是真实存在的、能够实现的。二审中,士德公司对高濑公司提供的杭州沃德标准技术服务公司关于该公司向国际 GSO 组织询问翻新胎是否能够办理 GCC 认证的书面材料予以否认,为了解国际 GSO 组织及 GCC 认证的具体要求,高濑公司提交调查取证申请书及域外取证延期举证申请,但二审法院未予答复,未对申请调查事项依法调查,亦未给予充分的时间,从而作出错误判决。请求撤销原审判决,判令士公司立即支付货款 311010 元,赔偿损失 67489 元,并承担自 2012 年 8 月 21 日起按银行同期逾期贷款利息计算至判决生效执行之日止的利息,判令于士德承担连带赔偿责任。

士德公司、于士德未到庭应诉,亦未提交书面答辩意见。

山东省高级人民法院再审认为,本案原审判决认定事实不清。依照《中华人民共和国民事诉讼法》第二百零七条第一款、第一百七十条第一款第三项的规定,裁定如下:

一、撤销威海市中级人民法院(2013)威商终字第 157 号民事判决及威海市环翠区人民法院(2012)威环商初字第 590 号民事判决;

二、本案发回威海市环翠区人民法院重审。

【本案争点与法律问题】 > > >

本案是关于司法协助适用法律的一个案例,涉及域外取证的法律适用问题。

【评析研判】 > > >

域外取证是国际民事司法协助的一项重要内容,随着跨国民商事关系的深入发展,涉外案件的审理需要到国外调取证据的情形越来越多,域外取证也成了国际民商事案件审理中不可避免的重要环节。按照国际司法协助应当适用被请求国法律的一般性原则,域外取证同样适用被请求国国家的法律。在特殊情况下可以应请求国的请求适用其本国的法律,但前提是不得与请求国的法律、公共利益相冲突。

我国民事诉讼法第四编涉外民事诉讼程序的特别规定第二百四十条规定:在中华人民共和国领域内没有住所的外国人、无国籍人、外国企业和组织委托中华人民共和国律师或者其他人代理诉讼,从中华人民共和国领域外寄交或者托交的授权委托书,应当经所在国公证机关证明,并经中华人民共和国驻该国使领馆认证,或者履行中华人民共和国与该所在国订立的有关条约中规定的证明手续后,才具有效力。该条款规定了外国当事人参加民事诉讼的授权委托书应当办理有关公证认证程序,但对涉及案件事实的证据材料的审查认定未作规定。2002 年 4 月 1 日起施行的《最高人民法院关于民事诉讼证据的若干规定》(以下简称《民事证据规定》)第 11 条规定:当事人向人民法院提供的证据系在中华人民共和国领域外形成的,该证据应当经所在国公证机关予以证明,并经中华人民共和国驻该国使领馆予以认证,或者履行中华人民共和国与该所在国订立的有关条约中规定的证明手续。当事人向人民法院提供的证据是在香港、澳门、台湾地区形成的,应当履行相关的证明手续。该条款规定了域外证据应履行与授权委托书相同的公证认证手续,是因为证明案件事实的某些证据发生于国外、产生于国外,人民法院的司法权无法达到,对境外形成的证据的调查又存在着现实的诸多障碍,依据这些证据来判断案件事实自然又多了一层误判的风险。因此,有必要对境外提供证据本身施加程序或手续上的限制,以增强其真实性和合法性,尽力消除司法权的地域性给民事诉讼带来的不利影响。该条款第一次明确规定了域外证据要适用公证、认证程序。随后同年 10 月 1 日起施行的《最高人民法院关于行政诉讼证据若干问题的规定》第 16 条规定:当事人向人民法院提供的在中华人民共和国领域外形成的证据,应当说明来源,经所在国公证机关证明,并经中华人民共和国驻该国使领馆认证,或者履行中华人民共和国与证据所在国订立的有关条约中规定的证明手续。至此,我国司法机关以司法解释的形式规定了民事、行政审判中域外证据应当适用公证、认证证明程序,所形成的制度常被国内学者称为域外证据公证证明制度(规则)。

域外证据公证证明制度主要包括两种方式:公证和认证。公证是指公证机关对法律行为、有法律意义的文书和事实的真实性和合法性进行证明的活动。根据国家主权和平等原则,国家之间相互没有管辖权,因而发生于一国之内的公证事务,应当由该国的公证机关公证证明,所以域外证据由所在国公证机关予以证明。认证是指外交领事机关对公证文书上印章和签字的真实性进行证明的活动。因为在一国境内有权进行公证的机关可能为数甚众,他们所出具的公证文书如果不经过认证,对于外国而言极难辨其真伪,而经由外交或领事机关进行认证,则其真实性可以得到确认。认证的目的是使一国公证机关所制作的公证文书能为使用国有关当局确信和承认,其作用在于向文书使用国证实文书的真实性。但域外证据公证证明制度的规定较为原则和生硬,有较多弊病:第一,公证和认证程序是作为证据能力的要件还是确定证明力的要件不明确。如是前者,则未经公证和认证程序的域外证据材料根本不能作为证据使用。如是后者,则本身就是法官自由心证的裁量范畴。第二,忽视了各国公证制度的差异。公证制度是国家根据本国的生活习惯、文化传统和现实生活需要而决定是否设定的,不是所有国家都有法定的公证制度,且各国之间的具体公证制度并不相同。大陆法系国家的公证文书具有准司法功能和法定证据效力,而英美法系国家的公证文书仅负责形式真实性,不审查内容的真实性,不具备法定证据效力。第三,履行证明手续的证据范围过于宽泛。我国民事诉讼法规定了一些证据形式,即使用我国的公证法去衡量,亦难以操作,但对全世界的域外证据却都要求公证应是不太科学的。第四,可能带来诉讼的不经济和不效率。对于一个以域外证据为主的案件,涉案证据可能多达上百份或更多,需要耗费大量的人力、物力和财力,在一定程度上影响了公正和效率的实现。

鉴于域外证据公证证明制度理论上存在重大弊端,给案件审理设置障碍,我国审判实践中对该制度进行了纠正。五矿钢铁有限责任公司诉伟嘉船务有限公司等海上货物运输合同货差纠纷案中,广州海事法院在一审判决书中明确承认,对域外证据公证认证是为了证明其真实性,未经公证认证的证据并不是就不应被采信,而只是因无法确认其真实性而不能采信。对该案中未经公证认证的三份提单(外资 SKAB 公司出具),因可与其他证据相互印证,故对提单的真实性及所载明的内容予以确认。广东省高级人民法院更是在二审判决书中对未经公证认证的商业发票(一审法院未认定其真实性)亦予以确认。2005 年11 月最高人民法院《第二次全国涉外商事海事审判工作会议纪要》(以下简称

《纪要》)第39条规定:"对当事人提供的在我国境外形成的证据,人民法院应根据不同情况分别作如下处理:(1)对证明诉讼主体资格的证据,应履行相关的公证、认证或者其他证明手续;(2)对其他证据,由提供证据的一方当事人选择是否办理相关的公证、认证或者其他证明手续,但人民法院认为确需办理的除外。对在我国境外形成的证据,不论是否已办理公证、认证或者其他证明手续,人民法院均应组织当事人进行质证,并结合当事人的质证意见进行审核认定。"2007年最高人民法院民事审判第四庭在《涉外商事海事审判实务问题解答》(以下简称《解答》)中的第16条认为:"当事人向人民法院提供的证据系在我国领域外形成的,该证据应当经所在国公证机关予以证明,并经我国驻该国使领馆予以认证,或者履行我国与该所在国订立的有关条约中规定的证明手续。但如果其所在国与我国没有外交关系,则该证据应经与我国有外交关系的第三国驻该国使领馆认证,再转由我国驻该第三国使领馆认证。但是,对于用于国际流通的商业票据、我国驻外使领馆取得的证据材料、通过双边司法协助协定或者外交途径取得的证据材料以及当事人没有异议的证据材料,则无需办理公证、认证或者其他证明手续。"在知识产权审判领域,最高人民法院在2007年1月11日公布的《关于全面加强知识产权审判工作为建设创新型国家提供司法保障的意见》(以下简称《意见》)中也对该问题有所涉及:"对于域外形成的公开出版物等可以直接初步确认其真实性的证据材料,除非对方当事人对其真实性能够提出有效质疑而举证方又不能有效反驳,无需办理公证认证等证明手续。"《纪要》规定根据证据的种类不同适用公证、认证程序,赋予当事人选择权,给予法官自由裁量权,更为灵活、合理、可行。《解答》进一步规定了国际流通的商业票据等四种证据材料无需适用公证、认证程序,更利于审判实践操作。《意见》表明域外证据的公证认证特别证明程序并不必然具有强制性。《纪要》、《解答》和《意见》虽然是人民法院的内部纪要、问题解答和意见,无法对抗属司法解释性质的《民事证据规定》,但对于审判实践有重要的指导作用,即公证认证仅是证明证据真实性的一种方式。除此之外,还可以通过当事人质证等其他方式加以证明。如果在域外证据真实性能够得到证明的情形下,仅因为没有履行公证认证程序就排除其证据能力,实际上是对域外证据的不公正限制。

第六节　外国法院判决的承认与执行

五味晃申请承认执行日本法院判决案[①]

【案件回顾】＞＞＞

1990年,日本日中物产有限公司及其法定代表人宇佐邦夫以在中国投资的中国大连发日海产食品有限公司急需资金为由,向申请人五味晃借款15000万日元。因到期未还,五味晃以日中物产有限公司及宇佐邦夫为被告,起诉。

至日本横滨地方法院,要求二被告连带偿还该笔借款,并承担利息。1991年,日本国横滨地方法院小田原分院作出第529号判决,判决二被告偿还借款并承担利息。但因二被告在日本无可供执行的财产,判决生效后一直无法执行。1993年12月21日,日本国熊本县地方法院根据该生效判决,在执行中作出第171号债权扣押令,追加中国大连发日海产食品有限公司为债务第三人,并责令大连发日海产食品有限公司将二被告在该公司的投资款人民币485万元予以扣押,不得向该二被告偿还。随后,熊本县地方法院玉名分院又作出第76号债权转让命令,要求大连发日海产食品有限公司将上述扣押令扣押的人民币485万元转让给五味晃,以替代二被告偿还五味晃的债务。1994年2月,日本国熊本县地方法院依据《海牙送达公约》,通过其中央机关经我国司法部将上述债权扣押令送达大连发日海产食品有限公司。大连发日海产食品有限公司收到债权扣押令后认为,本公司虽系与该案被告之一日中物产有限公司合资成立,但该公司自1988年后再无投资,故该公司此后在日本国内所欠债务与本公司无关,日本法院欲将该案两被告在国内所欠债务转嫁给本公司,没有道理。况且,本公司系中国法人,只接受中国法律保护和管辖,没有义务履行国外法院的判决和裁定。因此,该公司拒绝履行该债权扣押令。五味晃因日本国法院的

---

① 案例来源:北大法宝数据库,日本公民五味晃申请中国法院承认和执行日本法院判决案,【法宝引证码】CLI. C. 66791,网址：https://www.pkulaw.com/pfnl/a25051f3312b07f396bc8e86b2b23f652d31abbdf72fc1d0bdfb.html? keyword = % E4% BA% 94% E5% 91% B3% E6% 99% 83% E7% 94% B3% E8% AF% B7% E6% 89% BF% E8% AE% A4% E6% 89% A7% E8% A1% 8C% E6% 97% A5% E6% 9C% AC% E6% B3% 95% E9% 99% A2% E5% 88% A4% E5% 86% B3% E6% A1% 88。

裁判未能得到执行,于 1994 年 5 月 27 日向中国大连市中级人民法院提出申请,要求中国法院承认日本国法院的上述判决,承认债权扣押令和债权转让命令的法律效力,并执行日本日中物产有限公司与宇佐邦夫在大连发日海产食品有限公司的投资款。

【本案争点与法律问题】> > >

1. 我国法院是否应当承认和执行上述日本判决?理由是什么?
2. 我国法院承认和执行外国法院判决时,对外国法院判决要进行哪些审查?

【评析研判】> > >

纵观有关国际条约和各国立法,承认和执行外国法院判决一般需要具备以下几个条件:(1)作出判决的外国法院对案件具有适当管辖权;(2)外国法院的判决已经生效或具有执行力;(3)外国法院审理案件的诉讼程序是公正的;(4)不存在"诉讼竞合"的情形;(5)请求承认和执行的外国判决必须合法取得;(6)外国法院判决不与被请求国公共秩序相抵触;(7)请求国与被请求国之间存在互惠关系。

结合本案,2012 年《中华人民共和国民事诉讼法》第 281 条规定:"外国法院作出的发生法律效力的判决、裁定,需要中华人民共和国人民法院承认和执行的,可以由当事人直接向中华人民共和国有管辖权的中级人民法院申请承认和执行,也可以由外国法院依照该国与中华人民共和国缔结或者参加的国际条约的规定,或者按照互惠原则,请求人民法院承认和执行。"据此可见,申请承认执行外国判决的主体可以是外国法院,也可以是当事人本人。但前提条件是判决作出国与我国存在条约关系或互惠关系。

2012 年《中华人民共和国民事诉讼法》第 282 条规定了人民法院审查该类外国判决的内容,"人民法院对申请或者请求承认和执行的外国法院作出的发生法律效力的判决、裁定,依照中华人民共和国缔结或者参加的国际条约,或者按照互惠原则进行审查后,认为不违反中华人民共和国法律的基本原则或者国家主权、安全、社会公共利益的,裁定承认其效力,需要执行的,发出执行令,依照本法的有关规定执行。违反中华人民共和国法律的基本原则或者国家主权、安全、社会公共利益的,不予承认和执行"。可见人民法院的审查只是形式审查,并不涉及案件的实体部分。审查的内容主要是:外国判决是否已经发生法律效力;判决作出国与我国是否存在条约或互惠关系;该外国判决是否违反我国法律的基本原则或国家主权、安全、社会公共利益。

此外,尽管 2012 年《中华人民共和国民事诉讼法》没有明确规定,但根据《最高人民法院关于中国公民申请承认外国法院离婚判决程序问题的规定》以及司法实践中对外国判决程序公正的追求,还存在几种拒绝承认与执行外国判决的情形:(1)判决作出国法院不具有管辖权;(2)判决尚未生效或不具有执行力;(3)判决作出国法院的诉讼程序不具有必要的公正性,即败诉一方当事人未经合法传唤而出庭参与诉讼,或当事人在无诉讼行为能力时未得到适当的代理;(4)案件存在诉讼竞合的情形且影响承认与执行问题。

本案发生时,中国和日本之间,没有两国共同参加的有关相互承认和执行法院判决的国际条约,亦没有互惠依据。日本横滨地方法院小田原分院作出的判决,其当事人均系日本国国民,且双方借贷行为也发生在日本,与中国大连发日海产食品有限公司无任何法律关系。日本熊本县地方法院在执行上述判决未果的情况下,未经通知中方,便追加中国大连发日海产食品有限公司为债务第三人,没有任何法律依据,实属侵犯中华人民共和国司法主权之行为。另外,日本横滨地方法院小田原分院的判决系在被告之一宇佐邦夫缺席情况下作出的,申请人未能向中国法院提供足以证明受案法院已向宇佐邦夫发出过合法传唤的证据。故大连市中级人民法院驳回了五味晃的申请。

【延展训练】 > > >

崔某与尹某申请承认和执行韩国法院判决案
——积极适用互惠原则承认和执行外国法院判决①

2009 年 11 月 6 日,韩国居民尹某向崔某借款 8000 万韩元。因尹某未归还借款,崔某向韩国水原地方法院起诉。2017 年 7 月 20 日,韩国水原地方法院作出判决,判令尹某向崔某支付 8000 万韩元及利息。因尹某经常居所地为青岛市城阳区,且其主要财产均在我国境内,崔某向青岛市中级人民法院申请承认

---

① 案例来源:北大法宝数据库,山东省青岛市中级人民法院崔某与尹某申请承认和执行韩国法院判决案——积极适用互惠原则承认和执行外国法院判决,山东省青岛市中级人民法院(2018)鲁 02 协外认 6 号。网址:https://www. pkulaw. com/pfnl/95b2ca8d4055fce11c2564aa33031dddf9c3920939e7d412bdfb. html? keyword = % E5% A4% 96% E5% 9B% BD% E6% B3% 95% E9% 99% A2% E5% 88% A4% E5% 86% B3% E7% 9A% 84% E6% 89% BF% E8% AE% A4% E4% B8% 8E% E6% 89% A7% E8% A1% 8C。

并执行韩国水原地方法院作出的上述判决。

青岛市中级人民法院审查认为,韩国首尔地方法院曾对山东省潍坊市中级人民法院的民事判决予以承认,可以根据互惠原则对符合条件的韩国法院民商事判决予以承认和执行。案涉韩国判决依据《韩国民事诉讼法》送达,已经发生法律效力,且判决的承认和执行不违反我国法律的基本原则或者国家主权、安全、社会公共利益,故裁定予以承认和执行。

互惠原则的适用,不仅影响到一国法院对外国判决的承认和执行,也会影响到本国判决在国外法院的承认和执行。韩国首尔地方法院曾对山东省潍坊市中级人民法院的一份判决予以认可。该院在其对我国法院生效判决予以确认的判决书中阐述,如其以互惠关系承认中国法院判决,但中国法院仍以与韩国不存在互惠关系为由拒绝承认韩国法院判决的,则其将不再继续维持两国之间存在互惠关系。本案基于互惠原则,对韩国法院的判决予以承认和执行,积极维护中韩之间的互惠关系,推进两国间判决的承认和,对于促进两国之间经贸合作交流、增强"一带一路"参与市场主体的信心,具有积极作用。

问题与思考:

1. 法院在审查某一被申请承认与执行的外国判决时,应当考虑哪些因素?
2. 公共秩序保留原则对承认与执行外国判决有何影响?

PART 13

第十三章

国际商事仲裁

第一节　国际商事仲裁法概述

广州飞机维修工程有限公司、泰国东方航空
有限公司留置权纠纷案①

【案件回顾】＞＞＞

原告:广州飞机维修工程有限公司。

被告:泰国东方航空有限公司。

2016 年 7 月 18 日,广州飞机维修工程有限公司(以下简称广飞维修公司)与泰国东方航空有限公司(以下简称泰国东航公司)。签订一份英文版的《通用条款协议 GTA》(General Terms Agreement),约定由广飞维修公司为泰国东航公司提供临时入境飞机的维修服务。其中约定,"凡因本协议引起的或与本协议有关的任何争议,均应提交中国国际经济贸易仲裁委员会,按照申请仲裁时该会现行有效的仲裁规则进行仲裁"。

2018 年 12 月 3 日,广飞维修公司向中国国际经济贸易仲裁委员会提交仲裁申请,请求裁令泰国东航公司向其支付欠付的飞机维修服务费、材料费、停场费、广飞维修公司代垫费、律师费、为案件支出的差旅费等计人民币 46511767.44 元。2019 年 9 月 3 日,中国国际经济贸易仲裁委员会作出〔2019〕中国贸仲京裁字第 1333 号裁决书,裁决泰国东航公司向广飞维修公司支付维修费、材料费、代垫费用 2629337.44 美元及利息、停场费、律师费等。据此,广飞维修公司向法院提出诉讼请求,请求判令:确认其对泰国东航公司停放在其场地,交由其维修的四架飞机享有留置权,对该四架飞机留置合法;对四架飞机拍卖、变卖的价款优先

---

① (2020)最高法商初 4 号。

用于清偿泰国东航公司拖欠其维修费、材料费、停场费及代垫费用等费用。

双方当事人对案件是否属于法院主管产生争议。泰国东航公司认为本案为合同纠纷，根据双方约定的仲裁条款，不应由法院审理，应由中国国际经济贸易仲裁委员会仲裁。广飞维修公司则称本案为留置权纠纷而非维修合同纠纷，由此引发的争议属于物权争议而非合同争议，不应适用维修合同的仲裁条款。以留置权为由申请仲裁可能导致不受理或超裁，本案只能由人民法院主管。

最高人民法院国际商事法庭经审查认为，本案系具有涉外因素的留置权纠纷。争议在于依据《通用条款协议》第19.1条的约定，案涉纠纷是否应当提交仲裁解决。本案中，广州飞机维修公司与泰国东方公司签订的《通用条款协议（GTA）》第19.1条约定："凡因本协议引起的或与本协议有关的任何争议，均应提交中国国际经济贸易仲裁委员会仲裁。"当事人对该仲裁条款有效并无异议，当事人在上述仲裁条款中没有区分合同争议或物权争议，也未将仲裁事项限定为合同纠纷，而是约定"凡因本协议引起的或与本协议有关的任何争议，均应提交中国国际经济贸易仲裁委员会仲裁"，系概括性地宽泛约定仲裁事项，依对措辞文义的通常理解，应当包括因《通用条款协议》即维修合同的成立、效力、变更、转让、履行、违约、解释、解除等引起的合同争议、侵权争议、物权争议或与维修合同有关的其他争议。本案虽然是留置权纠纷，但所涉争议系因当事人履行维修合同所引起，属于仲裁条款约定的"因本协议引起的或与本协议有关的争议"。综上所述，本案争议属于案涉《通用条款协议（GTA）》约定的仲裁事项范围，当事人应通过仲裁解决。依法裁定驳回广州飞机维修工程有限公司的起诉。

【本案争点与法律问题】＞＞＞

国际商事仲裁的受案范围

【评析研判】＞＞＞

国际商事仲裁以双方当事人的协议为基础，提交仲裁的当事人有自由选择仲裁地点、仲裁机构、仲裁员、仲裁程序和适用的实体法等诸多权利。特定的法律关系的当事人之间同意将他们之间的争端提交仲裁解决的共同的意思表示即形成仲裁协议。这种特定的法律关系，既包括由于国际货物买卖、运输、保险、投资、技术转让等方面的契约性法律关系，也包括由于海上船舶碰撞、产品责任、医疗和交通事故等侵权行为等非契约性的法律关系。各国间承认与执行在他国做出的仲裁裁决的国际义务已在 1958 年的《承认与执行外国仲裁裁决公约》(简称《纽约公约》)中确定。

仲裁协议是使某一特定的仲裁机构取得对协议项下的案件的管辖权的依据,同时也是排除法院对该特定案件实施管辖的主要的抗辩理由。结合本案,2012 年《中华人民共和国民事诉讼法》第 271 条第 1 款规定:"涉外经济贸易、运输和海事中发生的纠纷,当事人在合同中订有仲裁条款或者事后达成书面仲裁协议,提交中华人民共和国涉外仲裁机构或者其他仲裁机构仲裁的,当事人不得向人民法院起诉。"该条规定明确了当事人负有不得违反仲裁协议向法院起诉的合同义务,同时明确了有效仲裁协议排除法院管辖权原则,人民法院对有效仲裁协议应予尊重并执行。本案中即涉及是否存在仲裁事项,以及依照法律规定约定的仲裁事项是否属于不可仲裁事项的审查问题。《中华人民共和国仲裁法》第 2 条规定,平等主体的公民、法人和其他组织之间发生的合同纠纷和其他财产权益纠纷,可以仲裁。第 3 条规定,婚姻、收养、监护、扶养、继承纠纷,依法应当由行政机关处理的行政争议不能仲裁。实践中,当事人概括约定仲裁事项为合同争议的,基于合同成立、效力、变更、转让、履行、违约责任、解释、解除等产生的纠纷都可以认定为仲裁事项。本案虽然是留置权纠纷,但所涉争议系因当事人履行维修合同所引起,属于仲裁条款约定的"因本协议引起的或与本协议有关的争议",且该争议并不属于不可仲裁的事项。因此,应当尊重当事人之间选择仲裁解决争议的约定,人民法院对有效仲裁协议予以尊重并执行。

【延展训练】> > >

鑫牛公司垄断纠纷二审案——商事仲裁的范围[①]

鑫牛公司于 2020 年 11 月 18 日向原审法院提起诉讼,起诉请求为:1. 确认其与林甸伊利公司签订的涉案合同为垄断协议,认定该协议无效;2. 林甸伊利公司、齐齐哈尔伊利公司及伊利集团公司赔偿因实施垄断行为给鑫牛公司造成

---

① (2021)最高法知民终 924 号。

的经济损失 40 万元;3. 林甸伊利公司、齐齐哈尔伊利公司及伊利集团公司赔偿鑫牛公司因调查、制止垄断行为支出调查费、律师代理费等损失;4. 林甸伊利公司、齐齐哈尔伊利公司及内蒙古伊利公司对第 2、3 项诉讼请求承担连带责任。原审法院经审查认为,仲裁法第 5 条规定:"当事人达成仲裁协议,一方向人民法院起诉的,人民法院不予受理,但仲裁协议无效的除外。"本案中,鑫牛公司与林甸伊利公司签订的涉案合同含有仲裁条款,且鑫牛公司并未对该仲裁条款的效力提出异议。鑫牛公司仅主张本案纠纷不属于仲裁条款的仲裁范围。仲裁法第 2 条规定:"平等主体的公民、法人和其他组织之间发生的合同纠纷和其他财产权益纠纷,可以仲裁。"仲裁法第 3 条列举了几种无效情形,并不包括垄断纠纷。故现行法律并未将垄断纠纷排除仲裁受理的范围。本案中,鑫牛公司要求确认涉案合同为垄断协议,认定该协议无效,并赔偿因垄断行为造成的损失的诉讼请求,与合同约定的义务密不可分,实质仍属于履行合同而产生的平等主体之间的争议。而合同争议或者与财产有关的争议并未超出仲裁机构有权调整的范围。综上,鑫牛公司与林甸伊利公司、齐齐哈尔伊利公司及伊利集团公司因履行涉案合同而产生的争议,仍应适用合同中约定的仲裁条款,故鑫牛公司的起诉,人民法院不予受理。

二审法院认为,涉案合同约定的仲裁条款不能当然排除人民法院的管辖权。根据鑫牛公司的诉讼请求,本案属于垄断行为受害人提起的确认垄断行为之诉。因合同签订、履行引发的确认垄断行为或同时请求损害赔偿之诉与因一般合同关系发生的当事人可以选择的合同之诉或者侵权之诉不同。在一般合同关系中,如果当事人一方的违约行为侵害对方人身、财产权益,该侵权行为通常也是合同约定的履行行为,该侵权行为原则上不会超出合同范围或者合同当事人可以预想的范围。与此不同的是,在因合同签订、履行引发的垄断纠纷中,受害人与垄断行为人之间缔结的合同仅是垄断行为人实施垄断行为的载体或者工具,合同中涉及垄断的部分才是侵权行为的本源和侵害发生的根源,对垄断行为的认定与处理超出了受害人与垄断行为人之间的权利义务关系。因此,因合同的签订、履行引发的垄断纠纷所涉及的内容和审理对象,远远超出了受害人与垄断行为人之间约定的仲裁条款所涵盖的范围。反垄断法具有明显的公法性质。在垄断行为的认定与处理完全超出了合同相对人之间的权利义务关系的情况下,本案当事人在合同中约定的仲裁条款不能成为排除人民法院管辖垄断纠纷的当然和绝对依据。鑫牛公司提起本案诉讼,符合《中华人民共和国民事诉讼法》(2021年修正)第122条规定的受理条件,人民法院应当予以受理。

问题与思考:

1. 仲裁法第2条规定仲裁受案范围为"平等主体的公民、法人和其他组织之间发生的合同纠纷和其他财产权益纠纷",如何甄别合同相关的哪些纠纷不属于商事仲裁范围?

2. 我国有哪些主要涉外仲裁机构? 其各自的特点与职能是什么?

第二节　国际商事仲裁协议

运裕有限公司、深圳市中苑城商业投资控股有限公司
申请确认仲裁协议效力案①

【案件回顾】> > >

申请人:运裕有限公司(Luck Treat Limited)(以下简称运裕公司)。

被申请人:深圳市中苑城商业投资控股有限公司(以下简称中苑城公司)。

香港中旅(集团)有限公司(以下简称香港中旅公司)是中国旅游集团有限公司(以下简称中旅公司)的全资子公司,注册于我国香港特区。运裕公司是香港中旅公司的全资子公司,注册于英属维尔京群岛。新劲公司是运裕公司的全资子公司,亦注册于英属维尔京群岛。

2016年3月24日,中旅公司作出批复,同意运裕公司依法合规转让其所持有的新劲公司100%的股权。2017年3月29日,运裕公司通过北交所公开挂牌转让其持有的新劲公司100%的股权。挂牌转让公告中"与转让相关的其他条件"要求受让方"在签署《产权交易合同》的同时与转让方的关联方签署《债权清偿协议》,明确了解并同意《产权交易合同》约定的债权清偿是股权转让的重要前置条件"。

随后,中苑城公司与运裕公司等就签订案涉项目的产权交易合同等事宜开

---

① (2019)最高法民特1号。

展磋商。经过几轮协商，运裕公司于2017年5月11日向中苑城公司签约代表发送《产权交易合同》（草签版）及《债权清偿协议》（草签版）。其中《产权交易合同》（草签版）第16条"管辖及争议解决方式"与《债权清偿协议》（草签版）第12条约定的管辖及争议解决方式均为提交深圳国际仲裁院仲裁。中苑城公司在合同上盖章，并将该文本送达运裕公司。中苑城公司同时向运裕公司发出的《股权签约说明函》，内容为：可于2017年5月11日与贵司签署《产权交易合同》（草签版）和《债权清偿协议》（草签版）；理解《产权交易合同》（草签版）和《债权清偿协议》（草签版）需经北交所进行合规性审核后报中旅公司批准签署，最终《产权交易合同》和《债权清偿协议》签署版本以正式版本内容为准；《产权交易合同》和《债权清偿协议》签署形式遵从贵司安排。

6月1日，经法律合规性审核后，运裕公司向中苑城公司发出《复函》，要求中苑城公司办理境外投资所需的国家发改委、商务部备案或者核准等审批手续，并需要在外汇局办理境外直接投资外汇登记手续，在境外以外汇方式向转让方我司支付本次交易价款。同时提出了草签版协议个别条款的修改意见。中苑城公司分别于同年6月6日、8月29日及10月23日致函运裕公司，催促运裕公司尽快签署《产权交易合同》《债权清偿协议》。10月27日，运裕公司向中苑城公司发出《通知函》，称鉴于已多次告知并催促贵司依法办理法定手续，而贵司迟迟无法确认，故正式通知取消本次产权交易。11月12日，中苑城公司致函运裕公司，要求运裕公司尽快安排签约事宜，并请运裕公司配合出具向主管部门申办手续的相关文件。11月27日，运裕公司函复中苑城公司，表示已于10月27日向中苑城公司发出取消交易的通知，并提议双方立即向北交所办理保证金返还手续。

2018年4月4日，中苑城公司根据《产权交易合同》草签版本第16.2条及《债权清偿协议》草签版本第12条的约定，向深圳国际仲裁院提出仲裁申请，将运裕公司等列为共同被申请人。在仲裁庭开庭前，运裕公司等分别向广东省深圳市中级人民法院提起诉讼，申请确认仲裁协议不存在。

【本案争点与法律问题】>>>

案涉仲裁协议是否成立？仲裁协议成立是否属于仲裁协议效力确认案件受理范围？

【评析研判】> > >

"仲裁协议独立性理论"已经得到学术界普遍承认和世界各国的广泛接受和采纳。我国仲裁法也采纳了这一理论,该法第 19 条第 1 款规定:"仲裁协议独立存在,合同的变更、解除、终止或者无效,不影响仲裁协议的效力。"本案中,双方并未签署独立的仲裁协议,而是在《产权交易合同》《债权清偿协议》中包含了相应的仲裁条款。根据仲裁法第 16 条第 1 款"仲裁协议包括合同中订立的仲裁条款和以其他书面方式在纠纷发生前或者纠纷发生后达成的请求仲裁的协议"之规定,合同中的仲裁条款亦属于仲裁协议,仲裁条款的成立和效力的认定也适用关于仲裁协议的法律规定。

由于仲裁条款是仲裁协议的主要类型,仲裁条款与合同其他条款出现在同一文件中,赋予仲裁条款独立性,比强调独立的仲裁协议具有独立性更有实践意义,甚至可以说仲裁协议独立性主要是指仲裁条款和主合同是可分的。在司法实践中,合同是否成立与其中的仲裁条款是否成立这两个问题常常纠缠不清。仲裁法第 19 条第 1 款开头部分"仲裁协议独立存在",是概括性、总领性的表述,应当涵盖仲裁协议是否存在即是否成立的问题,之后的表述则是进一步强调列举的几类情形也不能影响仲裁协议的效力。第 10 条第 2 款进一步规定:"当事人在订立合同时就争议达成仲裁协议的,合同未成立不影响仲裁协议的效力。"因此,在确定仲裁条款效力包括仲裁条款是否成立时,可以先行确定仲裁条款本身的效力;在确有必要时,才考虑对整个合同的效力包括合同是否成立进行认定。

仲裁条款是一种合同,其是否成立主要判断双方当事人是否就争议提交仲裁达成合意,应当适用合同法关于要约、承诺的规定。从本案磋商过程来看,双方当事人一直共同认可将争议提交仲裁解决,最早由北交所提交的标准文本中,《产权交易合同》《债权清偿协议》均包含将争议提交北京仲裁委员会仲裁的条款。之后,双方就仲裁机构进行了磋商,运裕公司等一方发出的合同草签版的仲裁条款,已将仲裁机构确定为深圳国际仲裁院。就仲裁条款而言,这是运裕公司等发出的要约。中苑城公司在合同草签版上盖章,表示同意,并于 2017 年 5 月 11 日将盖章合同文本送达运裕公司,这是中苑城公司的承诺。根据原合同法关于"承诺通知到达要约人时生效,承诺生效时合同成立"的规定,《产权交易合同》《债权清偿协议》中的仲裁条款于 2017 年 5 月 11 日分别在两个合同的各方当事人之间成立。之后,当事人就合同某些其他事项进行交涉,但从未对仲裁条款有过争议。鉴于运裕公司等并未主张仲裁条款存在法定无效情形,故应当认定双方当事人之间存在有效的仲裁条款,双方争议应由深圳国际仲裁院进行仲裁。虽然运裕公司等没有在最后的合同文本上盖章,其法定代表人也未在文本上签字,不符合合同经双方法定代表人或授权代表签字并盖章后生效的要求,但根据仲裁法解释第 10 条第 2 款的规定,即使合同未成立,仲裁条款的效力也不受影响。

对于是否属于仲裁协议效力确认案件,司法实践中存在认识不断发展的过程。此前,人民法院普遍限于我国仲裁法第 20 条关于"当事人对仲裁协议的效力有异议的,可以请求仲裁委员会作出决定或者请求人民法院作出裁定"的规定,对于以仲裁协议是否存在提出的仲裁协议效力确认案件,认为不符合法院受理条件,裁定驳回申请方的申请①。本案系最高人民法院国际商事法庭(CICC)受理的首案,在我国立法关于"仲裁协议是否存在"等问题的规定尚不明确的情况下以案例形式提供了解决路径。判决指出,"申请确认双方之间不存在有效的仲裁条款虽然不同于要求确认仲裁协议无效,但是仲裁协议是否存在与是否有效同样直接影响到纠纷解决方式,同样属于需要解决的先决问题,因而要求确认当事人之间不存在仲裁协议也属于广义地对仲裁协议效力的异议,人民法院应予立案审查"。同时,该案厘清了关于仲裁条款独立性的不同认识;进一步明确了仲裁协议的独立性原则。

【延展训练】＞＞＞

张家口畅通商贸有限公司、大业传媒集团有限公司民间借贷纠纷案——债权转让对仲裁条款效力的影响②

2018 年 9 月 30 日,北京天有美业咨询有限公司(以下简称天有美业公司)与大业传媒集团有限公司(以下简称大业公司)签订了《借款协议书》。2019 年 11 月 8 日,双方又签订了《补充协议书》,在补充协议中约定,因本协议引起的或与本协议有关的任何争议,由双方友好协商解决,协商不成时,双方应提交北

---

① Conares 公司诉中国仪器进出口公司案。
② 案例来源:(2020)冀 07 民初 18 号、(2020)冀民终 512 号、(2020)最高法民申 5620 号。

京仲裁委员会解决。苏忠、刘美凤、北京华族北地企业管理咨询有限公司(以下简称华族公司)出具承诺函,对争议解决方式予以认可。大业创智互动传媒股份有限公司(以下简称大业创智公司)、漫奇妙(北京)文化有限公司分别(以下简称漫奇妙公司)向北京天有美业公司出具的《不可撤销担保函》中对争议的解决方式也确定为提交北京仲裁委员会解决。之后,张家口畅通商贸有限公司(以下简称畅通公司)受让了天有美业公司对大业公司所享有的债权。畅通公司与天有美业公司的《债权转让协议》第6条约定:"1. 畅通公司有权就其受让的债权提交畅通公司所在地人民法院诉讼。2. 在本协议履行过程中发生的纠纷,双方应友好协商解决;协商不成的,双方同意提交畅通公司所在地人民法院诉讼。"

后畅通公司以民间借贷纠纷将大业公司、苏忠、刘美凤、华族公司、大业创智公司、漫奇妙公司诉至河北省张家口市中级人民法院。大业公司在一审答辩期内提出主管异议,称根据大业公司与原债权人天有美业公司于2019年11月8日签署的补充协议约定争议提交北京仲裁委员会解决,据此,张家口市中级人民法院没有管辖权。

一审法院认为,《中华人民共和国仲裁法》第26条规定,当事人达成仲裁协议,一方向人民法院起诉未声明有仲裁协议,人民法院受理后,另一方在首次开庭前提交仲裁协议的,人民法院应当驳回起诉,但仲裁协议无效的除外。本案债务人大业公司与原债权人天有美业公司之间签订的《补充协议》中明确约定了纠纷的仲裁管辖事项,其约定合法有效,相关保证人亦均对约定的仲裁条款予以认可,协议各方均应受仲裁协议约束。《最高人民法院关于适用〈中华人民共和国仲裁法〉若干问题的解释》第9条规定,债权债务全部或者部分转让的,仲裁协议对受让人有效,但当事人另有约定、在受让债权债务时受让人明确反对或者不知有单独仲裁协议的除外。按照上述规定,本案原告畅通公司作为受让人,仲裁约定亦对其发生效力。双方当事人之间的纠纷应通过仲裁解决,而不属于人民法院受理。故裁定:驳回畅通公司的起诉。二审及再审均驳回了畅通公司的申请,维持一审裁定。

问题与思考:

1. 合同转让是否影响仲裁条款的效力?

2. 如何理解"在受让债权债务时受让人明确反对或者不知有单独仲裁协议的"?

第三节　仲裁程序

香港长发(国际)运输公司诉香港俞导有限公司仲裁案①

【案件回顾】> > >

　　1989 年 5 月 30 日,香港长发(国际)运输公司与香港前导有限公司在广州签订了一项运输合同,由香港长发(国际)运输公司所有的"萨克拉"轮为香港前导有限公司从莫桑比克马普托港承运 30 万吨煤至中国广州黄埔港。在合同履行过程中,因香港前导有限公司的过失,造成船舶运输滞期,使香港长发(国际)运输公司付出滞期费 121818.75 美元。为索赔滞期费及利息,香港长发(国际)运输公司于 1990 年 4 月 12 日向中国海事仲裁委员会申请仲裁,同时申请仲裁保全,要求冻结广州经济技术开发工业进出口贸易公司通过中国银行珠江分行即将支付给被申请人的货款 75627.59 美元。中国海事仲裁委员会受理该仲裁案后,依照我国民事诉讼法(试行)第 194 条的规定,于 1990 年 4 月 20 日提请该货款所在地的广州海事法院裁定是否准许仲裁保全申请。

　　广州海事法院受理仲裁保全申请后,责令申请人补充提供了有关证据材料。经审查,认为申请人要求冻结的款项,确系被申请人的期待财产。为慎重起见,责令申请人提供与要求冻结的货款等额的现金担保。在申请人提供了该项担保后广州海事法院根据我国民事诉讼法(试行)第 194 条、第 92 条的规定,于 1990 年 4 月 27 日作出裁定如下:从即日起,就地冻结广州经济技术开发区工业进出口贸易公司经中国银行珠江分行支付给被申请人的货款 75627.59 美元;未经本院准许,该款不得划归任何人。

　　1990 年 11 月 23 日,中国海事仲裁委员会对申请人与被申请人之间的"萨克拉"轮滞期索赔仲裁案作出仲款裁决:被申请人应支付给申请人滞期费 121818.75 美元,自 1989 年 10 月 24 日至 1900 年 11 月 23 日的利息 9238 美元,

---

　　①　李双元、欧福永主编:《国际私法教学案例》(第二版),北京大学出版社 2012 年版,第 463 页。

自 1990 年 11 月 23 日至实际付款日年利率 7% 的利息。

由于被申请人未自动履行上述仲裁裁决,申请人于 1991 年 1 月 21 日向广州海事法院申请执行上述仲裁裁决,并要求划拨已被采取保全措施而冻结的属于被申请人的货款 75627.59 美元。

广州海事法院根据我国民事诉讼法(试行)第 195 条的规定,受理了该执行申请,并根据该法第 172 条的规定,于 1991 年 1 月 28 日向被申请人发出了限期履行通知书,限定被申请人于 1991 年 2 月 10 日前履行仲裁裁决。被申请人到期仍未履行。广州海事法院即于 1991 年 2 月 11 日作出裁定:解除对广州经济技术开发区工业进出口贸易公司经中国银行珠江分行支付给被申请人 75627.59 美元货款的冻结,划拨给申请人。申请人提供的同等数额的现金担保予以退还。

【本案争点与法律问题】>> >

仲裁中的财产保全措施是由法院采取,还是由仲裁机构采取?

【评析研判】>> >

这是一件在我国民事诉讼法(试行)(现已失效)施行期间处理的,当事人在我国涉外仲裁机构仲裁期间申请财产保全和仲裁裁决后申请执行裁决的案件。广州海事法院的做法,对如何确立这类申请的处理程序,有积极意义。我国民事诉讼法(试行)第 194 条规定"中华人民共和国的涉外仲裁机构根据当事人的申请,认为需要采取保全措施的,应当提请被申请人财产所在地或者仲裁机构所在地的中级人民法院裁定。"第 195 条规定:"对中华人民共和国的涉外仲裁机构的裁决,一方当事人不履行的,对方当事人可以申请该仲裁机构所在地或者财产所在地的中级人民法院依照本法的有关规定执行。"本案当事人的争议是海事争议。根据最高人民法院 1984 年 11 月 28 日《关于设立海事法院几个问题的决定》的规定,海事法院受案范围,包括海事仲裁机构提请申请采取保全措施的案件,以及当事人申请执行海事仲裁机构作出的仲裁裁决的案件。所以,广州海事法院作为本案被申请人取得财产所在地的中级人民法院,对本案是有管辖权的。

根据我国仲裁法的相关规定,我国的仲裁机构不具有采取财产保全的权力,财产保全措施只能由人民法院采取。结合本案,根据我国民事诉讼法(试行)第 194 条的规定,仲裁中的当事人申请采取财产保全,是向仲裁机构提出,仲裁机构"认为需要采取保全措施的",才提请法院裁定。这里,仲裁机构对当事人的财产保全申请有个先予审查的问题,只有它"认为需要采取保全措施的",才提请法院裁定,然后再由法院确定是否采取保全措施;它如认为不需要采取保全措施的,则不发生提请法院裁定的问题。而根据民事诉讼法第 291 条的规定,上述程序过程改变为只要当事人申请采取财产保全,仲裁机构就应当将当事人的申请提交法院裁定,不再有仲裁机构先行审查的问题。

人民法院作为国家审判机关,对仲裁案件的当事人在仲裁处理中申请财产保全的,或者仲裁裁决生效后,一方当事人申请执行仲裁裁决的这两种申请,都有审查权。对财产保全申请,主要是审查其申请的依据和申请保全的财产符不符合法律规定。对申请符合法律规定的,裁定采取保全措施;对申请不符合法律规定的,予以驳回。在审查财产保全申请时,法院认为申请人应当提供担保的,可以并有权责令申请人提供担保,申请人不提供担保的,则驳回申请。对仲裁裁决执行申请,主要是审查是否超过申请执行期限以及根据现行《民事诉讼法》第 287 条规定,审查仲裁的作出有无违背法定程序的情况。经审查符合执行条件的,先向被执行人发出执行通知,责令其在指定的期间履行;逾期不履行的,即予以强制执行。

综上所述,仲裁案件中的财产保全措施是由仲裁机构采取,还是由法院采取,各国做法不一致。应当由谁采取财产保全措施,由仲裁机构所在地国家的法律决定。仲裁财产保全的管辖。执行规定第 11 条对国内仲裁作了明确规定,一般由被申请人住所地和被申请保全的财产所在地基层人民法院作出裁定并执行。属涉外仲裁案件的,依据现行民事诉讼法第 291 条规定,由被申请人住所地或者财产所在地的中级人民法院作出裁定。

【延展训练】> > >

中国 B 公司诉美国 A 公司仲裁案——仲裁中的调解[①]

1998 年美国 A 公司与中国 B 公司签约,在中国合资成立一个企业。合同

① 案例来源:参见李双元、欧福永主编:《国际私法教学案例》(第二版),北京大学出版社 2012 年版,第 463 页。

规定,A 公司应将其应投入的股本于某年某月之前投入,并规定,B 公司应为 A 公司在外国银行借款作为其投入的资本提供担保签约后,A 公司曾邀请外国贷款银行派人来中国同 B 公司商谈贷款担保之事,B 公司申请中国有关的金融机构出具了同意提供担保的意向书。但是,担保的具体条件等尚未谈妥。同时,投资总额需要追加,却又不能落实。因此,A 公司向外国银行借不到钱,无法于合同规定的某年某月之前投入资本。A 公司与 B 公司发生争议,经双方协商未能解决,2001 年 B 公司遂向中国国际经济贸易仲裁委员会申请仲裁。B 公司要求 A 公司赔偿由于未能按期投入资本,致使合资企业无法成立而造成 B 公司的经济损失约 100 万美元。A 公司则指出,未能按期投入资本是因为 B 公司没有提供贷款担保所致,因此责任在 B 公司。B 公司反驳说,B 公司已提供了中国有关的金融机构愿意提供担保的意向书,只是由于 A 公司本身没有信用,没有能力,因而外国银行不肯贷款,责任在 A 公司。

仲裁庭在开庭时征得双方同意调解后,进行了当庭调解。仲裁庭向双方当事人说明:第一,双方当事人对此投资项目的可行性研究,没有做好。第二,在贷款担保问题上,双方均有过失,因为 A 公司投入资本的期限已到,双方在贷款担保的具体条件上尚未取得一致意见。第三,此项目原定投资总额的款项尚未筹措妥当,又要追加投资,因而客观上增加了 A 公司筹款的困难。第四,B 公司声称其损失达 100 万美元是没有依据的,事实上 B 公司已经找到别的办法,避免了它的损失。据此,仲裁庭建议:双方当事人应互谅互让,公平合理、实事求是地协商,以求友好和解。最后,双方当事人达成和解协议,由 A 公司支付 B 公司一笔为数不多的款项,终止合资合同了结争议。

问题与思考:

1. 在仲裁过程中是否允许进行调解?
2. 本案的解决办法是否可行?

重点提示:

根据我国仲裁法和 2005 年《中国国际经济贸易仲裁委员会仲裁规则》的相关规定,在仲裁过程中经仲裁双方当事人的请求或同意,在仲裁庭或仲裁机构的主持下可以进行调解,以促使双方当事人自愿协商、互谅互让,达成协议来解决争议。

第四节 国际商事仲裁裁决的承认与执行

IM 全球有限责任公司与天津北方电影集团有限公司申请承认和执行外国仲裁裁决案
——国际商事仲裁协议当事人行为能力的判定标准①

【案件回顾】＞＞＞

申请执行人：IM 全球有限责任公司（IM GLOBAL，LLC）（以下简称 IM 公司）。

被执行人：天津北方电影集团有限公司（以下简称北方电影集团）。

2016 年 5 月 11 日至 22 日戛纳电影节期间，案外人孙然与 IM 公司协商引进电影事宜。孙然向 IM 公司提供了其名片，该名片正面印制有孙然、总裁、天影恒星（天津）投资股份有限公司，背面印制有图片及 Tianjin North Film、天影集团、天影恒星（天津）投资股份有限公司。

2016 年 5 月 15 日，孙然与 IM 公司于法国戛纳签署了交易备忘录。交易备忘录首部打印的合同双方主体为 IM 公司及 Tianjin North Film Corporation，签署页 Tianjin North Film Corporation 处有孙然的签字，无盖章。备忘录约定：Tianjin North Film Corporation 引进电影《圆圈》（THE CIRCLE）在中国电影院线、电视、互联网等媒介放映的许可权利。Tianjin North Film Corporation 应当向 IM 公司支付 100 万美元的保证金。如 Tianjin North Film Corporation 违约，IM 公司可终止合同，暂停电影寄送，并向 Tianjin North Film Corporation 主张未付款项等违约责任。此外，交易备忘录还约定了仲裁条款，内容为：交易备忘录项下任何争议，在一方就此发出通知之后，应在各方之间协商解决。如果通知后 120 日内未能达成和解协议，交易备忘录项下任何争议均排他性地接受独立电影电视联盟国际仲裁院（以下简称 IFTA）按照该仲裁院有效的仲裁规则在洛杉矶仲裁。

---

① 案例来源：北大法宝数据库，天津市第一中级人民法院 IM 全球有限责任公司与天津北方电影集团有限公司申请承认和执行外国仲裁裁决案，案号（2018）津 01 协外认 2 号，【法宝引证码】CLI. C. 318055073，网址：https://www.pkulaw.com/pfnl/c05aeed05a57db0a557e888faea51ca98446a0054a6 263b4bdfb.html? keyword =％E5％9B％BD％E9％99％85％E5％95％86％E4％BA％8B％E4％BB％B2％E8％A3％81％ E8％A3％81％E5％86％B3％E7％9A％84％E6％89％BF％E8％AE％A4％E4％B8％8E％E6％89％A7％ E8％A1％8C。

交易备忘录签订后,孙然未按期付款。IM 公司于 2016 年 12 月 22 日向 IFTA 提起仲裁。仲裁期间,IM 公司与孙然多次用电子邮件沟通,孙然多次承诺延期付款。孙然的邮件落款为天影恒星(天津)投资股份有限公司。

2017 年 2 月 24 日,IM 公司与天影恒星公司签署交易备忘录的修订协议。修订协议约定:天影恒星公司应不迟于 2017 年 3 月 30 日付给 IM 公司 50 万美元;天影恒星公司无条件接受并承担 Tianjin North Film Corporation 对 IM 公司的全部责任和义务。该修订协议有天影恒星公司公章及孙然签名。

IFTA 于 2017 年 4 月 11 日作出第 17 - 01 号裁决书,裁决:1. Tianjin North Film Corporation 支付 IM 公司金额为 100 万美元的损害赔偿;2. Tianjin North Film Corporation 支付 IM 公司裁决前利息 65735.42 美元;3. Tianjin North Film Corporation 支付 IM 公司律师费和支出总计 14882.5 美元;4. Tianjin North Film Corporation 支付 IM 公司裁决后利息;5. 解除交易备忘录,系争电影在区域内的全部权利均由 IM 公司所有,且 IM 公司有权将系争电影的权利转让给区域内的其他方。

其后,IM 公司以北方电影集团为被执行人,向天津市第一中级人民法院申请承认与执行上述 IFTA 仲裁裁决。

依照最高人民法院《关于仲裁司法审查案件报核问题的有关规定》逐级报请后,天津一中院作出裁定,不予承认并执行 IFTA 仲裁庭于 2017 年 4 月 11 日作出的第 17 - 01 号裁决。

生效裁判认为:依照民事诉讼法第二百八十三条规定,我国和美国均属于《纽约公约》成员国,本案应适用《纽约公约》的相关规定进行审理。北方电影集团主张涉案仲裁存在《纽约公约》第 5 条第 1 款(甲)(丁)项规定的情形,应不予承认和执行,故本案需审查北方电影集团的主张是否成立。

一、是否存在《纽约公约》第 5 条第 1 款(甲)项规定的情形

《纽约公约》第 5 条第 1 款(甲)项前一部分所称无行为能力应理解为缺乏契约能力(lacking the power to contract)。具体到本案中,应当审查孙然是否有权代表或代理北方电影集团签订涉案交易备忘录,审查应当依对其适用之法律进行。

关于孙然是否可以代表北方电影集团。何人能代表公司属法人民事权利能力、组织机构等事项,应依照涉外民事关系法律适用法第十四条规定,适用登记地法律。北方电影集团登记地在中国境内,应当适用中国法判断。依照原民法通则第三十八条、公司法第十三条的规定,孙然不能代表北方电影集团。

关于孙然是否可以代理北方电影集团。孙然是在法国签订的协议,依照涉外民事关系法律适用法第十六条规定,应适用代理关系发生地法律即法国法律来判断。依据法国民法典关于代理关系的规定,IM 公司有义务提供公证书、私署文书、信件、证人证言等证据证明委托代理关系成立,但其并未提供,因此无法认定孙然可以代理北方电影集团。以 Tianjin North Film Corporation 名义与 IM 公司签订合同的是孙然,真名为孙某庆。本案无证据证明孙某庆系北方电影集团的员工,也无证据证明孙某庆是经北方电影集团授权委托后签订合同。

关于 IM 公司提出的表见代理问题。法国民法典规定:"无权代理或超越代理权而完成的行为不可对抗被代理人,除非相对人可合理信赖代理人的权利是真实的,特别是因被代理人的行为或表示。"本案中,IM 公司主张其产生合理信赖的事由主要有孙然名片及电影行业数据库 Cinando,而这两者均无法认定为北方电影集团的行为和表示。在重大商业活动中,应审查签约主体的身份及授权文件,仅以名片确认对方身份显然不符合商事主体的基本认知,无法构成法律规定的合理信赖。IM 公司主张其查询过电影行业数据库 Cinando,但未能提供相关证据证明,也未能详细说明该数据库的相关信息。IM 公司亦未提供在与孙然签订合同前,查询、了解孙然与北方电影集团存在关联关系的其他证据。此外,IM 公司和北方电影集团无历史交易记录,故本案也无适用交易习惯的余地。

综上,孙然无权代表或代理北方电影集团签订涉案仲裁协议,IM 公司和北方电影集团之间不存在有效的仲裁协议,北方电影集团提出的涉案仲裁裁决符合《纽约公约》第 5 条第 1 款(甲)项规定情形的主张成立。

二、是否存在《纽约公约》第 5 条第 1 款(丁)项规定的情形

北方电影集团主张,依照交易备忘录项下"法律选择/仲裁/仲裁机构"之(B)段约定,IM 公司发出协商通知并于 120 日后申请仲裁系交易备忘录约定的仲裁前置程序,而 IM 公司从未向北方电影集团发出协商通知,未遵守协商期约定,而是径行提起仲裁程序。涉案仲裁裁决的仲裁程序与交易备忘录之协议约定不符,根据《纽约公约》第 5 条第 1 款(丁)项之规定,涉案仲裁裁决应不予承认和执行。

北方电影集团的此项主张不能成立。理由在于,《纽约公约》第 5 条第 1 款

(丁)项之规定明确限定了仲裁机关之组成、仲裁程序两项,均为进入仲裁程序之后的事项。而北方电影集团主张的协商期系进入仲裁程序之前的事项,是否按照约定协商并非仲裁机关之组成问题,也非仲裁程序问题。并且,交易备忘录项下法律选择/仲裁/仲裁机构之(B)段约定中协商解决难以界定其履行标准。从案涉情况来看,IM 公司已提交仲裁,应认定双方争议难以协商解决。因此,北方电影集团提出的涉案仲裁前未经协商期,符合《纽约公约》第 5 条第 1 款(丁)项规定情形的主张不成立。

【本案争点与法律问题】> > >

《纽约公约》第 5 条第 1 款(甲)项前段规定第二条所称协定之当事人依对其适用之法律有某种无行为能力情形中的行为能力,不完全等同于我国国内法下的行为能力,还包括缔约人是否具有缔约能力在内。判断缔约人是否具有缔约能力,应当依对其适用之法律,即按照冲突规范确定相关准据法。非缔约人是否受缔约人所签合同中仲裁条款的约束,需要结合代理、揭开公司面纱、公司集团、继受、禁止反言等基础法律制度进行判定。当事人未按照双方约定履行仲裁前置协商等程序,不属于《纽约公约》第 5 条第 1 款(丁)项仲裁机关之组成或仲裁程序与各造间之协议不符情形。

【评析研判】> > >

国际商事仲裁是世界通行的一种争端解决方式,是“仲裁庭对仲裁当事人争议事项进行审理后作出的终局裁决”,各国法院严格依照国际公约等规定,在符合条件的情形下,承认仲裁协议和裁决效力并对仲裁流程提供支持,对有效发挥仲裁程序的作用、实现各方同意仲裁为争议解决方式所希望达成的目标至关重要。我国于 1986 年 12 月正式加入的《纽约公约》系外国仲裁裁决在我国申请承认和执行的主要国际法依据。人民法院在确认作出仲裁裁决的机构所在国系《纽约公约》成员国后,将依据《民事诉讼法》第二百八十三条规定进行审查。承认与执行是有管辖权的内国法院认定外国仲裁裁决具有约束力并以强制力使其生效,拒绝承认与执行裁决的理由是否成立,直接关系到裁决能否得到执行,是当事人的权利和义务能否实现的关键所在。

1958 年《纽约公约》在国际层面将拒绝承认与执行的情形予以列明,以承认和执行国际商事仲裁裁决为原则,以不承认执行为例外。《纽约公约》拒绝执行外国仲裁裁决的基点是各国法院应执行其他缔约国所作出的仲裁裁决,除非被申请人能举证证明存在公约第5条第1款所列举的可以拒绝执行的情形。本案中,IM公司向天津一中院申请承认与执行由IFTA作出的仲裁裁决,北方电影集团依据《纽约公约》第5条第1款(甲)(乙)(丁)项请求拒绝承认和执行该仲裁裁决。人民法院在遵循依法独立审判、在适用法律上人人平等等共性原则外,还充分尊重当事人意思自治,严格遵循正当性原则、程序审查为主原则和支持仲裁原则这三项原则,确保司法审查案件公平公正审理,维护非缔约方当事人的正当权益不受侵害。现就本案涉及的法律问题分析如下:

一、签署仲裁协议当事人行为能力的认定标准

仲裁协议作为双方当事人签订的一种特殊契约,实质是经双方同意,但仲裁并不仅仅约束亲自签署书面仲裁的当事人,未正式签署仲裁协议或载有仲裁条款合同的实体也有可能受到仲裁协议的约束。海事案件中常见的提单并入租约仲裁协议、非仲裁协议的提单持有人被提起仲裁等情形即系典型事例。因国际商事交往中一般是由能够代表公司或者是公司授权的相关人员签订合同,也会产生该公司是否受仲裁协议约束问题,需结合代理、揭开公司面纱、公司集团、继受、禁止反言等法律基础制度来判定仲裁协议是否约束非缔约人。

依《纽约公约》第5条第1款(甲)项规定,因涉及当事人间重要的争议事项,订立仲裁协议是重大法律行为,不具有完全行为能力的自然人以及不具备行为能力的法人和其他组织,其订立的仲裁协议之效力将被否定。IM公司主张,孙然具有完全民事行为能力,可以独立实施民事法律行为,北方电影集团提及的孙然是否有代表权限属于实体问题,应由仲裁庭审理,不属于《纽约公约》项下人民法院有权审查的问题。对此,依贸易法委员会秘书处《关于〈纽约公约〉的指南》,虽然《纽约公约》和《准备工作材料》都没有对行为能力作出定义,但传统上,行为能力被定义为一个人以自己的名义并代表自己采取行动和签订协议的法律能力。按照该指南对相关案例的汇集,有的法院认为,公司董事会所赋予权利问题和合同代表权利问题属于该项行为能力范畴,但国内法的行为能力所涉情形,如由未成年人或残疾人签订仲裁协议的效力认定问题,虽然也在该项行为能力涵盖范围内,但迄今无案例得到报道。故此,该项中所称行为能力,与国内法的行为能力概念并不等同,应包括缺乏缔约能力(lacking the power to contract)在内。除国内法中的无行为能力及限制行为能力外,该一部

分所称无行为能力还包括行为人无权代表公司、国有企业依照法律规定禁止签订仲裁协议等情形。即缺乏缔约能力,可致仲裁协议无效,当事人可以主张拒绝承认和执行涉外仲裁裁决。

适用什么法律规范评判缔约人是否具有缔约能力,涉及准据法适用的问题。由于《纽约公约》中"依对其适用之法律"的表述未指明如何确定当事人行为能力之准据法,不属于完整的冲突规范,将适用法律的选择留给各国法院。法律确认国际商事仲裁当事人得依其独立意志创设仲裁权利与义务的自主性,如当事人就仲裁协议法律适用问题进行了明确约定,依对其适用之法律应充分尊重当事人意思自治,优先适用当事人自主选择的仲裁协议准据法。争议在于当事人未就仲裁协议法律适用进行专门约定,其约定的主合同争议的适用法律是否当然适用于仲裁协议当事人行为能力的认定? 笔者认为,基于仲裁条款的独立性,约定的主合同争议的适用法律并不当然应用于仲裁协议当事人行为能力判定,仲裁协议当事人的缔约能力也直接关系到该仲裁裁决的效力问题。最高法院关于印发《第二次全国涉外商事海事审判工作会议纪要》第58条对于涉外仲裁协议效力的审查也采用了同样的规则,公约并没有指明如何决定当事人行为能力之准据法,因此,必须通过适用受理承认与执行申请之法院地的冲突规范来决定。

依照涉外民事关系法律适用法第八条,涉外民事关系的定性,适用法院地法律。对民事法律行为的实质要件的准据法的确定,立法上并没有统一的冲突法则可以遵循。通常的做法是根据国际民事法律关系的不同性质和种类,依据调整各类关系的冲突法规则来确定具体民事法律行为的准据法。本案孙然的相关行为,即可能被定性为代表(孙然的行为可能被认为其为北方电影集团的总裁,也可能被定性为代理),判定自然人孙然是否具有缔约能力,需依照涉外民事关系法律适用法不同的冲突规范确定相应准据法判定缔约人是否有权代表或代理北方电影集团签订涉案交易备忘录。最高法院在关于英国嘉能可有限公司申请承认和执行英国伦敦金属交易所仲裁裁决一案请示的复函中,依照属人主义原则适用我国法律对重庆机械设备进出口公司职员孙健与英国嘉能可有限公司签订合同的行为能力进行审查,亦从代表、代理角度分析其法律行为的效力。

关于自然人能否代表公司签订仲裁协议的问题。依照涉外民事关系法律适用法第十四条规定,何人能代表公司属于法人民事权利能力、组织机构等事项,应当依照涉外民事关系法律适用法第十四条规定,适用登记地法律。因本案被申请人注册地在中国境内,应适用中国法判断。依照原民法通则第十三条、第三十八条规定,只有公司法定代表人能够代表公司签订相关协议,而孙然并非北方电影集团的法定代表人其行为依法不发生代表效力。

关于自然人能否代理公司签订仲裁协议的问题。代理权的有无直接关系到本人、代理人和第三人三方当事人的利益及其彼此之间的法律关系,代理缔结仲裁协议或包含仲裁条款的合同。依照涉外民事关系法律适用法第十六条规定,案涉协议于法国戛纳签订,自然人是否可以代理公司签订协议,应当适用代理关系发生地,即法国法律来判断。首先,依据法国民法典关于代理关系"委托或代理是指一人授权另一人以委托人的名义,为委托人完成某种事务的行为""给予委托,得以经公证书或私署文书,甚至以信件为之;委托亦可口头授予,但是,仅在依照'契约与合意之债的一般规则'编所定之规则时,始允许以证人证明之"的规定,可以通过公证书、私署文书、信件、证人证言等证据证明委托代理关系成立。本案中,无相关证据证明存在委托代理关系。其次,依据《法国民法典》关于表见代理的规定,主张表见代理成立的一方应举证证明其可合理信赖代理人的权利是真实的,特别是因被代理人的行为或表示。因此,确定合理的信赖基础是关键。在重大商业活动中,应审查签约主体的身份及授权文件,以名片来确认对方身份具有随意性,无法构成法律规定的合理信赖。IM 公司主张其产生合理信赖的事由主要有孙然的名片及电影行业数据库 Cinando,而这两者均无法认定为北方电影集团的行为和表示。本案中 IM 公司未能提供相关证据证明其查询过电影行业数据库 Cinando,也未能详细说明该数据库的相关信息。如双方之间存在类似的交易习惯,一定程度上也可以证明存在合理信赖的基础,但如双方无历史交易记录,也无法适用交易习惯。故此,依照行为地法法国法,无法认为孙然的行为代理北方电影集团。

综上所述,孙然无权代表或代理北方电影集团签订涉案仲裁协议,涉案仲裁裁决符合《纽约公约》第 5 条第 1 款(甲)项规定的不予承认及执行情形。

二、仲裁前置程序不属于拒绝承认和执行的审查范围

北方电影集团依据《纽约公约》第 5 条第 1 款(丁)项规定主张不予承认及执行涉案仲裁裁决,该项所称仲裁机关之组成,主要是指一方当事人被剥夺了其指定仲裁员的权利或未按当事人协议之约定组成仲裁庭;该项所称仲裁程序,主要是指仲裁庭是否按照当事人约定的仲裁规则进行仲裁。这一规定体现了有关仲裁庭的组成和仲裁程序方面当事人的意思自治原则,在一定程度上限制了仲裁地法的适用,只有当事人未就程序问题达成协议时,仲裁地法才可以作为补充规则予以适用。因此,只要不违反一国的公共秩序,当事人的这种优先权很少受到限制。

本案中,北方电影集团认为,依照交易备忘录项下法律选择/仲裁/仲裁机构之(B)段约定,申请人发出协商通知并于120日后申请仲裁系交易备忘录约定的仲裁前置程序,而申请人从未向被申请人发出协商通知,未遵守协商期约定,径行提起仲裁。该协商通知属于当事人约定的仲裁前置程序,当事人未按照约定履行,是否影响仲裁程序的进行?尽管英国1996年仲裁法等比较法认为,当事人未尽力履行其他争议解决途径以前,不得径直提交仲裁,但协商或谈判是为完成交易而提前设定的一项义务,类似于民商法上的再交涉义务。该义务是否履行,不直接影响仲裁或诉讼的开展,仲裁、诉讼并不以是否履行该义务作为受理审查条件。且最高法院关于润和发展有限公司申请不予执行仲裁裁决一案的审查报告的复函也明确指出,仲裁协议约定发生纠纷应当协商解决,当事人约定的友好协商和协商不成这两项条件,前项属于程序上要求一个协商的形式,后一项可理解为必须有协商不成的结果。申请人申请仲裁的行为,应视为已经出现了协商不成的结果。在前一项条件难以界定履行标准、后一项条件已经成立的情况下,仲裁庭有权依据该仲裁协议受理案件。该案与本案仲裁协议相似,均具有先行协商及协商不成提交仲裁的约定,足以作为本案参考。

综上,依照《纽约公约》第5条第1款(丁)项规定,仲裁前置程序不属于拒绝承认和执行仲裁裁决的理由。

当事人应自觉履行涉外仲裁裁决,一旦一方当事人不自觉履行该义务,由于仲裁机构本身没有强制执行能力,另一方当事人就需要请求有关的国内法院。本案在司法审查过程中,以支持仲裁作为司法审查的原则,并不意味着忽视司法审查的监督功能。发挥好司法审查的支持功能,无疑是对仲裁的支持。本案的处理结果在国际商业合作中当事人如何审查缔约人身份及权限方面也具有告诫效应。发挥好司法审查的监督功能,表面是对仲裁的阻却和对仲裁裁决的否定,实际上它不仅可以警示仲裁人员谨慎用权,保障仲裁业健康发展,而且有利于保障仲裁裁决的正当性和公信力。

东盛航运有限公司与商行荣耀国际航运有限公司
申请承认和执行外国仲裁裁决案——
承认与执行外国仲裁裁决典型案例①

2018 年 9 月 21 日,申请人与被申请人签订了一份定期租船合同,约定被申请人租用申请人的"东珍"轮(m. v. "ORIENTAL PEARL")用于货物运输。合同约定纠纷提交伦敦仲裁,适用英国法及伦敦海事仲裁员协会(LMAA)规则。上述租船合同履行发生争议后,申请人依约提起仲裁。2019 年 10 月 10 日,仲裁庭根据纠纷双方提交的意见及证据,认为其对案件的意见一致并作出最终裁决:被申请人应当承担申请人的损失约 90790.28 美元及利息。裁决书送达后,被申请人未履行裁决确定的支付义务。申请人遂向本院申请承认与执行该仲裁裁决。

法院经审查认为,被申请人系注册在马绍尔群岛的离岸公司,但涉案租船确认书、仲裁裁决均记载其经营地在中国上海;涉案业务往来邮件称被申请人与其关联公司混同,而关联公司确在上海办公。综合上述证据可以证明中国上海的地址系被申请人的经营办公场所,故本院具有管辖权。同时,该案仲裁裁决不存在《纽约公约》规定的拒绝承认和执行仲裁裁决的情形,申请人的申请也符合我国相关法律的规定,故裁定承认和执行仲裁裁决。被申请人随即主动履行了裁决确定的义务。

本案当事人均为注册在境外的离岸公司,双方之间的租船合同纠纷在英国仲裁后,申请人以上海海事法院为被申请人住所地海事法院为由,申请承认和执行仲裁裁决。我国与英国均为《纽约公约》的缔约国,本案应依照《纽约公约》进行审查。依据我国法律规定,当公司注册地、登记地与主要办事机构所在

---

① 案例来源:北大法宝数据库,东盛航运有限公司与商行荣耀国际航运有限公司申请承认和执行外国仲裁裁决案——承认与执行外国仲裁裁决典型案例,【法宝引证码】CLI. C. 418884628,网址:https://www.pkulaw.com/pfnl/95b2ca8d4055fce117bf2403b15f84b3bc0ae2698474e78bbdfb. html? keyword =%E5%9B%BD%E9%99%85%E5%95%86%E4%BA%8B%E4%BB%B2%E8%A3%81%E8%A3%81%E5%86%B3%E7%9A%84%E6%89%BF%E8%AE%A4%E4%B8%8E%E6%89%A7%E8%A1%8C。

地不一致时,应以主要办事机构所在地作为住所地。法院在本案审查中秉持公约"有利于裁决执行"的精神,通过对被申请人办事机构所在地的认定,积极行使对该类案件的管辖权,并依据公约规定裁定承认和执行仲裁裁决,促使被申请人主动履行裁决确定的义务,较好地履行了《纽约公约》缔约国的义务。

问题与思考:

法院对本案的处理是否正确?

后　记

　　《国际私法案例教程》是面向高校法学专业实务教学的教材,也可以作为公众学习国际私法的工具书。本教材具有以下特点:第一,由高等学校法学院系的教师和法律实务部门的法官共同编写,所有撰稿人都接受过专业的法学教育,并取得了法学硕士以上学位;第二,编选案例在考虑国际私法教学和体例需要的基础上,选编了若干近年来新出现的案例,以反映国际私法实践的发展,体现教材的前沿性;第三,为满足涉外人才培养的需要、体现国际私法教学的特色,选编了部分经典英文案例,使学生在阅读专业法律英语文献的同时,体会和感受英美法系法官的思维方式;第四,分析研判把我国涉外民商事法律的最新发展和前言理论结合在一起,着重体现理论和实践的结合。

　　《国际私法案例教程》由于品显、梅宇担任主编,张悦、申晨、朱晓超担任副主编,并参与撰写。具体撰稿分工如下(以章节先后为序):于品显,河北大学法学院讲师,法学博士,主要撰写第1—3章以及其他部分章节,并负责全书的统稿和体例编写;张悦,四川大学国际关系学院助理研究员,法学院博士后研究人员,负责撰写6—9章;申晨,中国政法大学国际法学院师资博士后,负责撰写第5章、第10—11章;朱晓超,中央司法警官学院法律系讲师,负责撰写第4章、第12—13章。